Wilhelm Dietl

Staatsaffäre

Wilhelm Dietl

Staatsaffäre

Hinter den Kulissen der Geheimdienste

Das Tauziehen um die deutschen Geiseln im Libanon

Deutsche Verlags-Anstalt Stuttgart

STAATSAFFÄRE

Die Deutsche Bibliothek - CIP-Einheitsaufnahme

Dietl, Wilhelm:
Staatsaffäre : Hinter den Kulissen der Geheimdienste;
Das Tauziehen um die deutschen Geiseln im Libanon / Wilhelm Dietl. -
Stuttgart : Deutsche Verlags-Anstalt, 1997
ISBN 3-421-05067-8

Lektorat: Werner Wahls
Typografische Gestaltung: Brigitte Müller
Reproduktionen: Fotosatz Sauter, Donzdorf
Druck und Bindearbeiten: Clausen & Bosse, Leck
Printed in Germany

ISBN 3-421-05067-8

Inhalt

Die wichtigsten Beteiligten der »Staatsaffäre Hamadi«

Rudolf Cordes
Der Repräsentant des Chemiekonzerns Hoechst in Beirut wurde am 17. Januar 1987 vom libanesischen Hamadi-Clan entführt. Er sollte gegen den in Deutschland inhaftierten Terroristen Mohammed Hamadi ausgetauscht werden. Freilassung nach 605 Tagen am 12. September 1988.

Alfred Schmidt
Der Techniker der Firma Siemens wurde am 19. Januar 1987 in Beirut ebenfalls vom Hamadi-Clan entführt. Er kam als erste Geisel frei, und zwar nach 230 Tagen am 7. September 1987. Maßgeblich beteiligt an den Bemühungen um Alfred Schmidt: Privatdetektiv Werner Mauss.

Ralph Schray
Der Ingenieur, Sohn eines Deutschen und einer Palästinenserin, wurde am 27. Januar 1988 von der Hamadi-Familie in Beirut entführt. Am 3. März kam er wieder frei – angeblich durch massiven Druck syrischer Geheimdienste.

Markus Quint
Der Wehrdienstverweigerer und angehende Student aus Tauberbischofsheim wollte bei der Hilfsorganisation ASME Humanitas im Libanon ein wenig Geld verdienen. Er wurde am 4. Mai 1989 in der Nähe von Sidon entführt und am 14. Mai durch die Amal-Miliz befreit.

Petra Schnitzler
Die Krankenschwester der Organisation ASME Humanitas wurde am 4. Mai zusammen mit ihrem Chef Heinrich Strübig und mit Markus Quint entführt und kam am 5. Mai wieder frei. Sie wurde erneut am 16. Mai verschleppt und kam am nächsten Morgen wieder zurück.

Heinrich Strübig
Der Einsatzleiter von ASME Humanitas wurde am 4. Mai 1989 mit Petra Schnitzler und Markus Quint entführt und war am nächsten Tag wieder frei. Am 16. Mai folgte die zweite Entführung. Mit seinem Mitarbeiter Thomas Kemptner blieb Strübig 1128 Tage in der Hand der Kidnapper. Beide kamen in erster Linie durch die Bemühungen des UN-Vermittlers Giandomenico Picco frei.

Thomas Kemptner
Der Krankenpfleger traf am 7. Mai 1989 bei ASME Humanitas in Sidon ein. Eigentlich sollte er – wegen der am 4. Mai erfolgten Entführung von Markus Quint – sofort wieder nach Deutschland zurückfliegen. Statt dessen wurde er mit Strübig und Schnitzler entführt und kam mit Strübig erst am 17. Juni 1992 wieder frei.

Mohammed Ali Hamadi
Der Hisbollah-Aktivist entführte am 14. Juni 1985 mit seinem Komplizen Hassan Essedine ein Flugzeug der TWA. Am 30. Juni kamen die letzten TWA-Geiseln frei. Gleichzeitig wurden 700 libanesische Schiiten aus israelischen Gefängnissen entlassen. Am 13. Januar 1987 wurde Hamadi beim Schmuggeln von Sprengstoff in Frankfurt ertappt und festgenommen. Dies löste die »Staatsaffäre Hamadi« aus.

Abbas Ali Hamadi
Der Bruder von Mohammed hatte ebenfalls Sprengstoff transportiert, war aber nicht erwischt worden. An den Entführungen von Cordes und Schmidt war er im weitesten Sinn beteiligt. Am 26. Januar 1987 wurde er bei der Einreise in Frankfurt verhaftet, am 19. April 1988 zu 13 Jahren Haft verurteilt und am 6. August 1993 entlassen und ausgewiesen.

Abdul Hadi Hamadi
Der große Bruder der beiden anderen Hamadis ist ein international gesuchter Top-Terrorist. Seit 15 Jahren führendes Hisbollah-Mitglied – zumeist Sicherheitschef –, steckt der von radikalen Kreisen in Teheran geförderte Hamadi hinter der Entführung von sieben Deutschen. Er wollte seine in Deutschland inhaftierten Brüder Abbas und Mohammed freipressen.

Giandomenico Picco
Der persönliche Assistent des damaligen UN-Generalsekretärs Perez de Cuellar ist ein äußerst erfolgreicher Geiselunterhändler. Aufgrund seiner guten Beziehungen zum Iran – er hat den Waffenstillstand mit dem Irak eingefädelt –, konnte er die letzten zwölf westlichen Entführungsopfer im Libanon befreien, auch die Deutschen Strübig und Kemptner.

Bernd Schmidbauer
Der Staatsminister im Bonner Bundeskanzleramt flog im Juni 1992 nach Damaskus und Beirut, um die entlassenen Geiseln Heinrich Strübig und Thomas Kemptner abzuholen. Schmidbauer beaufsichtigt den BND und liebt das Geheime. Er gilt als Förderer des »Superagenten« Werner Mauss und kam deshalb nach dessen Festnahme in Kolumbien wieder einmal in die Schlagzeilen.

Werner Mauss
Der berühmt-berüchtigte Privatdetektiv wurde von den Firmen Hoechst und Siemens in die Bemühungen um die Freilassung von Cordes und Schmidt eingeschaltet. Er setzte hohe Summen ein und konkurrierte mit den Bundesbehörden. Im Fall Schmidt führte das zum Erfolg. Die jahrzehntelang sorgsam gepflegte Anonymität von Mauss flog im November 1996 auf, als er bei einer ähnlichen Aktion in Kolumbien verhaftet wurde.

Hans-Georg Wieck
Der ehemalige Botschafter Deutschlands in Teheran, Moskau und bei der NATO wurde 1985 zum Präsidenten des Bundesnachrichtendienstes (BND) ernannt. Die wichtigsten Ereignisse der »Staatsaffäre Hamadi« fielen in seine fünfjährige Amtszeit – die Geiselfälle Cordes und Schmidt sowie die Entführung von Strübig und Kemptner. Seine Behörde spielte stets eine Schlüsselrolle.

Heinrich Hellmann
Der Unterabteilungsleiter 16 des BND war unter anderem zuständig für die Region von Marokko bis Pakistan und für die Bekämpfung des internationalen Terrorismus. Bei einer bis heute geheimgehaltenen Reise nach Damaskus traf er den Entführer Abdul Hadi Hamadi. Daraus entwickelte sich die konkrete Chance, Strübig und Kemptner freizubekommen. Sie wurde vertan.

Hassan Sulaiman
Eigentlich heißt er Hassan al-Khalil und ist General des syrischen Allgemeinen Nachrichtendienstes. Seine Landsleute nennen ihn den »Schlächter von Hama«. Im syrischen Hama wurde zu Beginn des Jahres 1982 ein Volksaufstand niedergeschlagen. Dabei starben 24000 Zivilisten. In Damaskus ist Sulaiman Ansprechpartner des BND.

Ali Duba
Lange Zeit war er der zweitmächtigste Mann Syriens, gefürchtet vom ganzen Volk: General Ali Duba, die graue Eminenz in einem Staat, der von acht Geheimdiensten flächendeckend bewacht und gelenkt wird. Er war eine Schlüsselfigur der Geiselszene, reiste selbst mehrmals nach München zum BND. Ali Dubas Name fällt auch im Zusammenhang mit Waffen- und Drogengeschäften.

Wolfgang Schäuble
Als Kanzleramtsminister stand er dem Arbeitsstab Libanon vor. Das geheim tagende Gremium wurde zwei Tage nach der Entführung von Rudolf Cordes gegründet. Ihm gehörten die Bonner Schlüsselministerien und die Sicherheitsbehörden an. Der Arbeitsstab steuerte alle staatlichen Aktivitäten, hielt aber auch engen Kontakt zu Hoechst und Siemens.

Reinhard Schlagintweit
Unter Außenminister Genscher arbeitete der frühere Botschafter von 1984 bis 1987 als Beauftragter für Nah- und Mittelost. Drei Monate nach der Entführung von Cordes und Schmidt übernahm er die politische Abteilung 3. Der Ministerialdirektor war intensiv mit den deutschen Geiselfällen befaßt.

Heinz Fiedler
Der Ministerialdirigent war bundesdeutscher Botschafter in Bagdad, als Cordes und Schmidt entführt wurden. Im Sommer 1987 kehrte er nach Bonn zurück und übernahm von Schlagintweit das Referat Nah- und Mittelost. Fiedler kümmerte sich bis Dezember 1990 um die Geiselaktivitäten des Auswärtigen Amtes und koordinierte den hauseigenen Arbeitsstab. Dann ging er bis 1994 als Botschafter nach Kairo.

1 Die Nacht zum 30. Juni 1985

Es war eine jener extrem dunklen Beiruter Nächte. Eine Nacht gespannter Erwartung, in der sogar die Kämpfer Pausen einlegten. Nur gelegentlich unterbrachen knappe Salven aus weit entfernten halbautomatischen Gewehren die Stille. Erst lange nach Mitternacht kamen die Männer, auf die mein Fotograf Hans Peter Kruse und ich seit Stunden warteten.

Ihr Anführer hieß Fawaz Yunis – der berühmte Fawaz Yunis. Berühmt wofür?

Ein paar Wochen vorher hatte er zusammen mit anderen aufgeregten Schia-Milizionären eine startklare Maschine der jordanischen Gesellschaft »Alia« direkt vom Beiruter Flughafen weg entführt, sie nach einigen sinnlosen Runden über dem Mittelmeer zurückgebracht und dann am Rande der Piste in die Luft gejagt. Fawaz und seine Leute waren nach getaner Arbeit in einen Geländewagen gestiegen und einfach heimgefahren.

Nun stand er vor uns, in einem Zimmer des populären Strandhotels »Summerland« – stämmig, vollbärtig, mit einem freundlichen, frechen Grinsen im Gesicht. An seinem Gürtel baumelte ein nagelneuer Revolver vom Kaliber 38 Special. Er trug ein weißes Unterhemd und gefleckte Hosen über Militärstiefeln.

Am Nachmittag hatten wir ihm ein Geschäft angeboten, das er im Vollbesitz gesunden libanesischen Erwerbsstrebens nicht hatte ablehnen können. Wir wollten mit amerikanischen Geiseln des vor 16 Tagen zwischen Athen und Rom entführten TWA-Fluges 847 sprechen. Fawaz hatte versprochen, uns zu helfen.

Jetzt saß er auf dem Bettrand und zählte ein Bündel blauer Hundert-Mark-Scheine. Er verlangte einige tausend Mark, und wir waren bereit, sie ihm zu geben. Angebot und Nachfrage deckten sich.

Die dicken Teppiche dämpften unsere Schritte, als wir durch die langen, nur mäßig beleuchteten Flure des »Summerland« zum Parkplatz eilten. Dort wartete Fawaz' standesgemäßer Mercedes 280. Zu sechst zwängten wir uns in die breite Limousine. Die drei Begleiter des Flugzeugentführers blickten grimmig und klammerten sich an ihr umfangreiches Sortiment mitgeführten Kriegsgeräts. Fawaz saß am Steuer und raste mit hoher Geschwindigkeit durch die Nacht.

Vom Ortsteil Jnah ging es erst ein Stück am Meer entlang. Dann bogen wir auf die Verbindungsstrecke zur Flughafenstraße ein und von dort nach links in das wohl gefährlichste Viertel Beiruts: Bourj al Brajneh. Eine Slumgegend, in der bereits die dritte Generation palästinensischer Flüchtlinge, aber auch immer mehr Schiiten lebten, die vor den Israelis aus dem Süden des kleinen Landes geflohen waren.

Fawaz bremste abrupt vor einem sechsstöckigen Wohnhaus, das auch in stockdunkler Nacht wie ein unvollendeter Rohbau aussah. Mit einer Funzel von Taschenlampe führten uns die unheimlichen Gastgeber fünf Stockwerke nach oben. Dies geschah schweigsam, weil jeder in erster Linie darauf bedacht war, in dem schwülwarmen Treppenhaus nicht auszurutschen oder gegen ein Hindernis zu stoßen. Ein älterer Mann öffnete auf ein kurzes Klingelzeichen. Gleich links das Wohnzimmer. Zwei halbnackte Männer richteten sich auf, als die Deckenlampe angeknipst wurde. Der eine hatte auf dem kitschig mit Goldtönen gemusterten Sofa geschlafen, der andere auf einem Feldbett.

Die beiden blinzelten mit rot unterlaufenen Augen in die unerwartete Helligkeit. Sie waren übermüdet und erschöpft, obwohl sie seit zwei Wochen vergleichsweise luxuriös auf ihre Freilassung warteten. Der eine hieß Jim Hoskins, war 22 Jahre alt

Wilhelm Dietl (r.) und Hans Peter Kruse (l.) in Beirut bei den TWA-Geiseln Grant Elliott (neben Dietl) und Jim Hoskins. Ganz links einer der Bewacher.

und stammte aus Indianapolis, der andere, Grant Elliott, 27, aus Algonquin im Staate Illinois. Hoskins studierte Geschichte, Elliott arbeitete als Lagerist. Beide hatten sich auf dem Heimweg in die USA befunden, als sie am 14. Juni 1985 zusammen mit 143 anderen Passagieren und der achtköpfigen TWA-Besatzung von zwei jungen und ziemlich brutalen Aktivisten verschleppt wurden.

Elliott, der einer Pilgergruppe zu den heiligen Stätten Israels angehört hatte, sprach langsam, aber mit starker Betonung: »Gleich, nachdem wir in der Gewalt dieser Leute waren und von ihnen bedroht wurden, da haben wir gedacht: Jetzt ist es aus mit uns. Wir haben uns zu Tode gefürchtet.«

Mit einem scheuen Seitenblick auf ihre interessiert lauschenden Bewacher schilderten die beiden Amerikaner das nervende Psycho-Spiel, die Umerziehungs-Taktik der Schiiten: »Wir sahen einen Videofilm über den Einsatz des US-Schlachtschiffes ›New Jersey‹ und die dabei entstandenen massiven Schäden in der Umgebung von Beirut.« Sie mußten auch Berichte über die israelische Invasion des Jahres 1982 betrachten und über die von der CIA organisierte Autobombe gegen den geistlichen Führer der radikalen Schiiten, Scheich Mohammed Hussein

Die entführte TWA 847 auf dem Beiruter Flughafen, auf der Treppe ein Wächter der Amal-Miliz; sie hatte die Maschine von den beiden Entführern übernommen.

Fadlallah. Dabei hatten mindestens 75 Unbeteiligte ihr Leben gelassen.

In Gefangenschaft stellten sich die in zahlreichen Wohnungen in Westbeirut untergebrachten TWA-Passagiere auf arabischen Rhythmus um: Es gab typisch libanesischen Hammelbraten und Kebab, dazu Fladenbrot und viele Töpfchen mit Vorspeisen. Tagsüber wurde gedöst, und nachts waren die Geiseln meistens munter. Die Amerikaner befanden sich in der Hand der schiitischen Amal-Miliz, die sich damals bereits als staatstragend empfand. Die beiden ursprünglichen Kidnapper der TWA 847 – sie benutzten die Decknamen Castro und Said – gehörten dagegen zur Iran-treuen Hisbollah, der unberechenbaren »Partei Gottes«. Sie hatten das Flugzeug zusammen mit ihren Opfern verlassen und waren seither nicht mehr gesichtet worden. Zuvor hatten sie noch den Marinetaucher Robert Stethem mißhandelt, ermordet und die Leiche aus der Maschine gestoßen.

Als wir Grant Elliott und Jim Hoskins nachts in der Wohnung von Fawaz Yunis trafen, schliefen sie in einem Raum mit Fernseher und Radio. Sofort wurde uns allen starker türkischer Kaffee serviert. Die Atmosphäre war relativ locker, wußten Geiseln und Bewacher doch, daß die verbliebenen 39 TWA-Passagiere am nächsten Nachmittag freigelassen und in einem langen Autokonvoi nach Damaskus gebracht würden. Einen Tag später sollten sie bereits in Frankfurt landen. Sie hatten den grausamen Alltag des Nahen Ostens miterlebt. Das ist es, was sie ihr Leben lang belasten wird.

Nach etwa einer Stunde wurden wir mit dem gewohnten Höllentempo in das »Summerland« zurückgebracht. Glücklicherweise hatte keiner versucht, uns festzuhalten. Die Zeit der deutschen Geiseln war noch nicht gekommen. Wir konnten uns, im Gegensatz zu Amerikanern, Engländern und Franzosen, noch eineinhalb Jahre lang frei bewegen in diesem, trotz Bürgerkrieg und ausländischer Einmischung, stets faszinierenden Land, dem Scharnier zwischen Orient und Okzident.

2 Tage des Zorns

Entführer von TWA-Maschine in Frankfurt verhaftet

Frankfurt (ap), 15. Januar 1987
Die Sicherheitsbeamten am Frankfurter Flughafen haben einen der Männer festgenommen, die im Juni 1985 eine Passagiermaschine der amerikanischen Fluggesellschaft TWA auf dem Weg von Athen nach Rom in die libanesische Hauptstadt Beirut entführt haben. Wie am Donnerstag in Bonner Regierungskreisen bestätigt wurde, handelt es sich um den 22jährigen Libanesen Mohammed Ali Hamadei. Er war bereits am Dienstag (13.1.) von Beirut nach Frankfurt eingeflogen. In seinem Handgepäck befanden sich drei mit dem hochexplosiven Sprengstoff Methylnitrat gefüllte Drei-Liter-Flaschen. Die Sicherheitsbehörden schließen daraus, daß der Libanese einen Anschlag in der Bundesrepublik plante.

Tahsin, der in Wirklichkeit Ibrahim Zayn Aqil heißt, war Mitte der achtziger Jahre eine wichtige Figur im militärischen Flügel der Fundamentalisten-Organisation Hisbollah. Er kam von der PLO und war in deren Auftrag in der Sowjetunion zum Sprengstoffexperten ausgebildet worden. Tahsin kannte die Hamadi-Familie und ihre sieben Söhne. Schließlich wohnte er nur 200 Meter entfernt, im selben Stadtteil.

Einer der jungen Hamadis, Abdul Hadi, damals gerade dreißig Jahre alt, arbeitete eng mit Tahsin zusammen. Er war 1973 mit seiner Familie aus dem südlibanesischen Dorf Sowaneh von den Israelis vertrieben worden. Bis 1977 hatte er für die kommunistische Zeitung *An Nida* gearbeitet, war aber entlassen worden, weil man ihn verdächtigte, einen Lieferwagen gestohlen zu haben. Abdul Hadi kam bei Arafats »Fatah« unter, damals einer der wichtigsten Arbeitgeber des Libanon. 1981 verließ Abdul Hadi die PLO und trat in die Dienste des Schiiten-Scheichs Mohammed Hussein Fadlallah. Hisbollah wurde gegründet, und bald sollte Abdul Hadi Sicherheitschef werden.

Er integrierte auch andere Familienmitglieder. Sein kleiner Bruder Mohammed Ali mußte sich bald bewähren, als Luftpirat. Die Entführung der TWA 847 durch zwei junge Männer mit den Decknamen »Castro« und »Said« – einer von ihnen Mohammed Hamadi – wurde weithin als Heldentat angesehen. Immerhin ließen die Israelis danach, auf amerikanischen Druck hin, mehr als 700 libanesische Schiiten frei. Der Dank ihrer Terror-Gemeinschaft begleitete Castro und Said durchs Leben.

Tahsin organisierte damals, Ende 1986, den Transport größerer Mengen an Flüssigsprengstoff von Beirut nach Europa. Das hochempfindliche Methylnitrat wurde möglicherweise bei einer Serie von Bombenanschlägen in Paris verwendet, sollte vielleicht aber auch in Deutschland gebunkert werden. Im Saarland lebte ein weiterer Sohn der Hamadis, Abbas Ali, 28 Jahre alt. Ihn hatte die Führung in Beirut dazu ausersehen, den Sprengstoff zu lagern. Sollte das Ziel der heißen Ware in Frankreich gelegen haben, dann wäre der Raum Saarbrücken sicher ein strategisch günstiger Ausgangspunkt gewesen.

Am 30. Dezember 1986 traf Tahsin mit dem schmächtigen Mohammed Hamadi zusammen. Er überreichte ihm einen gefälschten Paß. Während seiner Reise sollte er Youssef Rida heißen, 1962 im libanesischen Tallorssa geboren. Der 22jährige Hamadi nahm vier Weinflaschen in Empfang, zwei davon mit

Der Bruder des Flugzeugentführers Mohammed Ali, Abdul Hadi Hamadi, einst in Diensten Arafats und nun Sicherheitschef der Hisbollah, mit Ajatollah Abbas Vaez Tabasi aus Maschad.

eineinhalb Liter Fassungsvermögen und zwei weitere mit 0,7 Liter Inhalt. Den Etiketten nach stammten sie von bekannten libanesischen Weinproduzenten. Damit reiste der gläubige Muslim über Zypern nach Deutschland. Unbehelligt passierte er die Frankfurter Paßkontrolle und auch den Zoll.

Ermutigt vom ersten Erfolg, kehrte er zusammen mit seinem Bruder Abbas am 6. Januar 1987 nach Beirut zurück. Schon am nächsten Tag trafen sie den geheimnisvollen Tahsin. Er war sehr

Scheich Mohammed Hussein Fadlallah, der geistliche Führer der Hisbollah und »Arbeitgeber« von Abdul Hadi Hamadi.

zufrieden mit der Sprengstoffoperation und lobte den Kurier, der die Brisanz seines Handgepäcks gar nicht richtig einschätzen konnte. In den nächsten Tagen organisierte Tahsin einen weiteren Transport. Er drückte den Hamadi-Brüdern ein Bündel libanesischer Pfundnoten in die Hand. Damit erstanden sie zwei neue Flugscheine für die Strecke Beirut-Frankfurt. Am 13. Januar übergab Tahsin an Abbas vier und an Mohammed drei Flaschen mit Methylnitrat. Diesmal faßte jeder Behälter drei Liter der gefährlichen Substanz. Die Etiketten täuschten vor, daß es sich um Produkte der Firma »Gantous & Raad« handelte.

Noch am selben Tag, einem Dienstag, flogen Mohammed und Abbas mit der Middle East Airlines, Flug 227, nach Rhein-Main. Sie kamen gegen 20 Uhr an. Mohammed zückte wieder seinen gefälschten Paß und gab sich als Youssef Rida aus. Während Abbas Hamadi aufgrund seines deutschen Passes rasch die Kontrollen passieren konnte, geriet der Exote Mohammed in das Fadenkreuz des Zoll-Hauptsekretärs Horst Wegner und seiner Kollegin, der Inspektorin Astrid Esser. Sie stoppten ihn und begehrten seine beiden Reisetaschen, eine rote und eine blaue, zu sehen. Er sollte mitgebrachte Waren anmelden.

Sehr zögerlich öffnete der junge Libanese die blaue Kunststofftasche, in der sich die drei Flaschen mit dem Sprengstoff befanden. Nach dem Inhalt befragt, antwortete er lapidar: »Alkohol«. Bei dieser Angabe blieb er auch später, als er dem Untersuchungsrichter vorgeführt wurde. Er habe die Flaschen aus Gefälligkeit transportiert, da ihr Besitzer bereits mit schwerem Gepäck belastet gewesen sei. Nach Deutschland sei er gekommen, um Autos für den Libanon zu kaufen.

Wegner tippte auf einen Rauschgiftkurier. Schon der Paß stimmte ihn mißtrauisch. »Es sah so aus, als ob das Lichtbild ausgetauscht worden war.« Als er eine der Flaschen näher betrachtete, hielt er den Inhalt immer noch für eine Droge: »Die Flüssigkeit sah aus wie Quecksilber. Wir dachten an Rauschgift.« Der obligatorische Herointest fiel negativ aus. Es folgte die

Brennprobe. Ein Papierstreifen wurde in die Flüssigkeit getaucht und angezündet. Der unbekannte Stoff verpuffte mit einer Stichflamme. Horst Wegner: »Ein klares Zeichen, daß es Sprengstoff war. Wir wußten aber noch nicht, wie gefährlich die Flaschen tatsächlich waren.« In dieser Nacht wurden sie erst einmal im Asservatenraum des Zolls eingelagert, der verdächtige Passagier wurde festgenommen.

Dieser hatte nun Zeit, über seine Situation nachzudenken. In einer späteren Aussage stellte er seine Tat als Bagatelle hin und sich selber als harmlosen Trottel: »Was mit dem Sprengstoff geschehen sollte, sagte er (Tahsin, d. A.) mir nicht. Ich fragte auch nicht danach. Ich ging allerdings nie davon aus, der Sprengstoff sei für ein Vorhaben bestimmt, bei dem unschuldige Menschen hätten in Gefahr gebracht werden sollen. Ich wiederhole nochmals, daß unsere Religion dies verbietet. Deshalb halte ich dies von den Angehörigen unserer Religion, denen ein solches Verhalten untersagt ist, für nicht vorstellbar.« Sprengstoffexperten wiesen später darauf hin, daß schon eine der drei Flaschen mit Methylnitrat gereicht hätte, um den Frankfurter Flughafen schwer zu beschädigen und viele Menschen zu töten.

Abbas Hamadi, der durchgekommen war, zog aus dem Fehlen des Bruders die richtigen Schlüsse. Er fuhr mit dem Zug nach Saarbrücken und ließ sich von Ali Hage, dem Sohn eines befreundeten Libanesen, mit dem Auto abholen. Zuerst wollte er seine Sprengstoff-Behälter in einem Schließfach des Bahnhofes von Merzig deponieren. Das klappte nicht, weil das Gebäude bereits geschlossen war. Man fuhr zum Haus der Familie Hage. Nervös, aufgeregt und trotzdem sehr vorsichtig, trug Abbas Hamadi die brisante Fracht in den Keller. Am nächsten Tag verstaute er die Flaschen in einem Bahnhofs-Schließfach.

Tahsins Sprengstoff wurde noch mehrmals durch das Saarland transportiert, weil keiner von Abbas' libanesischen Freunden mit der Sache etwas zu tun haben wollte. Schließlich versteckte er sie in einer verwilderten Wiese bei Beckingen, zwischen der Bundesstraße 51 und der träge dahinfließenden Saar. Der ruhelose Abbas Hamadi hatte es nun sehr eilig. Er wollte Auftraggeber Tahsin und seinen großen Bruder Abdul Hadi dringend sehen. Gemeinsam mußten sie das Problem von Mohammed lösen.

Da kam es ihm entgegen, daß er am 15. Januar 1987 von den Beiruter Auftraggebern im Saarland angerufen wurde. Sie unterrichteten Abbas von ihren Absichten und forderten ihn auf, sofort in den Libanon zu fliegen und bei den kommenden Aktionen mitzuwirken.

Youssef Rida wurde am Tag nach seiner Festnahme als international gesuchter Flugzeugentführer und mutmaßlicher Mörder Mohammed Ali Hamadi identifiziert. Es bestand kein Zweifel an seiner wahren Identität. Dem FBI, das gegen ihn wegen der TWA-Entführung ermittelte, lagen Fingerabdrücke sowie detaillierte Informationen des griechischen Geheimdienstes vor.

Das Bundeskriminalamt stellte in einem siebenseitigen Bericht über den Häftling sofort fest: »Zur Identifizierung des Hamadi war es durch einen deutschen Staatsangehörigen gekommen, der mit Hamadi am 14. 6. 1985 auf dem Flughafen Athen gesprochen hatte, wobei dieser ihm von seinem Aufenthalt in der BRD und von einem in Saarlouis wohnhaften Bruder erzählte. Bei Ansehen eines Fernsehberichtes, der auch einen der Entführer zeigte, konnte sich der Deutsche erinnern, daß die dargestellte Person in Begleitung eines Mannes war, mit dem er in Athen gesprochen hatte. Aufgrund des Gesprächsinhaltes war die Identifizierung der Brüder Hamadi möglich. Bestätigt wurde die Identifizierung durch eine TWA-Stewardeß und andere Geiseln.« Die Festnahme des Sprengstofftransporteurs Hamadi hatte bereits jetzt eine Lawine ausgelöst, die keiner mehr stoppen konnte.

Am Abend des 15. Januar saßen Ali und Raschid Hage mit ihrem Freund Abbas Hamadi vor dem Fernseher. Sie verfolgten eine Nachrichtensendung. Plötzlich hieß es, daß der in Frankfurt festgenommene Mohammed Hamadi im Verdacht stehe, an der

Entführung einer TWA-Maschine und an der Ermordung eines Passagiers beteiligt gewesen zu sein. Abbas Hamadi wurde kreidebleich und sehr aufgeregt.

Hoechst-Manager in Beirut entführt – Zusammenhang mit Festnahme von Flugzeugentführer in Frankfurt

Beirut/Bonn (dpa), 18. Januar 1987
Der Repräsentant des Chemiekonzerns Hoechst im Libanon, Rudolf Cordes, ist am Wochenende in Beirut entführt worden. Die Verschleppung des 53jährigen deutschen Geschäftsmannes steht im Zusammenhang mit der Festnahme eines libanesischen Flugzeugentführers in der vergangenen Woche in Frankfurt. Bis zum Sonntag abend haben sich die Entführer nicht gemeldet. Auch Forderungen wurden nicht bekannt. Das Auswärtige Amt (AA) in Bonn bildete einen Krisenstab. Das AA warnte erneut alle Bundesbürger vor Reisen in den Libanon.

Der immer steif und geschäftsmäßig wirkende General Manager der Hoechst Middle East S.A.L. im Libanon, Rudolf Cordes, hatte seinen Weihnachtsurlaub zu Hause im Taunusstädtchen Kelkheim-Fischbach verbracht. Er lebt dort mit Ehefrau Marlene und zwei Söhnen in einem weißgeklinkerten Bungalow. Nach dem Jahreswechsel standen Besprechungen beim Chemieriesen in der Frankfurter Vorstadt Hoechst an. Der Rückflug nach Beirut, wo Cordes seit Herbst 1985 die meiste Zeit des Jahres verbrachte, wurde von der Reisestelle für den 16. Januar gebucht. Cordes erhielt ein Ticket für die ihm wohl vertraute Middle East Airlines (MEA). Auf derselben Maschine sollten zwei libanesische Geschäftsfreunde in die Heimat zurückkehren.

Es war jener Freitag morgen, an dem die Zeitungen über die Festnahme von Mohammed Hamadi berichteten. Hätte Cordes darüber Bescheid gewußt, er hätte es wohl ignoriert und mit allen anderen schlimmen Nachrichten aus dem Nahen Osten in seinem Gedächtnis abgelegt. Denn Cordes fühlte sich aufgrund seiner langen Erfahrung in der Levante und angesichts vieler wichtiger Kontakte in Beirut sicher.

Wie viele der – im Laufe von zehn Jahren – 92 internationalen Geiseln der frommen libanesischen Gotteskrieger konnte sich auch Rudolf Cordes nicht vorstellen, verschleppt und als Faustpfand gegenüber der Bundesregierung benutzt zu werden. All die Priester, Lehrer und Professoren unter den Entführungsopfern hielten sich für unersetzlich bei der geistigen Entwicklung des einstmals kulturell bedeutsamen Libanon. Die Journalisten dachten lange Zeit, sie seien exterritoriale Beobachter, nützlich für alle Parteien des Konflikts, und niemand würde ihnen ein Leid zufügen. Diplomaten und Geheimagenten lebten mit dem bekannten Risiko und vielen Bodyguards. Doch plötzlich stellten sie fest, daß auch sie nicht zu schützen waren. Und schließlich Manager wie Rudolf Cordes. Die Entführung löste bei ihnen einen Schock aus. Bakschisch-Verbindungen, die bei Geschäftsabschlüssen immer geholfen hatten, waren im Sumpf des Heiligen Krieges gegenstandslos!

Rudolf Cordes hätte noch eine Chance gehabt, seinem Schicksal zu entrinnen. Flug ME 218 wurde nämlich gestrichen. Die betagte Boeing 707 stand mit einem Defekt auf dem Flughafen von Kopenhagen. Gegen 11.30 Uhr, alle Passagiere waren bereits eingecheckt, verkündete die Airline eine simple Verspätung. Erst um 13 Uhr stand fest, daß es an diesem Tag keine Möglichkeit geben würde, auf direktem Weg nach Beirut zu fliegen. Die MEA bot ihren Kunden eine Umbuchung an – auf die Lufthansa 612 nach Damaskus. Von dort könnten die Reisenden eine zwei- bis dreistündige Autofahrt nach Beirut antreten.

Unter den Fluggästen, die sich für den Umweg über Damaskus entschieden, befanden sich zwei Libanesen, die einander noch nicht kannten. Der eine lebte im Saarland und hieß Abbas

Hamadi. Der andere kam aus Fürth bei Nürnberg und ging dort guten levantinischen Export-Import-Geschäften mit Waren wie Baumaschinen und Konserven nach. Sein Name: Raschid Mahroum. Er sollte in den kommenden vier Monaten große Bedeutung erlangen.

Wie es der Zufall wollte, standen Rudolf Cordes und Raschid Mahroum nebeneinander vor dem Monitor am Abfluggate B 42-0. Der Hoechst-Manager sprach den ihm unbekannten, eleganten Geschäftsmann auf den ausgefallenen Flug der MEA an. Mahroum sagte, er werde wohl die Ausweichmöglichkeit nach Damaskus wahrnehmen. Cordes erwiderte, er habe es nicht so eilig. Er wohne nicht weit vom Flughafen und fahre deshalb wieder nach Hause. Er wolle lieber den Flug 218 am nächsten Tag nehmen.

Minuten später lernten sich Mahroum und Abbas Hamadi kennen. Im Flugzeug unterhielten sie sich bereits angeregt. Die beiden Libanesen sprachen ziemlich allgemein über ihre deutsche Wahlheimat. In Damaskus trennten sich ihre Wege. Während Abbas Hamadi sofort nach Beirut fuhr, besuchte Raschid Mahroum seine Schwester in Bar Elias, einem kleinen Ort hinter der Grenze. Dort übernachtete er und setzte seinen Weg erst am nächsten Morgen fort.

Rudolf Cordes verbrachte eine zusätzliche Nacht bei seiner Familie. An den Morgen des 17. Januars erinnerte er sich so: »Es war unklar, ob der Flug tatsächlich am Samstag vonstatten gehen würde oder ob eine andere Maschine am Montag starten würde. Am Samstag brachte mich meine Frau erneut zum Flughafen. Mit einer weiteren Verspätung traf das Flugzeug in Frankfurt ein. Ja, und dann ging es nach Beirut. Ich glaube, ich war der einzige Deutsche, wenn nicht sogar der einzige Europäer an Bord. Mit mir flogen zwei libanesische Geschäftsfreunde. Gegen 22 Uhr landeten wir in Beirut.«

Da täuschte er sich in seiner Erinnerung. ME 218 landete um 19.06 Uhr Ortszeit. Am gut bewachten Beiruter Flughafen warteten Freunde von Cordes' libanesischen Begleitern und ein Fahrer mit einem Toyota-Kleinbus. Es dauerte ungewöhnlich lange, bis das Gepäck des Deutschen kam. Alle anderen Passagiere hatten die Ankunftshalle längst verlassen, die beiden Geschäftsfreunde des Hoechst-Managers und ihre Abholer hatten jedoch ausgeharrt. Zu sechst fuhren sie nun auf der Flughafenstraße, vorbei an den schiitischen Vierteln, in Richtung Innenstadt.

Rudolf Cordes in seinem einzigen Interview bei der Hoechst-Hauszeitschrift *Farben-Post*: »Wir hatten uns noch keinen Kilometer vom Flughafen entfernt, waren also noch weit weg von Beirut, da passierte es – es ging alles so überraschend, dazu der Schreck: Aus den Seitenstraßen fuhren Militärfahrzeuge heraus, Uniformierte mit Maschinenpistolen brachten unseren Wagen zum Stillstand. Ich wurde in einen anderen Wagen gestoßen. Zuerst dachte ich, es sei ein Irrtum, und sagte nichtsahnend und stolz: ›Ich bin ein Deutscher, das muß ja wohl ein Irrtum sein.‹ Aber da hieß es: ›No, no, we want a German!‹ Das war alles.«

Die späteren Ermittlungen des BKA ergaben, daß der Toyota-Van auf Höhe des Schiitenviertels Ouzai von drei Fahrzeugen abgedrängt und ausgebremst wurde. Schwerbewaffnete Milizionäre zwangen die Insassen des Busses, sich auf den Boden zu legen, das Gesicht nach unten. Einer der Täter setzte sich ans Steuer. Nach etwa eineinhalb Kilometern stoppte die Kolonne in einem Dünengelände. Die Angreifer plünderten ihre Opfer aus. Sie stahlen Papiere, Geld und alles erkennbare Gepäck. Der Fahrer mußte seine Pistole herausrücken. In der Eile übersahen die Terroristen die beiden Koffer von Rudolf Cordes. Der Deutsche wurde zu einem der anderen Wagen gezerrt und weggebracht.

Die *Farben-Post* fragte Cordes später, ob er seine Entführung als Zufall betrachtete. Die Antwort: »So sehe ich das heute. Ich war wohl der erste Deutsche, der nach der Festnahme von Hamadi in Deutschland auf dem Beiruter Flughafen ankam.

Aber von Hamadi und den Hintergründen hatte ich zu dem Zeitpunkt keine Ahnung. Und da ich weder Fernsehen noch Radio, noch Zeitungen hatte, erfuhr ich auch nichts.« Damit beschrieb er bereits die ersten Tage der Geiselhaft.

Es kam der 19. Januar 1987, ein Montag, und mit ihm verdoppelte sich das Problem.

In Beirut gab es einen Deutschen, den keiner aus der gemeinhin sehr regen und kommunikativen Gemeinde kannte: Alfred Schmidt. Der damals 47jährige arbeitete für die Weltfirma Siemens. Er verfügte über lange Nahosterfahrung und gehörte seit 1984 der Siemens-Niederlassung in Damaskus an. Formell leitete er die Filiale. Der hochgewachsene, sportliche Schmidt kannte sich bestens mit dem technischen Innenleben von Krankenhäusern aus. In Beirut hielt er sich diesmal lediglich eine Woche auf und installierte neue Geräte im Middle East Hospital; dort schlief er auch. Doch am Ende seines Aufenthalts beschloß er, die letzten beiden Nächte etwas luxuriöser im nur 500 Meter entfernten »Summerland«-Hotel zu verbringen. Das sollte ihm zum Verhängnis werden. Der Siemens-Mann wußte nicht, daß er von einem professionellen Kidnapper namens Hassan Ghosn observiert wurde.

Es war bereits spät, und Alfred Schmidt hatte sich in seinem Zimmer 110 gerade schlafen gelegt. Plötzlich schreckte er hoch: Lärm auf dem Flur, arabische Rufe und lautes, unverständliches Schimpfen. Schmidt, ein energischer Mann, rief die Rezeption an: »Sorgen Sie bitte für Ruhe!« Augenblicke später klopfte es an der Zimmertür. Eine Stimme fragte in gutem Deutsch: »Alles in Ordnung, Herr Schmidt?«

Der Siemens-Mann öffnete. Doch statt eines Hotelbediensteten standen bewaffnete, bärtige Männer links und rechts der Tür. Einer von ihnen hatte den Etagenkellner gespielt. Sie drängten den überrumpelten Deutschen ins Zimmer und stülpten ihm ein Kleidungsstück über das Gesicht. Hände tasteten ihn nach Waffen ab. Er hörte, wie die Eindringlinge den Schrank und seine Kleidung durchsuchten. Nur mit einem Pyjama und einer Lederjacke bekleidet, verschleppten sie ihn über den nahen Strand. Die Entführer nahmen Schmidts Reisepaß mit, ließen aber erneut das komplette Gepäck zurück. Im Kofferraum eines alten Mercedes transportierten sie ihr zweites Opfer in das südliche Beirut, zum Versteck des nur 48 Stunden vorher entführten Hoechst-Managers.

Alfred Schmidt erinnert sich: »Auf einer Matratze saß, Gesicht zur Wand, ein Mann im schwarzen Anzug mit Brille und Socken. Es war Rudolf Cordes.« Die nächsten 230 Tage und Nächte sollten die beiden rund um die Uhr zusammen sein.

3 Der Mittelsmann

Raschid Mahroum ist ein Mann der grauen Nadelstreifenanzüge, der Seidenkrawatten und der Modebrillen. Der damals 44jährige und bereits ergraute Libanese war stets in die Kategorie der eitlen, geltungsbedürftigen Kriegsgewinnler einzuordnen. Er wußte, wie man Geschäfte anpackt und wie man die Konkurrenz abhängt. Ihn kann man sich auf den ersten Blick im Ambiente des erfolgreichen arabischen Kaufmanns vorstellen. Dazu gehören Nachtclubs mit willigen Schönen, das stets bis oben gefüllte Whisky-Glas, wobei Eiswürfel und Feuerwasser sich die Waage halten. In diesem Milieu wird viel getrunken und noch mehr geredet. Jeder wirft symbolische Blend- und Nebelgranaten, um alle anderen Beteiligten zu täuschen. Die gezielte Irreführung ist eine Grundlage des Geschäfts, der Phantasie sind keine Grenzen gesetzt.

Dieser Raschid Mahroum kam Anfang der sechziger Jahre nach Deutschland und startete im beginnenden Wirtschaftswunder voll durch. 1964 lernte er seine spätere Ehefrau Helga kennen. Damals war sie Hotel-Empfangsdame, und er eignete sich im Goethe-Institut die Feinheiten der deutschen Sprache an. Der zielbewußte Levantiner fand einen Job bei »Quelle-Reisen«, ab 1970 bei »Quelle-Export«. 1972, im Jahr der Olympiade von München, durfte er stolz einen deutschen Paß in Empfang nehmen. Das beförderte sein Ego in ungeahnte Höhen.

Bald zog er seine eigene Firma auf, die ATCO. Im Libanon hatte der Bürgerkrieg begonnen. Jede Händlerfamilie war glücklich

Raschid Mahroum: Ein nicht uneigennütziger Vermittler zwischen Orient und Okzident.

über einen der Ihren, der sämtliche Konfessionen, Fraktionen und Parteien des Konflikts ungestört von außen beliefern konnte. Mahroum brachte es rasch zum Umsatzmillionär. Er beschaffte beinahe alles – Reifen für Armeelastwagen der Falangisten, Lebensmittel für Supermärkte, Luxusautos für die breite Oberschicht des Landes. Mal lieferte er Baumaschinen, mal kaufte er sie wieder zurück, um sie in andere Märkte zu exportieren.

Der clevere Libanese hatte sich im bayerischen Fürth eingerichtet. Hier präsentierte er sich nach außen hin als liebender und treusorgender Familienvater, vergötterte seine beiden Söhne Omar und Tarik. In den achtziger Jahren schwand jedoch die Ehegrundlage. Plötzlich kehrte er den orientalischen Macho nach außen, hofierte fremde Frauen und verprügelte die eigene. Helga Mahroum zu Journalisten: »Raschid führte sich immer mehr als Pascha auf und schlug mich vor den Augen der Kinder.« 1983 sei sie sogar mit einer Gehirnerschütterung ins Krankenhaus eingeliefert worden. Das Ehepaar Mahroum ließ sich scheiden.

Ein komplizierter Sorgerechtsfall begann. Raschid, der Draufgänger, verbrachte seine Zeit zunehmend im kosmopolitischen Beirut. Er lernte viele Leute kennen, die ihm nützlich sein konnten. Aber auch solche, die ihn bei passender Gelegenheit benutzen wollten...

Am 16. Januar 1987 war es soweit. Morgens gegen drei Uhr klingelte der Nürnberger Anschluß 748044. Ein schlaftrunkener Raschid Mahroum erkannte sofort, daß es wichtig war. Am anderen Ende der Leitung befand sich Hussein Ghosn aus Beirut, der Ehemann von Mahroums Nichte Houda. Ghosn sprach eindringlich auf ihn ein: »Du mußt sofort nach Beirut kommen!« Der weitläufige Verwandte aus dem Fränkischen will zu diesem Zeitpunkt nicht nach dem Grund des Anrufs gefragt haben und warum es so eilig sei. Die Kontaktaufnahme nach Mafia-Art reichte, um ihn in Bewegung zu setzen.

Wenige Stunden später saß er auf einer Lufthansa-Zubringermaschine nach Frankfurt. Bereits um neun Uhr stand er am Schalter der Middle East Airlines in Halle C und checkte mit Handgepäck für Beirut ein. Es war derselbe Flug, für den Rudolf Cordes eine Reservierung hatte. Beide lernten sich in der Wartehalle zufällig kennen. Dann zog es Mahroum vor, wegen der Dringlichkeit seiner Reise den Ersatzflug nach Damaskus zu nutzen und den beschwerlichen Landweg in den Libanon auf sich zu nehmen. Cordes blieb bekanntlich noch eine Nacht bei seiner Familie in Kelkheim. Auf der Damaskus-Maschine führte der Kaufmann aus Fürth ein angeregtes Gespräch mit Abbas Hamadi. Langsam liefen die Fäden zusammen.

Am nächsten Vormittag traf Raschid Mahroum in der Wohnung seines Verwandten Hussein Ghosn im Schiitenviertel Ghobeiri ein. Erst jetzt will er von der Festnahme des Mohammed Hamadi und dem Zorn der Hamadi-Familie erfahren haben. Das Gespräch mit Ghosn gab Mahroum später dem Bundeskriminalamt weiter.

Junge Männer seien im Auftrag von Abdul Hadi Hamadi, dem Sicherheitschef der Hisbollah, den alle nur »Haj« nennen, zu Ghosn gekommen. Mahroums Verwandter: »Die Leute kennen dich und wollen, daß du für sie bei den Deutschen vermittelst. Sie waren schon zweimal bei mir und haben gebeten, dich herbeizuholen, weil sie unbedingt mit dir sprechen müssen.«

Das weitere Gespräch wurde so rekonstruiert: »Jeder kennt dich hier, und daß du Sunnite bist, ist für sie ein Beweis deiner Neutralität. Sie glauben, weil du Deutscher bist, haben die Deutschen mehr Vertrauen zu dir. Bei einem bestimmten Erfolg hast du die Möglichkeit, mit Teheran Geschäfte zu machen.« Raschid Mahroum erklärte sein Motiv, überhastet nach Beirut zu reisen, variantenreich. Beim späteren Prozeß gegen Abbas Hamadi: »Ich hatte meine Geschäfte im Hinterkopf. Ich dachte, ich könnte auf diese Weise mit der Amal-Miliz ins Geschäft kommen. Die hatten ein paar angeschossene Baumaschinen, die ich günstig haben wollte.«

Vorerst hatte er es aber nicht mit der Amal-Miliz zu tun, sondern mit Hisbollah. Und mit Leuten, die bereits überall in Beirut nach einem Deutschen suchten, den man nach alter libanesischer Sitte entführen und gegen die »Geisel« der deutschen Justiz, Mohammed Hamadi, austauschen konnte. Die Person Cordes hätten sie zu diesem Zeitpunkt nur aus dem Buchungscomputer der MEA kennen können. Später stellte sich heraus, daß eine MEA-Angestellte namens Ilham Rahal, die der Hisbollah nahestand, die Cordes-Daten verraten hatte.

Fünf Stunden vor der Entführung des Hoechst-Managers bekam der geschniegelte und, wie immer, mit Diors »Eau Sauvage« aufdringlich parfümierte Mahroum hohen Besuch. Tahsin, Abdul Hadi Hamadi, Hassan Essedine und andere Hisbollah-Kämpfer trafen in der Wohnung von Hussein Ghosn ein. Der Sprengstoff-Versender Tahsin schien der Chef zu sein, während der große Bruder des inhaftierten Hamadi das Wort führte. Er wandte sich an den Mann aus Fürth: »Unsere Leute kennen dich und wollen, daß du für uns bei den deutschen Behörden vermittelst.«

Das Gespräch dauerte einige Stunden. Die zornigen Männer überlegten, wie sie Mohammed Hamadi befreien konnten. Möglicherweise durch einen Anschlag auf die deutsche Botschaft oder einen deutschen Diplomaten, durch die Entführung einer

Lufthansa-Maschine oder einfach eines deutschen Staatsbürgers. Man ging davon aus, daß der Fall rasch erledigt werden könnte und daß die Bundesregierung nachgeben würde.

Gegen 18 Uhr entfernten sich die Gäste. Vier Stunden später kamen sie wieder zurück und zeigten Mahroum einen deutschen Reisepaß und eine libanesische Aufenthaltserlaubnis. Abdul Hadi Hamadi blätterte in den Beutestücken und reichte die Dokumente Mahroum: »Er arbeitet für einen deutschen Chemiekonzern. Diesen Deutschen haben wir soeben kassiert. Jetzt können die Deutschen meinen Bruder nicht mehr an die USA ausliefern. Du kannst den Deutschen sagen, daß wir ihn haben.«

Tahsin ergänzte: »Die werden noch mehr von uns erleben.« Mit Ehrfurcht blätterte Mahroum im Paß von Rudolf Cordes: »Der ist zehn Millionen wert.« Nun begann eine Diskussion über die Taktik, mit Hilfe der deutschen Geisel den gefangenen Bruder in Frankfurt freizupressen. Am Ende vertagte sich die Gruppe auf den folgenden Tag.

Am nächsten Mittag kamen Tahsin, Abdul Hadi Hamadi und andere wieder in die Wohnung von Hussein Ghosn. Der frischgebackene Geisel-Unterhändler Mahroum bekam die Fotokopien der Seiten zwei und drei des Cordes-Reisedokuments. Gemeinsam formulierte man eine handschriftliche Erklärung in arabischer Sprache – die Forderungen der Entführer.

Die deutsche Übersetzung:

1. Es gibt bisher keine Probleme mit der deutschen Regierung. Probleme dieser Art sollen auch nicht provoziert werden.
2. Wir haben in dieser Zeit aus Respekt vor der Neutralität der deutschen Regierung keine Aktivitäten auf deutschem Boden unternommen.
3. Die Gegenstände, über die er (Mohammed Hamadi, d. A.) verfügte, wurden lediglich durch die Bundesrepublik Deutschland transportiert; Beweis dafür ist die Tatsache, daß sie nicht einsatzfähig waren.

4. Die Anwesenheit des deutschen Staatsbürgers bei uns ist ein Zeichen für unsere Friedfertigkeit. Er befindet sich in guter Gesundheit und kann auf freien Fuß gesetzt werden, falls man sich auf eine für beide Seiten befriedigende Lösung einigt.
5. Er darf nicht an die USA ausgeliefert werden.
a) Im Falle der Auslieferung wären wir an die von uns bisher eingehaltenen moralischen Kriterien nicht mehr gebunden. Unsere Erfahrungen mit Frankreich und den USA sind der beste Beweis dafür.
b) Im Falle der Auslieferung gilt diese Vermittlung und die Mission des Vermittlers als beendet.
6. Der Besuch seiner Mutter im Gefängnis beweist, daß Sie bei der Behandlung dieser Angelegenheit Menschlichkeit walten lassen.
7. Man muß einen Ausweg aus dieser Angelegenheit suchen. Dies könnte der Ansatz zur Beilegung anderer offener Fragen sein.
8. Die deutschen Behörden wären voll verantwortlich für alle Schäden, die er erleiden würde.
9. Die Gespräche müssen voll vertraulich geführt werden und auf deutsche Personen beschränkt sein - und zwar durch diesen Vermittler. Die Medien dürfen nicht eingeschaltet werden.

Spekulant Mahroum glaubte an das Geschäft seines Lebens. Er wußte, daß Geiseln Wertgegenstände sind. Der wenige Monate alte Iran-Contra-Skandal, wo es um Waffen und Dollarmillionen für amerikanische Geiseln im Libanon gegangen war, hatte sich ihm eingeprägt.

Am Morgen des 19. Januar, einem Montag, flog Raschid Mahroum über Genf nach Deutschland zurück. Schon während der Zwischenlandung in der Schweiz rief er beim Auswärtigen Amt in Bonn an. Genschers Behörde verwies ihn an eine andere Stelle, die für schillernde Figuren der Art Mahroums zuständiger war: das Bundeskriminalamt. Nach der Landung in Frankfurt erwarteten ihn bereits zwei Beamte der sich gerade formierenden Sonderkommission Hamadi.

Der Libanese übergab ihnen die Paß-Kopie, das Schreiben der Entführer und mehrere Tageszeitungen, die über Cordes' Verschleppung berichtet hatten. Die Paß-Kopie, so Mahroum großspurig, sei vier Millionen Mark wert.

Schon am nächsten Tag – inzwischen war auch Alfred Schmidt entführt worden – übermittelte das BKA eine Antwort für die »Gesprächspartner in Beirut«:

–Die zuständigen Stellen der Bundesregierung bestätigen den Empfang der Mitteilung, die durch eine Fotokopie des Passes legitimiert wurde.
–Wir bitten zunächst um ein Lebenszeichen.
–Ein Besuch der Mutter ist möglich.
–Wir bitten um nähere Angaben zur Person sowie über Ort und Zeit der Ankunft.
–Wir bitten um nähere Auskunft zu dem Hinweis, daß die Suche nach einer Lösung für diese Angelegenheit ein guter Anfang sein kann, um andere Angelegenheiten zu lösen. Wir gehen davon aus, daß der Vermittler von Ihnen weiter beauftragt wird.

Minuten vor Mitternacht sprach Raschid Mahroum mit Hussein Ghosn. Er teilte ihm mit, daß er am 22. oder 23. Januar nach Beirut zurückkehren werde. Dann folgte ein verräterischer Satz: »Die Bundesregierung ist bereit, mit uns eine Vereinbarung zu treffen!« Außerdem soll er noch gesagt haben: »Es läuft alles, wie wir denken. Wir brauchen ein Foto, damit die Wirkung der Ware anhält.«

In Bonn hatte sich mittlerweile ein sogenannter »Arbeitsstab Libanon« gebildet. Das Wort Krisenstab wollten alle Mitglieder von Anfang an vermeiden. Es sollte geschäftsmäßig klingen und keineswegs an Krisenstäbe vergangener Zeiten erinnern. Manche Bonner Politstrategen hatten den Ausgang der Entführung des

Wirtschaftsmannes Hanns-Martin Schleyer 1977 und den der Geiselnahme israelischer Sportler bei der Münchner Olympiade 1972 noch allzu gut in Erinnerung. Beide Fälle endeten tragisch und mit massiver Kritik an den Krisenstäben.

Der Bonner Arbeitsstab trat erstmals zwei Tage nach der Entführung von Rudolf Cordes zusammen, am Montag. Unter der Leitung von Kanzleramtsminister Wolfgang Schäuble trafen sich Vertreter des Auswärtigen Amtes, der Justiz, des Bundesinnenministeriums und nachgeordneter Bundesbehörden wie Bundesnachrichtendienst oder Bundeskriminalamt. Vom Bundesnachrichtendienst, beispielsweise, reisten Präsident Hans-Georg Wieck, der Leiter Operationen des Nahostreferats 16A sowie der Chef des Terrorismusreferats 16C aus Pullach bei München an.

Bei der ersten Zusammenkunft im Bundeskanzleramt war die Stimmung noch locker. Kostprobe: Als das Trio vom BND hereinkam, meldete der stets elegante, hanseatisch präzise Karriere-Diplomat Wieck dem Vorsitzenden Schäuble, er habe noch zwei Herren mitgebracht. Schäuble, ein badischer Aufsteiger, dem man damals schon höchste Staatsämter voraussagte, konterte mit einem kurzen Blick über seine obligatorische Pfeife hinweg: »Wenn der eine davon Cordes heißt, dann sind wir schon sehr zufrieden.« Anfangs tagte die Bonner Runde alle 24 Stunden. Alles war neu, und so nahmen die hochkarätigen Teilnehmer – später nur noch ihre Vertreter und deren Vertreter – unzählige Informationen von draußen mit Spannung auf und debattierten sie ohne Unterlaß. Erst sehr viel später bekam man ein Gefühl für deren Qualität.

Mittlerweile in Beirut: Die Strategiediskussionen in der Hamadi-Familie kamen zu dem klaren Ergebnis, daß der inhaftierte Bruder Mohammed unter keinen Umständen an die amerikanische Justiz ausgeliefert werden dürfte. Erste Stellungnahmen aus Washington hatten das US-Interesse an dem Entführer der

TWA 847 und mutmaßlichen Mörder von Robert Stethem unmißverständlich gezeigt. Nachdem die in den USA mögliche Todesstrafe einer Auslieferung des Terroristen entgegenstand, wurde sogar schon über die Verpflichtung des US-Gerichts zu einer Verurteilung unterhalb der Hinrichtungsebene debattiert. Die US-Öffentlichkeit nahm daran regen Anteil.

Tahsin, Abdul Hadi Hamadi und ihre Kampfgefährten sorgten sich aber auch um den Verbleib des Sprengstoffes, der die verhängnisvolle Entwicklung ausgelöst hatte. In Beirut dachte niemand daran, daß die deutsche Polizei mittlerweile ausnahmslos alle Telefongespräche zwischen dem Libanon und der Bundesrepublik abhörte. Ein hochrangiger BKA-Beamter aus der damaligen Soko Hamadi: »Das lief über den Knotenpunkt Frankfurt. Aus der ganzen Republik zogen wir Arabisch-Dolmetscher zusammen. Sie hatten viel zu tun. Das eigentliche Problem war aber nicht die Technik, sondern die Suche nach einem Richter, der diese Großaktion genehmigte. Erst nachdem die Politik angeschoben hatte, konnten wir uns überall einklinken.«

Der erste Erfolg ließ nicht lange auf sich warten. Ein ungeduldiger Abbas Hamadi wählte aus Beirut bereits am Montag vormittag, 19. Januar, den Anschluß 06861-72689 seines Freundes Hamza Kassim aus dem saarländischen Merzig-Brotdorf. Kassims Sohn Adnan meldete sich.

Abbas Hamadi: »Sind die Nachrichten gut für mich?«
Adnan Kassim: »Es gibt nichts gegen dich.«
Abbas Hamadi: »Und in bezug auf den Haj?« (Mohammed Hamadi, d. A.)
Adnan Kassim: »Vielleicht wird er hingehen.«
Abbas Hamadi: »Ich glaube es nicht.«
Adnan Kassim: »Doch, weil sie drüben nicht mehr zum Tode verurteilen wollen.«
Abbas Hamadi: »Trotzdem, ich glaube es nicht, sie werden ihn nicht ausliefern.«

Adnan Kassim: »Kann sein, vielleicht vor den Wahlen werden sie ihn nicht ausliefern.«
Abbas Hamadi: »Vor den Wahlen wird er nicht ausgeliefert.«
(Die Bundestagswahlen 1987 standen unmittelbar bevor, d. A.).
Adnan Kassim: »Richtig.«
Abbas Hamadi: »Wir haben sie schon rasiert.«
Adnan Kassim: »Ja wirklich, bei Gott.«
Abbas Hamadi: »Ja.«

Die Bundesanwaltschaft legte diesen Hinweis so aus, daß Abbas Hamadi in die Entführung von Rudolf Cordes verstrickt gewesen sein mußte.

Das weitere Telefonat mit Adnans Vater Hamza wurde noch deutlicher.

Abbas Hamadi: »Seid gegrüßt, Friede sei mit Euch.«
Hamza Kassim: »Friede sei mit Euch auch, wie geht es dir, Abbas?«
Abbas Hamadi: »Wie geht es deiner Gesundheit?«
Hamza Kassim: »Habt ihr den Mann entführt?«
Abbas Hamadi: »Ja, was?«
Hamza Kassim: »Bei Gott.«
Abbas Hamadi: »Ja.«
Hamza Kassim: »Den Deutschen?«
Abbas Hamadi: »Zu Hause bei mir.«

Die beiden Libanesen sprechen über das Vorhaben von Abbas Hamadi, nach Deutschland zurückzukehren.

Hamza Kassim: »Hast du vor, zurückzukehren?«
Abbas Hamadi: »Was meinst du?«
Hamza Kassim: »Bei Gott, ich weiß es nicht. Jedenfalls hat keiner dich erwähnt, in keiner Beziehung.«
Abbas Hamadi: »Es ist sowieso kein Problem.«
Hamza Kassim: »Ich weiß es nicht.«
Abbas Hamadi: »Ich komme vielleicht zu den Wahlen.«
Hamza Kassim: »Mit Sicherheit, bis nach den Wahlen wird nichts passieren.«

Abbas Hamadi: »Weißt du, ob sie ihn nach den Wahlen ausliefern würden?«

Hamza Kassim: »Ich weiß es nicht, aber rasiert den Mann nicht.«

Abbas Hamadi: »Hab keine Angst, kein Problem.«

Hamza Kassim: »Wenn bei euch was passiert, verlangt Austausch Mann gegen Mann, und das war es.«

Abbas Hamadi: »Wir rasieren ihn.«

Hamza Kassim: »Nein, hoffentlich braucht ihr ihn nicht zu rasieren. Rasiert nicht, ihr sollt einen Austausch Mann gegen Mann verlangen.«

Abbas Hamadi: »Wir rasieren ihn.«

Hamza Kassim: »Nein, ihr bringt einen Austausch zustande.«

Abbas Hamadi: »Nein, wir rasieren nur trocken.«

Gesprächspartner Hamza Kassim und andere Experten der orientalischen Seele verstanden unter dem Hinweis auf das »Rasieren« von Rudolf Cordes die Absicht, die Geisel umzubringen. »Trockenrasieren« bedeutet dagegen Quälen.

Ein weiteres, langes Telefonat folgte zwei Tage später, nach der Entführung von Alfred Schmidt.

Abbas Hamadi: »Würdest du mir raten, hierher zu kommen?«

Adnan Kassim: »Ich weiß nicht, was dir unterwegs nach Libanon passierte, aber ich glaube, du kannst ruhig kommen.«

Abbas Hamadi: »Also ist nichts?«

Adnan Kassim: »Nein, ist nichts.«

Hamza Kassim: »Ich weiß, ihr habt noch nicht definitive Anforderungen gestellt. Adnan sagt, sie haben bis jetzt im Fernsehen nicht gesagt, daß ihr die Freilassung anfordert.«

Abbas Hamadi: »Doch, jetzt wissen sie, worum es geht.«

Hamza Kassim: »Ihr müßt euch beeilen. Heute hörte ich die Nachrichten aus London. Sie sagen, die Deutschen müssen binnen zwei Wochen an die Amerikaner ausliefern.«

Der eifrige Mittelsmann aus Fürth bekam in der Nacht zum 22. Januar einen neuen Anruf aus Beirut. Es war Hussein Ghosn, dem er mitteilte, daß er noch am selben Tag kommen werde. Raschid Mahroum in vorauseilendem Gehorsam: »Unsere Punkte sind alle in Ordnung, es wird über die Zeit diskutiert, und alle unsere Hauptpunkte sind o.k.« Der Gesprächspartner am anderen Ende verwies auf die »zweite Gebühr«, und damit meinte er zweifellos den inzwischen entführten Siemens-Techniker Alfred Schmidt.

Mahroum flog über Zürich nach Beirut. In seinem Gepäck: ein Exemplar der *Fürther Nachrichten* vom Donnerstag, 22. Januar 1987. Nach der Landung standen die Abholer bereit.

Mahroum traf am selben Abend mit Tahsin zusammen. Er und seine Leute erfüllten die Forderung des Arbeitsstabes Libanon nach Lebenszeichen, indem sie Cordes und Schmidt am selben Tag mehrmals mit dem aktuellen Exemplar der *Fürther Nachrichten* ablichteten. Außerdem durften sie Briefe an ihre Familien schreiben.

Rudolf Cordes an seine Angehörigen:

Liebe Marli, lieber Gernot, lieber Volker, liebe Irengart,

es geht mir recht gut. Heute ist Donnerstag. Ich bin jetzt
ca. 5 Tage hier. Man ist recht höflich und Essen und Trinken
gibt es ausreichend. Ich vermisse Euch sehr. Hoffentlich ist
bald wieder alles vorbei und ich wieder bei Euch.
Bücher habe ich auch bekommen, um die Zeit zu überbrücken.
Seit Mittwoch (frühmorgens) befindet sich in
meinem Raum auch noch Alfred Schmidt. Er ist von Siemens.
Betet mit mir, daß sehr bald wir uns wieder in den Armen liegen.
In Liebe
Euer Daddy

Alfred Schmidt an seine 77jährige Mutter:

Hallo Mutti,
ich hoffe, Du machst Dir nicht zu viele Sorgen, sage auch Gisela, daß alles in Ordnung ist.
Ich habe leider meine Lesebrille verloren und werde darum nicht soviel schreiben, ich hoffe, Dich bald zu sehen.
Dein Sohn
Fred

Die Kriminaltechniker aus Wiesbaden entdeckten auf diesem Schreiben drei Fingerabdrücke von Abbas Hamadi. Damit wurde später unter anderem nachgewiesen, daß der Mann aus dem Saarland direkt mit den Entführten in Berührung gekommen war.

Alfred Schmidt durfte noch einmal an seine Mutter schreiben:

Hallo Mutti,
heute wurden von mir einige Bilder gemacht, somit kannst Du sehen, daß alles o.k. ist. Ich hoffe, Dich bald zu sehen.
Dein Sohn
Fred

In der Nacht vom 23. auf den 24. Januar wurden die deutschen Geiseln im Kofferraum eines Wagens in ihr zweites Versteck gebracht. Es war ein fensterloser Raum im Erdgeschoß eines bunkerartigen Gebäudes unweit einer Moschee.
Am 24. Januar übergab der Hamadi-Clan seinem Mittelsmann Raschid Mahroum eine weitere Erklärung für den Bonner Arbeitsstab.

Darin heißt es wörtlich:

Wir übertragen dem Vermittler das Folgende:
1. Durchführung und Abschluß des Austausches so schnell wie möglich; ansonsten endet die Vermittlung.
Wir werden dann eine Antwort geben. Über das Wie werden wir dann bestimmen. Wir möchten nämlich nicht die Erfahrung wiederholen, die mit Amerika und Frankreich
gemacht wurde (der Zeitraum von 15 Tagen zum Aushandeln und Prüfen des Austausches).
2. Der Austausch findet in Beirut statt, abseits der Massenmedien und streng geheim.
3. Das Einmischen irgendeiner dritten Seite zur Lösung der Sache kompliziert die Sache. Der Vermittler wird diesbezüglich eine mündliche Erklärung überbringen.
4. Wir sichern zu, das Verneinen eines Vorhandenseins irgendeines Vorhabens, Deutschland zu schaden, weder dem Land noch dem Volk, noch seiner Regierung oder gar seinen
Außeninteressen. Außerdem bekunden wir Ihre Neutralität.
Diese Überzeugung entspricht unserer dogmatischen Linie.
5. Es gibt keine Gründe, die Verhandlungen fortzuführen.
Ansonsten werden wir dies als Versuch ansehen, die Sache zu verzögern.
6. Die Vermittlung der Familie Bidoun (Emad und Muafak) hat mit uns nicht das Geringste zu tun. Dies ist rein familiär und emotional.
7. Der Austausch von Mohammed Hamadi könnte ein geeigneter Einstieg sein zur Lösung der Probleme Amerikas. Daran festzuhalten, ihm in Amerika den Prozeß zu machen, hat
Folgen.

Mit dieser Erklärung spitzte sich die Lage zu. Nun drohten die Entführer von Cordes und Schmidt. Der Arbeitsstab Libanon und die Bundesanwaltschaft lasen in den sieben Punkten, »daß bei Nichterfüllung der Forderungen die Geiseln getötet und im übrigen weitere Anschläge gegen deutsche Staatsangehörige und deutsche Einrichtungen im Libanon verübt würden«.

Am selben Morgen bekam Raschid Mahroum ein zweites Mal Besuch. Abbas Hamadi wollte mit ihm über seine Rückkehr nach Deutschland sprechen. Er sagte, er müsse zum Arzt, weil er Schmerzen habe. Raschid Mahroum teilte ihm im Auftrag des BKA mit, er solle nicht nach Deutschland zurückkehren, weil gegen ihn ermittelt werde. Trotzig erwiderte Abbas, er wisse schon, »was laufe«, und es sei »Scheiße«, im Libanon leben zu müssen.

Später erklärte der zuständige BKA-Beamte vor dem Oberlandesgericht Düsseldorf, mit diesem gezielten Hinweis an Abbas Hamadi habe man eine weitere Komplizierung der Lage durch seine eventuelle Festnahme verhindern wollen.

Auf dem Weg zum Beiruter Flughafen besuchte der Mittelsmann die Eltern der Hamadi-Brüder, Ali und Fatima. Auch dort traf er auf Abbas. Er sollte ihn später noch einmal telefonisch vor dem Flug nach Deutschland warnen – zwecklos.

Kurz vor dem Abflug kam der Fahrer der Hamadi-Sippe und überreichte dem Fürther Kaufmann einen seit Tagen angekündigten Brief der beiden Geiseln an Bundeskanzler Helmut Kohl.

Der Text:

24.1.87

An den Herrn Bundeskanzler,
Wir bitten Sie inständigst, die Angelegenheit zu
beschleunigen, damit die Ungewißheit, der seelische
Druck, von uns und unseren Familien genommen wird.
Wir danken Ihnen für Alles.
Hochachtungsvoll
Ihre Rudolf Cordes
Alfred Schmidt

Zusammen mit Ali und Fatima Hamadi flog Mahroum an jenem Donnerstag nach Frankfurt. In Abstimmung mit dem Arbeitsstab Libanon sollten sie Gelegenheit bekommen, ihren Sohn Mohammed im Gefängnis Frankfurt-Preungesheim zu besuchen.

Der Besuch lohnte sich in doppelter Hinsicht, weil die Eltern Tage darauf auch Abbas wiedersehen konnten – in der Justizvollzugsanstalt Frankenthal. Er war am 26. Januar nach Deutschland zurückgekehrt und sofort am Frankfurter Flughafen festgenommen worden. Die Vorwürfe gegen Abbas: Sprengstofftransport, Beihilfe zur Entführung von Cordes und Schmidt sowie Nötigung der Bundesregierung.

Wolfgang Schäuble, heute mächtiger Fraktionsvorsitzender der CDU/CSU im Deutschen Bundestag, blickt zurück: »Die ersten Tage des Arbeitsstabes Libanon waren natürlich eine große Aufregung. Wir befanden uns ja auch in der Endphase des Bundestagswahlkampfes. Die erste große Zuspitzung war die Geschichte, als es hieß, der Abbas Hamadi kommt zurück. Wir wußten es durch die Überwachung des Telefonverkehrs bereits einige Tage zuvor. Die Frage war, wird er nach seiner Rückkehr verhaftet oder nicht? Gibt es dann eine weitere Eskalation? Da habe ich mich dafür eingesetzt, daß der Rechtsstaat seine Pflicht erfüllt und sich nicht etwa blind macht. Wir konnten doch nicht etwa sagen, man muß den warnen, damit er nicht kommt und wir dann noch ein Problem haben. Dahinter würde ja so ein bißchen der Gedanke stecken, hätten wir den Hamadi nicht verhaftet, dann hätten wir den ganzen Ärger nicht.«

Wieder einen Tag darauf, am 27. Januar, wählte Raschid Mahroum die Telefonnummer seiner Nichte Najah in Beirut: 315818. Langsam und jedes Wort betonend, übermittelte er die neue Stellungnahme des Arbeitsstabes Libanon für die Hamadi-Familie:

»1. Abbas Hamadi wurde im Rahmen einer Grenzfahndung festgenommen.

Die Folgemaßnahmen waren aufgrund der Gesetzeslage in der Bundesrepublik Deutschland zwingend geboten. Die ärztliche Betreuung von Abbas Hamadi wird selbstverständlich sichergestellt.
2. Die Festnahme ändert nichts an der Bereitschaft der Bundesregierung, im Wege von Verhandlungen eine Lösung herbeizuführen.
3. Als Zeichen dieses guten Willens konnten gestern die Eltern Hamadi ihren Sohn Mohammed Ali Hamadi besuchen. Der Besuch verlief zu ihrer vollsten Zufriedenheit. Ihr Sohn ist wohlauf. Weitere Besuche sind geplant.
4. Die Bundesrepublik wird ihre Bemühungen zur Fall-Lösung im Wege vertrauensvoller Verhandlungen über den autorisierten Vermittler fortsetzen.«

4 Bonn macht mobil

Es war die Runde des Kronprinzen, die in einem kleinen Konferenzzimmer im ersten Stock des Bonner Kanzleramtes mit einer durchschnittlichen Besetzung von 15 bis 20 Herren tagte. Ein Geheimzirkel, der zürnte, wenn Puzzlestücke seines Wirkens an die Öffentlichkeit gelangten. Als die Staatsaffäre Hamadi in den Jahren 1987 und 1988 zu den intensivst gehüteten Geheimnissen der Bundesregierung zählte, ließ der Arbeitsstab nach Möglichkeit niemanden an sich herankommen. Manchmal wurde ein bißchen gestreut, aber ansonsten war die Nachrichtensperre perfekt. Erst dann, wenn Zuträger gefeuert wurden, wie beispielsweise Raschid Mahroum, wurden sie Opfer von Indiskretionen und damit den reißenden Medien-Wölfen zum Fraß vorgeworfen.

Für Disziplin, Ordnung und konstruktive Arbeit war der Macher Wolfgang Schäuble verantwortlich, ein eher zurückhaltender Workaholic aus der frühesten Seilschaft von Kanzler Helmut Kohl.

Das Energiebündel mit vielen sportlichen Interessen hatte eine ebenso steile wie stille Karriere hinter sich. Der damals 45jährige Jurist aus dem badischen Gengenbach begann in der Freiburger Steuerverwaltung und wurde später Anwalt. Kohl dankte ihm seine Treue, holte den pflichtbewußten und verschwiegenen Schäuble zuerst in die CDU-Fraktion und dann in das Kanzleramt. Er war von Anfang an mehr als nur ein »Bundesminister für besondere Aufgaben«: Schäuble führte die Verwaltung; er wurde zum »Mann fürs Unvorhergesehene, das zwischen den Ressorts und den Routine-Prozeduren wuchert« (*SZ*).

Das brachte die Wochenzeitung *Die Zeit* in einer Würdigung des Konservativen aus dem deutschen Südwesten 1990 auf den Punkt: »Es ging dabei gar nicht darum, Waldemar Schreckenberger, den freundlichen Professor, stillschweigend zu ersetzen. Pannen, Affären und ein auffälliger Regierungsdilettantismus waren zum Kennzeichen des Kanzleramtes geworden. Schäuble sollte das ändern. Nur sollte er damit etwas korrigieren, was nicht allein mit Schreckenberger, sondern auch mit Kohl zusammenhing. Dieser Balanceakt ist ihm in den Grenzen des Möglichen auch geglückt. Das Amt arbeitete wieder geräuscharm. Schäuble konnte seine Stärke entfalten, im Hintergrund zu arbeiten. Er betrieb das Management des jeweils gerade Möglichen.«

Genauso war es auch bei seinem Einsatz als Leiter des Arbeitsstabes Libanon. Schäuble, der später Innenminister und Fraktionschef wurde, die Wiedervereinigung »organisierte« und konstant als Kanzler-Nachfolger im Gespräch ist, ging souverän an die Sisyphus-Arbeit heran. Er hatte es dabei mit sehr unterschiedlichen Charakteren zu tun, von denen jeder ein kleines Stückchen Bonner Macht in Händen hielt. Kohls Außenminister und Vizekanzler Hans-Dietrich Genscher delegierte gemeinhin und schickte seine Staatssekretäre sowie die Leiter der politischen Abteilung und des Nahostreferats in den Arbeitsstab.

In der Person des klugen Analytikers Reinhard Schlagintweit, eines gebürtigen Münchners, paarten sich eine Zeitlang beide Sachgebiete. Der 59jährige Jurist gehörte seit 1952 dem Auswärtigen Amt an. Er hatte als Diplomat in der Türkei und Afghanistan, in Thailand und Saudi-Arabien gelebt, in Riad als Botschafter. Schlagintweit diente seinem Minister von 1984 bis 1987 als Beauftragter für Nah- und Mittelost. Er war Referatsleiter 310. Drei Monate nach der Entführung von Cordes und Schmidt übernahm er die Politische Abteilung 3.

Der zweite wichtige Mann im Auswärtigen Amt, der sich mit

dem Schicksal der Geiseln auseinandersetzte, war Heinz Fiedler. Gleichaltrig mit Schlagintweit, trat der Mecklenburger Jurist und Politologe 1960 in den auswärtigen Dienst ein. Er repräsentierte die Bundesrepublik in Brüssel, Marseille, London, Kairo, Abidjan, Rabat und Bagdad, zuletzt als Botschafter. Der stark auf die arabisch-islamische Welt fixierte Fiedler kehrte im Sommer 1987 nach Bonn zurück und wurde Nachfolger Schlagintweits als Beauftragter Nah- und Mittelost.

Häufig suchte Genschers Kronprinz Klaus Kinkel den Arbeitsstab Libanon auf. Auch er hatte bereits eine beachtliche Karriere hinter sich. Der Jurist aus dem schwäbischen Hechingen kümmerte sich Mitte der 60er Jahre noch um Katastrophenschutz und öffentliche Sicherheit. Er arbeitete in mehreren Abteilungen des Bundesinnenministeriums, aber auch beim Landratsamt in Balingen. Der erste Kontakt mit der Welt der geheimen Dienste entstand, als Kinkel unter Bundesinnenminister Genscher zum Referenten für den Verfassungsschutz aufrückte.

In der nächsten Phase seines Aufstiegs durchlief der uncharismatische Schwabe Genschers nächste Umgebung – vom persönlichen Referenten bis zum Leiter des Ministerbüros. Als Genscher im Mai 1974 seine Endlos-Dienstzeit als Außenminister antrat, nahm er den gerade 38jährigen als neuen Chef des Leitungsstabes in das Auswärtige Amt mit. 1977 rückte Kinkel zum Leiter des Planungsstabes auf und koordinierte die Kontakte zwischen seinem Amt und dem Bundesnachrichtendienst. So war es zwar überraschend, aber bei genauer Betrachtung nicht ungewöhnlich, daß er 1978 von Genscher in das Präsidentenamt des BND geschickt wurde.

Vier Jahre später folgte der taktische Wechsel in die Politik. Klaus Kinkel hängte sich an die FDP und durfte als Staatssekretär beim Bundesjustizminister in einen klassischen Erbhof der Liberalen einziehen.

Das brachte ihn 1987 in Kontakt mit dem Fall Hamadi. Kinkel spielte eine bedeutende Rolle bei den Auseinandersetzungen mit der amerikanischen Justiz, die Mohammed Hamadi wenigstens pro forma über den Atlantik holen wollte. Im Arbeitsstab erklärte er juristische Positionen, rieb sich aber auch an seinem Nachfolger beim BND, Hans-Georg Wieck. Manchmal vergaß er, daß das hohe Amt im Münchner Nobelvorort Pullach nach seinem Ausscheiden bereits zweimal den »Besitzer« gewechselt hatte und ihm die Schlapphüte keine Träne nachweinten.

Kinkels inoffizieller Gegenspieler Hans-Georg Wieck war ein Mann mit großer internationaler Erfahrung, ein Schöngeist und trotzdem fähig zur spontanen, umfassenden Polit-Analyse. Der spröde Hamburger, damals 59 Jahre alt, Historiker und Jurist, gehörte seit 1954 dem diplomatischen Dienst an. Er hatte in New

BND-Präsident Hans-Georg Wieck (Mitte), Herr über sechstausend Spione, zu Besuch in Israel. Ihm beratend zur Seite (rechts von ihm) Nahost-Referatsleiter Karl Hagemann.

York und Washington gearbeitet und 1966 das Ministerbüro übernommen. Mit seinem damaligen Chef Gerhard Schröder wechselte er für drei Jahre in das Verteidigungsministerium. Als Ministerialdirektor verließ Wieck die Hardthöhe 1974, wurde zuerst Botschafter in Teheran, dann in Moskau und schließlich bei der Nato. 1985 hielt man ihn im Bundeskanzleramt für den richtigen Mann für Pullach.

Da saß er nun unter einem alles dominierenden Bild Friedrichs des Großen, preußisch ausgerichtet, ein sachlich und fachlich unerbittlicher Vorgesetzter, der seinen Untergebenen auch nachts noch Leistungen abverlangte.

Keiner hat ihn treffender charakterisiert als sein Freund Theo Sommer von der Hamburger *Zeit*: »Auf dem Squash-Parkett oder hinter dem Schreibtisch – was den neuen Chef des Bundesnachrichtendienstes auszeichnet, ist der rüde Charme der Kompetenz. Quargeltreterei beim Vortrag ist ihm verhaßt; Langatmigkeit weckt seine Ungeduld. Den schwachen Punkt einer Vorlage entdeckt er mit demselben untrüglichen Instinkt, mit dem ein Schlußredakteur Druckfehler aufspürt. Er fragt nach, wirft um, bestimmt neu. Vor allem aber: Er weiß, wie kein anderer Beamter, sich in einem Riesenapparat Durchblick zu schaffen, diesem Apparat die notwendigen Informationen zu entreißen und ihn am Ende dem formenden Willen der Spitze zu unterwerfen.« Das war er, überlebensgroß, Hans-Georg Wieck, der Herr über Tausende von Spionen und eines beim Kanzleramt versteckten 200-Millionen-Mark-Etats.

Den »Musterpreußen« gab es im Arbeitsstab, eine Nummer kleiner, noch ein zweites Mal. Er hieß Hans Neusel und vertrat seinen Chef, den Bundesinnenminister Friedrich Zimmermann, einen listigen Bayern. Der Staatssekretär aus der Graurheindorfer Straße im Bonner Norden galt drei Jahrzehnte lang als die personifizierte Diskretion.

Neusel, ein bodenständiger und unterkühlter Westfale aus der Bierbrauermetropole Dortmund, trat als Referent des Bundeskanzlers Kurt Georg Kiesinger Mitte der sechziger Jahre in das politische Rampenlicht. Danach arbeitete er für den CDU-Fraktionsvorsitzenden und späteren Bundespräsidenten Karl Carstens. Sein Chef nahm ihn 1979 mit in die Villa Hammerschmidt. Hans Neusel wurde Staatssekretär und Leiter des Bundespräsidialamtes.

Der Sohn eines Malermeisters, geboren 1927, war von seiner Ausbildung her Rechts- und Staatswissenschaftler und kannte sich gut im Wirtschaftsbereich aus. Seine letzte Aufgabe brachte ihn ab August 1985 zur Inneren Sicherheit. Workaholic Neusel arbeitete unter Zimmermann und Schäuble, zumeist auch an Wochenenden, und wurde erst kurz vor seiner Pensionierung der breiten Öffentlichkeit bekannt, als die RAF im Sommer 1990 versuchte, ihn mit einer Bombe zu töten.

Die personifizierte Diskretion: Hans Neusel vertrat als Staatssekretär seinen Chef, Bundesinnenminister Friedrich Zimmermann, im Arbeitsstab Libanon und wurde zur rechten Hand des Arbeitsstab-Vorsitzenden Wolfgang Schäuble.

Der unbeugsame Geheimnisträger Neusel – er will auch heute nicht über den Fall Hamadi sprechen – war praktisch die rechte Hand des Arbeitsstab-Vorsitzenden Wolfgang Schäuble. Dieser stuft ihn so ein: »Für mich galt er die ganze Zeit hinweg als tragende Figur.«

Auch der Innen-Staatssekretär beschäftigte einen Zuarbeiter, mit dem ihn vieles verband: Gerhard Boeden. Der Polizist par excellence hatte seinen Beruf von der Pieke auf gelernt. Boeden, Jahrgang 1925, kam aus Gütersloh. Der Sohn eines Arbeiters fing als Schriftsetzer an, wurde dann zwangsläufig Soldat. Mit Kriegsende trat er bei der neu gegründeten Polizei Nordrhein-Westfalens ein.

Für ihn galten keine Laufbahngrenzen. Ohne Abitur kletterte der Praktiker die Karriereleiter unaufhaltsam nach oben. Zwei Jahrzehnte später hatte er es zum Kriminalrat gebracht, 1975 zum Leiter der Abteilung Terrorismus im Bundeskriminalamt. 1977, im deutschen Herbst, kam Boedens große Zeit. Zusammen mit seinem legendären Chef Horst Herold bekämpfte er trickreich die RAF. Boeden übernahm auch die Außenstelle Bonn und erklomm 1983 den Sessel des BKA-Vizepräsidenten.

Am 25. Februar 1987 wurde der Vertreter des Herold-Nachfolgers Heinrich Boge pensioniert, knapp einen Monat nach der Entführung von Cordes und Schmidt. Boeden hatte selbst noch die ersten Maßnahmen seines Amtes koordiniert. Beim Referat TE 12 war eine Sonderkommission von 68 Beamten unter der Leitung des beliebten Abteilungspräsidenten Erich Ruckmich gegründet worden. Etwa ein Zehntel aller BKA-Terrorbekämpfer beteiligte sich an der Aufklärung der Sprengstofftransporte und versuchte möglichst viele Informationen über das Schicksal der entführten Deutschen zusammenzutragen.

Stieß aus dem Bundeskanzleramt zum Arbeitsstab Libanon: Hans-Christian Ueberschaer.

Knapp vier Wochen später mußte der Praktiker Boeden aus dem Ruhestand zurückkehren. Er wurde zum neuen Präsidenten des Bundesamtes für Verfassungsschutz in Köln ernannt. Auch als Agentenjäger saß er immer wieder am Tisch des Arbeitsstabes Libanon. Schließlich kümmerte sich seine neue Behörde neben anderem um Ausländer-Extremismus. Die Hamadis und ihre Auftraggeber von der Hisbollah befanden sich im Visier des BfV. Außerdem brachte Boeden Kontakte ein, die noch spannende Entwicklungen im Ringen um die Geiseln Cordes und Schmidt auslösen sollten.

Boedens letzter Chef beim BKA reiste häufig zu den Sitzungen des Arbeitsstabes im Bundeskanzleramt. Der damals 58jährige Westfale Heinrich Boge, auch ein Selfmade-Ordnungshüter der ersten Nachkriegs-Generation, war ein guter Verwaltungsexperte und Polizeischul-Leiter, aber kein Terroristen-Jäger.

Während seiner Amtszeit blieben die spektakulären Erfolge im Kampf gegen die RAF aus. In Sachen Hamadi wollte er stets informiert sein, um in Bonn mitreden zu können. Seine Untergebenen in der unterirdischen Wiesbadener Einsatzzentrale (Hausjargon: ein Stall, gebaut von Sadisten für Masochisten) arbeiteten selbständig und lieferten die Grundlage für die Anklagen gegen Mohammed und Abbas Hamadi. Die Handwerksarbeit lag beim BKA, dem Zentralorgan der inneren Sicherheit mit 3571 Bediensteten und 290 Millionen Mark Jahresetat. Nebenbei eröffneten sie leise eine zweite Front und konkurrierten mit dem Pullacher BND auf der nahöstlichen Bühne.

Dann gab es noch einen Mann, der alles zusammenhielt, im praktischen Sinne der Geschäftsführer des Arbeitsstabes Libanon: Hans-Christian Ueberschaer, ein aufstrebender Beamter aus dem Kanzleramt. Er stand Schäuble nahe und genoß Kohls Wohlwollen. Insider sagten ihm schon damals eine bedeutende Zukunft voraus. Der 50jährige kümmerte sich besonders intensiv um Afrika. Jurist Ueberschaer wurde 1974 als Botschafter in die Zentralafrikanische Republik entsandt, bearbeitete von 1977 bis 1981 im Auswärtigen Amt das südliche und östliche Afrika. Nach einem vierjährigen thematischen Abstecher als Wirtschaftsattaché der deutschen Botschaft in Peking wechselte der Diplomat leihweise zum Kanzleramt. In der außen- und sicherheitspolitischen Abteilung befaßte er sich mit den politischen Beziehungen der Bundesrepublik zur Dritten Welt. Während dieser Phase kam er zum Arbeitsstab Libanon, betreute dort unter anderem die Angehörigen der Geiseln. 1992 durfte Ueberschaer, zurück im Außenamt, als deutscher Botschafter nach Südafrika gehen. Seit Februar 1995 leitet er die Wirtschaftsabteilung seines Ministeriums.

Ali und Fatima Hamadi, die Eltern der beiden inhaftierten Terroristen, hielten sich vom 26. Januar bis zum 5. Februar 1987 in Deutschland auf. In dieser Zeit wurden sie vom Bundeskriminalamt betreut. Sie trafen Mohammed und Abbas, überzeugten sich per Augenschein, daß diese nicht gefoltert wurden, und nahmen Briefe für andere Familienmitglieder, vor allem Abdul Hadi, mit.

Mit Verstimmung reagierte Raschid Mahroum, als er am 29. Januar eine neue Botschaft des Arbeitsstabes Libanon zur Weitergabe an die Entführer von Cordes und Schmidt bekam. Auch diesmal mußte er sie vorab telefonisch nach Beirut durchgeben. Der Text wurde ihm, damit keine Irrtümer möglich waren, auch in arabischer Sprache ausgehändigt. Er lautete:

Antwort an die Entführer:
1. Wir fordern die Freilassung von Rudolf Cordes und Alfred Schmidt, die beiden Deutschen. Die Gespräche brauchen Zeit, deshalb muß der Zeitdruck weg. Wir lassen uns nicht erpressen.
2. Den beiden Deutschen darf nichts zustoßen. Weitere Aktionen können alles kaputtmachen. Wir fordern ein weiteres Lebenszeichen und den Besuch einer Vertrauensperson bei den Deutschen.
3. Wir bestätigen, daß die Gespräche über Herrn Mahroum vertraulich geführt werden.
4. Mohammed Ali und Abbas Ali Hamadi haben die Gesetze und das Gastrecht der Bundesrepublik Deutschland verletzt.
5. Mohammed Ali und Abbas Ali Hamadi geht es gut. Eine ärztliche Behandlung für das Magenleiden von Abbas ist sichergestellt. Ihre Eltern können beide besuchen.
6. Sie sprechen von der Möglichkeit, daß die Lösung des deutschen Problems auch die Möglichkeit der Lösung der Probleme Amerikas bedeutet. Wir bitten Sie um genaue Angaben, was Sie damit meinen.
7. Wir fordern Sie nochmals auf, die deutschen Geiseln freizulassen und die deutsch-arabischen Beziehungen nicht zu beschädigen.

Am 1. Februar flog der Fürther Kaufmann und Sympathisant der Entführer zum drittenmal in Sachen Hamadi in den Libanon. Diesmal transportierte er auch Briefe der Familien Cordes und Schmidt, eine Lesebrille für den Siemens-Techniker, Vitamin-Tabletten und Schreiben der Hamadi-Brüder. Mahroum gab die Gegenstände beim Entführer Tahsin ab.

Die Terroristen waren diesmal äußerst mißtrauisch. Sie untersuchten Cordes' Vitaminpillen nach einem Minisender und zerlegten auch das Brillenetui von Alfred Schmidt. Angesichts der Botschaft aus Bonn schimpften die Libanesen, mit den Deutschen könne man nicht verhandeln. Außerdem erklärten sie zornig, Abbas habe sie hereinlegen wollen. Er sei ein Agent und habe auch seinen Bruder Mohammed ausgeliefert. Die deutschen Behörden hätten ihn nicht wirklich festgenommen. Alles sei nur eine Inszenierung. Wenn er wieder nach Beirut reise, dann werde er enthauptet.

Am 5. Februar kehrte der Verbindungsmann wieder zurück und überreichte dem BKA ein neues, ausführliches Schreiben. Darin hieß es pathetisch, blumig und arabisch selbstverliebt:

1. Die bisherigen Verhandlungen sind durch viel Positives unsererseits gekennzeichnet gewesen. Und außerdem wurden Sie weder in der Öffentlichkeit noch sicherheitsmäßig bedrängt. Dagegen war Ihre Antwort durch eine passive Haltung gekennzeichnet und korrespondierte insoweit nicht mit unserer Haltung.
2. Die lange Zeit, die gebraucht wird, um die Sache zum Abschluß zu bringen, erhöht die Wahrscheinlichkeit, daß die Sache in allen Bereichen und an allen Orten eskalieren kann. Die Art, wie Sie mit uns umgehen, zwingt uns zu der ernsthaften Überlegung, den Druck durch Blut zu erhöhen.
3. Wir wissen, daß Sie sich eine militärische Aktion überlegen. Wir begrüßen dies sehr. Es wäre aber besser, die Phase der politischen Pubertät hinter sich zu lassen.

4. Alles spricht dafür, daß Sie auf Zeitgewinn spielen, um erst das Ergebnis des amerikanischen militärischen Schlages zu erfahren. Dies führt zum Vertrauensverlust. Hinzu kommen Tatsachen, die zuvor schon zum Vertrauensverlust Ihnen gegenüber führten. Die Verbindung der deutschen Sache mit den amerikanischen Geiseln ist mit Sicherheit nicht günstig für Sie.
5. Es müssen Erklärungen an die internationalen Massenmedien gegeben werden, daß wir keine Geldforderungen erhoben haben.
6. Wir fordern Sie mit Nachdruck auf, daß Sie unbedingt zur Vernunft kommen und sich damit befassen, die Sache zum Abschluß zu bringen. Das ist in Ihrem Interesse. Ansonsten könnte Mohammed Ali Hamadi als einer von vielen Märtyrern betrachtet werden, was für ihn eine große Ehre ist, oder er käme zusätzlich auf die Liste der inhaftierten Gefangenen, was ebenfalls für ihn eine Ehre und eine geheiligte Stellung bedeutet.
7. Die Antworten müssen schnell kommen, damit wir nicht den Eindruck gewinnen, daß Sie den Krieg wollen.

Drei Tage später trafen sich Mahroum und sein Betreuer aus dem BKA. Der Fürther Kaufmann wurde um Klärung gebeten, ob Cordes und Schmidt freikämen, wenn sich die Bundesregierung verpflichten würde, Mohammed Hamadi nicht an die US-Justiz auszuliefern und ihn in Deutschland abzuurteilen. Mahroum sollte am 13. Februar erneut nach Beirut fliegen. Jetzt begann er seinerseits, Forderungen zu stellen. Er wollte eine schriftliche Bestätigung der Bundesregierung haben, daß Mohammed Hamadi nicht nach Amerika geschickt werde. Dieses Papier wurde ihm verweigert.

Mahroum stellte sich stur: »Dann fliege ich nicht nach Beirut.« Zu jenem Zeitpunkt hatte er bereits für die MEA-Maschine nach Beirut reserviert. Er annullierte die Buchung. Auch eine Aussprache im Wiesbadener Amt brachte keine Annäherung der verhärteten Fronten. Heinrich Boge, insgesamt ein schwacher Präsident, erfuhr im Bonner Kanzleramt von der ernsten Krise im Verhältnis zu Raschid Mahroum. Er ordnete an, dem Mittelsmann nicht entgegenzukommen.

Die Tage des renitenten und von Eigeninteressen getriebenen Vermittlers waren ohnehin gezählt. Da änderte auch ein letztes Zuckerbrot nichts mehr.

Wolfgang Schäuble erinnert sich an den Tag, als er Raschid Mahroum zur Audienz lud: »Da haben uns unsere Experten für die Mentalität von Menschen aus dem Nahen Osten beraten, ob ich ihn empfangen soll. Es kam zum Votum, ich sollte es machen. Ich müßte aber dann ein bißchen respektgebietend auftreten, wofür ich nicht der richtige Typ bin. Trotzdem, es wäre für Menschen, die aus dem Orient kommen, sehr wichtig. Dann haben wir in dem Empfangsraum mit den breiten Flügeltüren, wo auch der Kanzler seine Staatsgäste fotografieren läßt, etwas aufgebaut. Nun benötigten wir für mich einen uniformierten Adjutanten, mit Goldknöpfen und so. Von der Bundeswehr konnten wir keinen nehmen, weil es sonst geheißen hätte, wir würden die Armee für Zwecke der inneren Sicherheit einsetzen. Also kam ein Mann vom BGS, der spätere Kommandeur des Grenzschutzkommandos West, Fredi Hitz, zum Einsatz. Ich finde es heute eher komisch. Außerdem bin ich mir nicht sicher, ob wir den Mann beeindruckt haben. Aber das geschah alles in der Anfangszeit der Geschichte, und da haben wir gemeint, das muß man so machen.«

Der geleckte Charmeur aus dem Orient stand eigentlich schon auf der Abschußliste der Bonner Aktivisten. Das gut informierte Hauptstadt-Büro der Münchner Illustrierten *QUICK* bekam den ersten Tip auf die Identität von Raschid Mahroum. Reporter Walter Schütte machte sich auf nach Nürnberg. Er wußte, es mußte ein Libanese aus Fürth sein, möglicherweise ein Autohändler. Eine rasche Umfrage bei Mahroums Kollegen brachte klare Fakten. Nun verabredete man sich in der Pizzeria »Taverna

Romana« an der Schwabacher Straße. Ein junger, orientalisch aussehender Mann kam und lotste die *QUICK*-Leute durch dichtes Schneetreiben zu einem »schlanken, gut gekleideten Vierziger mit graumeliertem Haar und Goldrandbrille«, der vor der Tür in einem Mercedes-Kombi wartete.

»›Mein Name ist Schütte‹, sagte ich. ›Meiner tut nichts zur Sache‹, antwortete der orientalisch aussehende Herr, ›aber ich mache Ihnen folgendes Angebot: Sie erhalten alle Informationen über die Hintergründe der Entführungen von Rudolf Cordes und Alfred Schmidt in Beirut. Sie bekommen Fotomaterial und dürfen mit den beiden Deutschen und ihren Entführern an Ort und Stelle sprechen. Das ganze Paket kostet Sie vier bis fünf Millionen Mark, die in Genf bei einem unserer Anwälte zu hinterlegen sind.‹«

In Windeseile war der Arbeitsstab im Bilde. Eine der seltenen öffentlichen Erklärungen aus dem Kanzleramt stellte fest, daß der Geschäftemacher aus Franken als Vermittler nicht mehr in Frage komme, weil er das von den Entführern geforderte Stillschweigen über die Vorgänge um Cordes und Schmidt gebrochen habe.

Die *QUICK* formulierte eine Woche danach, sie habe »das Geschäft abgelehnt«, dafür aber »über die schillernde Persönlichkeit Mahroums berichtet«. Walter Schütte heute: »Wir haben Mahroum ganz konkret eine Million Mark geboten. Dafür wollten wir alles über die Geiselnahmen erfahren, Cordes und Schmidt besuchen und bei der Freilassung dabeisein. Der Deal kam nicht zustande, weil Mahroum nicht liefern konnte.«

5 Einsatz für Operation Return

Abbas Ali Hamadi wurde am 26. Januar 1987, einem Montag, auf dem Frankfurter Flughafen festgenommen. Er hatte seine Rückkehr in abgehörten Telefonaten mit Ex-Ehefrau Maria und den libanesischen Freunden im Saarland schon frühzeitig diskutiert. Maria Hamadi: »Die Verbindung war sehr schlecht. Beim ersten Anruf sagte Abbas, er habe von der Verhaftung von Mohammed erfahren. Das wäre ein Mißverständnis. Er wolle kommen und die Sache aufklären. Beim zweiten Anruf gab er mir zu verstehen, er sei nicht sicher, ob er nicht festgenommen werde. Er wolle trotzdem kommen.«

Die Beamten des Bundeskriminalamts schlugen bei der ersten Vernehmung eine ganz spezielle Taktik ein. Sie warfen dem Libanesen nur sein Vergehen gegen das Sprengstoffgesetz vor. Sie wußten, er würde mauern, wenn man ihn gleich der Entführung beschuldigte. Außerdem galt es dringlich, die explosiven Vorräte der Terroristen zu finden und zu vernichten.

Dem BKA lagen zahlreiche Abschriften von Telefonaten zwischen Beirut und dem Saarland vor. Abbas Hamadi hatte beispielsweise am 17. Januar, gleich nach der hastigen Rückkehr in den Libanon, bei seinem Freund Hamza Kassim in Merzig-Brotdorf angerufen und darum gebeten, den gemeinsamen Gefährten Ali Hage aus Beckingen zu kontaktieren. Er möge ihm ausrichten, Hage solle »die Sachen bloß nicht wegwerfen«. Am frühen Morgen des 26. Januar meldete sich Abbas wieder, und diesmal direkt bei Ali Hage. Er fragte mit besorgter Stimme, ob die Flaschen auch wirklich gut versteckt seien. Sein Freund beruhigte ihn. Man könne sie nicht leicht finden. Es war Ali Hage gewesen, der zusammen mit Abbas Hamadi die Behälter mit dem Methylnitrat in einem Wiesengelände bei Beckingen versteckt und später mit einer Decke und abgerissenem Gras und Schilf getarnt hatte.

Die erste Vernehmung des Abbas begann um 21 Uhr und endete fünf Stunden später. Der Libanese war überrascht, nervös. Er wußte nichts von einer Telefonüberwachung, konnte sich den Umfang der deutschen Maßnahmen gar nicht vorstellen. Deshalb schwieg er, wenn er zur Einfuhr und zur Lagerung des hochgefährlichen Methylnitrats gefragt wurde.

Die Polizei befand sich im Zugzwang. Bereits um 23 Uhr rückte sie beim 49jährigen Hamza Kassim am Heisterweg 25, Merzig-Brotdorf, an. Als die von lokalen Kräften verstärkten Bundespolizisten in das dunkle Treppenhaus eindrangen, reagierte der nichtsahnende Kassim-Sohn Adnan, 23, mit einer hastigen Bewegung in Richtung Lichtschalter. Daraufhin feuerte einer der Polizisten auf ihn. Adnan Kassim wurde getroffen. Die Kugel verfehlte seine Lunge nur um Zentimeter. Der junge Mann hatte Glück gehabt.

Vater Kassim und drei weitere Söhne wurden vorübergehend festgenommen, am nächsten Tag auch Ehefrau Zukeime und ihre beiden Töchter. Die Hausdurchsuchung in Merzig-Brotdorf wurde mit dem Verdacht »der Nötigung von Verfassungsorganen und der Geiselnahme« begründet.

Die Polizei beschlagnahmte bei den Kassims zahlreiches Schriftmaterial, einen Kalender, zwei Bescheinigungen, drei Videokassetten aus dem Libanon. Die zweite Razzia fand bei den Hages in der Beckinger Waldstraße statt. Sohn Ali Hage, der Komplize von Abbas beim Verstecken des Sprengstoffes, mußte die Beamten begleiten. Eine weitere Hausdurchsuchung wurde bei der in Scheidung lebenden Abbas-Ehefrau Maria in Saarlouis-Wallerfangen angeordnet.

Am 27. Januar ging dann alles plötzlich sehr schnell. Der Vernehmer vom Bundeskriminalamt appellierte an Abbas Hamadis Liebe zu Kindern. Er beschrieb ihm, wie es wäre, wenn spielende Kinder das Sprengstoffdepot finden würden. Daraufhin schrieb der Terrorist einen Brief an seinen Freund Ali Hage und zeichnete eine Skizze vom Versteck in Beckingen.

An diesem Nachmittag begann die, laut *Saarbrücker Zeitung*, »größte Polizeiaktion der letzten Jahre im Saarland«. Zwei uniformierte Hundertschaften riegelten das Rasenstück mit Tahsins 16,54 Litern Methylnitrat und 32 Sprengzündern ab. Es lag an der Dillinger Straße, unweit der Bahnlinie Saarbrücken-Trier und der Bundesstraße 51.

BKA-Beamte untersuchten den Inhalt von acht bauchigen Flaschen und kamen zu dem Ergebnis, daß es zu riskant sei, das Methylnitrat abzutransportieren. Es dauerte noch mal einen Tag, bis das Depot mit sieben kontrollierten Sprengungen vernichtet war. BKA-Mann Peter Köhler witzelte, früher sei Methylnitrat mal als Raketentreibstoff benutzt worden. Davon sei man aber abgekommen, weil »die Dinger immer in die Luft geflogen« seien. Der Stoff sei empfindlicher als Nitroglyzerin.

Die Kassims wurden am selben Tag wieder freigelassen, mit Ausnahme von Vater Hamza. Seine Vernehmungen dauerten an. Der verletzte Adnan Kassim, ein schmaler, vollbärtiger Junge, ließ sich im Krankenhaus Losheim von der Lokalzeitung befragen. Mit Abbas Hamadi, log er, habe man nicht viel zu tun gehabt. Man habe ihn eben gekannt, »wie sich alle Libanesen im Umkreis von 50 Kilometer kennen, nicht besser und nicht schlechter«. Manchmal habe man sich getroffen, zusammen Karten gespielt, etwas getrunken. Schon aus diesem Grund sei es undenkbar, daß Abbas zur fundamentalistischen Hisbollah zähle. Nur am Rande wurde erwähnt, daß Abbas Hamadi für einige Zeit Untermieter der Kassims gewesen war.

Hinter den Kulissen entwickelte sich ein weit komplizierteres, transatlantisches Szenario. Im Tagebuch des Arbeitsstabes Libanon findet sich unter dem 20. Januar 1987 die folgende Bemerkung: »Förmlicher Auslieferungsantrag der USA im Falle Mohammed Ali Hamadi; Übergabe der hierfür erforderlichen Materialien.«

Das Washingtoner Justizministerium, geleitet vom schillernden Reagan-Kumpan Edwin Meese, der selbst jahrelang Korruptions-Ermittlungen ausgesetzt war, hatte bereits seit 1985 eine 16seitige Anklageschrift gegen Mohammed Hamadi alias Ali Hamadi alias Castro wegen Luftpiraterie und Mord vorliegen. Die ehrgeizige Victoria Toensing, offizieller Titel: Deputy Assistant Attorney General, erkannte ihre Chance. Einer ihrer damaligen Kollegen: »Sie wußte augenblicklich, daß der Fall Hamadi der schnellste Weg zu Ruhm und Ehre ist.« Also griff sie danach. Der zuständige Hamadi-Ankläger, der United States Attorney für den Distrikt Washington D.C., hieß Joe di Genova und war Toensing unterstellt.

Am Tag nach seiner Festnahme hatte das BKA bereits die Identität von Mohammed Hamadi festgestellt. Die Nachricht ging in die USA. Das von schweren Schneefällen geplagte Washington reagierte sofort. Die Ministerien für Äußeres und Justiz arbeiteten rund um die Uhr und stellten die nötigen Auslieferungsdokumente zusammen, ließen sie in großer Eile ins Deutsche übersetzen. So kam es zu der Aktennotiz beim Arbeitsstab Libanon.

Das US-Ersuchen bezog sich auf das deutsch-amerikanische Rechtshilfeabkommen aus dem Jahre 1978. Dieses schreibt vor, daß die US-Justiz die Auslieferung eines von ihr gesuchten Täters über das State Department und das Auswärtige Amt in Bonn betreibt. Die Diplomaten geben den Haftbefehl, der genaue Angaben über die Tat und die US-Rechtsvorschriften enthalten muß, an das zuständige deutsche Oberlandesgericht weiter. Dieses OLG, in Hamadis Fall Frankfurt am Main, muß prüfen, ob die jeweilige Tat sowohl in Deutschland als auch in den USA strafbar ist und ob die Bestimmungen des Auslieferungsabkommens beachtet werden. Die Beweislage spielt dabei keine Rolle. Im Falle der USA gibt es noch Einschränkungen besonderer Art. Die zu behandelnde Straftat muß im Partnerland mit mindestens einem Jahr Haft geahndet werden. Sie darf in den USA nicht mit der Todesstrafe bedroht sein, da es im Geltungsbereich des deutschen Grundgesetzes keine Todesstrafe gibt. Im Falle von Mohammed Hamadi hätte also die US-Justiz von vornherein zusichern müssen, daß die Höchststrafe für Luftpiraterie nicht in Frage käme.

In den komplizierten juristischen Erwägungen des Falles Hamadi mußte ein weiteres Moment berücksichtigt werden – das Interesse der deutschen Strafbehörden. Da er eine größere Menge an gefährlichem Sprengstoff nach Frankfurt gebracht hatte, wäre eine Anklage wegen »Vorbereitung eines Explosionsverbrechens« nicht ungewöhnlich gewesen. Dafür fordert das deutsche Recht, je nach Schwere der Tat, ein bis zehn Jahre Freiheitsstrafe. Bei einer Verurteilung in Deutschland, könnte der Täter gemeinhin erst nach seiner Strafverbüßung in die USA abgeschoben werden. Die Justiz hat einen breiten Spielraum.

Die *F.A.Z.* spekulierte schon vor dem Eintreffen des amerikanischen Auslieferungsersuchens: »Liegt die in Frankfurt zu erwartende oder verhängte Strafe weit unter der drohenden Sanktion durch die amerikanische Justiz, kann die Frankfurter Staatsanwaltschaft ihr Verfahren gegen Hamadi einstellen oder aber auf die Verbüßung einer verkündeten Freiheitsstrafe verzichten und damit den Weg für eine frühzeitige Auslieferung freigeben.«

Der weitere Weg des Rechts sieht im Regelfall so aus: Sollte sich das zuständige Oberlandesgericht für eine Auslieferung des Täters entscheiden, dann muß in letzter Instanz trotzdem die Bundesregierung ihr Plazet erteilen, da es sich um einen hoheitlichen Akt handelt. Im Fall Hamadi stand der Arbeitsstab Libanon im Wege. Obwohl anfangs die Mehrheit seiner Mitglieder zugunsten der Auslieferung votierte, einigte man sich schließlich wegen der damit verbundenen Gefahren für die deutschen Geiseln Rudolf Cordes und Alfred Schmidt auf einen harten Kurs. Ex-Generalbundesanwalt Kurt Rebmann: »Letztlich zählt nur Härte. Hätten wir ihn ausgeliefert, hätten wir irgendwo nachgegeben.«

Der damalige Staatsminister im Kanzleramt, Waldemar Schreckenberger, früher Justizminister von Rheinland-Pfalz, übernahm als enger Vertrauter von Helmut Kohl die Aufgabe, für den Arbeitsstab eine Art Rechtsgutachten zu erstellen. Sein fünfseitiger Vermerk sprach sich gegen die Auslieferung von Mohammed Hamadi an die USA aus. Schreckenberger, heute Inhaber eines Lehrstuhls für Rechtsphilosophie, Rechtspolitik und Gesetzgebungslehre an der Verwaltungshochschule Speyer: »Die Überstellung an die US-Justiz hätte den Tod von Mohammed Hamadi bedeutet.«

Schreckenberger und Kinkel setzten sich mit diesem Kurs durch. Das Auswärtige Amt und das Bundeskanzleramt mußten es den Amerikanern erklären. Waldemar Schreckenberger heute: »Wir sagten ihnen, daß wir keinen Einfluß auf die Anklage der Staatsanwaltschaft haben. Diese Gespräche liefen hauptsächlich mit US-Außenminister George Shultz.«

Die Deutschen stießen offene Türen ein. Einer der Staatsanwälte aus dem Stab von Victoria Toensing erinnert sich heute: »Reagan hielt markige Reden und schwor den Terroristen weltweite Rache. Er sagte, niemand würde ungestraft davonkommen. Dann besuchten ihn die Leute vom Nationalen Sicherheitsrat und machten ihm klar, daß seine Rachepolitik dem ganzen Land schaden würde. Ein Hamadi in einem amerikanischen Gefängnis würde sofort Anschläge gegen US-Ziele und neue Geiselnahmen von US-Bürgern provozieren. Unsere Politik hatte so auszusehen, daß wir lautstark auf Terroristen schimpften, den Flugzeugentführer aber in Wirklichkeit gar nicht haben wollten. Dabei blieb es dann auch. Ich wehrte mich noch und sagte: Ich will ihn haben. Ich fing an, über technische Details der Auslieferung und über die bevorstehende Anklage zu sprechen. Da kamen die NSC-Leute auch zu mir. Wir setzten uns zusammen. Die Botschaft der Politiker war eindeutig: Wir wollen ihn nicht in den USA haben! Von da an war der Fall für uns faktisch gestorben.«

Edwin Meese, der die Gelegenheit benutzte, während der Verhandlungen mit den deutschen Partnern einige Wochen bei seinem in Hanau stationierten Sohn Mike zu verbringen, und Victoria Toensing steigerten sich in die vermeintliche Auslieferungsaktion hinein, obwohl sie wußten, daß es nur Theater war. Die heutige Staranwältin Toensing in einem Beitrag für die *Los Angeles Times*, der anläßlich des späteren Urteilsspruches gegen Mohammed Hamadi erschien: »Die große Dringlichkeit mündete schließlich in eine sechsmonatige Ungewißheit, während der die Deutschen ihre Entscheidung über die Auslieferung immer wieder aufschoben.«

Arbeitsstab-Chef Wolfgang Schäuble wußte relativ früh, daß Hamadi in Deutschland bleiben würde. Er spielte auf Zeit und setzte seine diplomatischen Fähigkeiten gezielt ein. Der Kanzleramtsminister traf den US-Botschafter Richard Burt. »Ich habe ihm gesagt, wir machen nichts, was ich Ihnen nicht sagen kann. Wir machen nichts hintenrum. Ihr könnt Euch darauf verlassen. Lange waren die Amerikaner skeptisch, ja richtig besorgt. Später hat mir Burt verraten, daß diese Geschichte sehr zu meinem Ansehen in Washington beigetragen hat. Ich wollte kein krummes Ding drehen, weil die Amerikaner unsere Freunde sind. Außerdem habe ich gedacht, das ist alles viel zu kompliziert. Die würden es am Ende doch erfahren. In der Welt der Nachrichtendienste ist man hoffnungslos unterlegen.«

Mit der ersten Sitzung des Arbeitsstabes begann auch der Einsatz des Bundesnachrichtendienstes. Wie es die Praxis der Geheimen ist, mußte das Kind zuerst einmal einen Namen bekommen, einen Decknamen. »Operation Return« lautete das Zauberwort, und es stand für die Heimholung von Cordes und Schmidt.

BND-Präsident Hans-Georg Wieck erinnert sich an die ersten Tage der Affäre Hamadi: »Uns war natürlich sehr wichtig, sofort Verbindung mit den Partnerdiensten in dem Raum Nah- und Mittelost aufzunehmen. Dazu gehörten nicht nur Syrien und Israel, sondern auch Zypern, die Türkei, selbstverständlich die Amerikaner – und Beirut. Natürlich tastet man dann ab, wer die Entführer sind und wer Einfluß auf die Entführer nehmen kann. Für uns war es wichtig, die Lokalität zu finden sowie Einflußorganisationen, über die politischer Druck ausgeübt werden konnte. Nun kamen lauter andere Akteure auf die Bühne, sowohl aus Deutschland als auch aus dem Raum. Das BKA aktivierte seine Linien und schwor auf diesen arabischen Zwischenträger Raschid Mahroum, während wir mehr auf die syrische und die iranische Regierung setzten. Der Dienst und die Regierung in Bonn waren sich da einig. Alles andere war halbseiden.«

Die Pullacher Weichen wurden gestellt, die Aufgaben verteilt. Der BND setzte auf seine Kontakte zu Regierungen und Geheimdiensten im Nahen Osten, und diesen Kurs behielt er bei. 16A, das zuständige Referat von Mittelost bis Nordafrika, mobilisierte Residenten und Quellen. Chef von 16A war Karl Hagemann, ein ausgewiesener Nahost-Kenner und handwerklich weithin anerkannter BND-Agent der ersten Stunde. Seine Dienststelle hatte in Fachkreisen einen guten Ruf. Der BND nutzte sie auch in anderen, unkonventionellen Fällen als eine Art schnelle Eingreiftruppe. Den Kontakt zum Arbeitsstab sollte 16C halten, das Terrorismusreferat. An seiner Spitze stand Jan Wibel, gleichfalls ein Praktiker, dem der Orient vertraut war.

Wieck: »Es war doch logisch. Wenn ich eine solche Aufgabe gleich dem Terrorismusreferat übertrage, dann lege ich mich doch fest und sage, daß es etwas Terroristisches war. Das wußten wir in den ersten Stunden noch nicht. Zwei Deutsche waren im Libanon verschleppt worden. So lautete die Vorgabe. Nun mußten wir erst einmal in diese Szene hineinleuchten.«

Am Abend nach der Entführung von Alfred Schmidt traf in München eine hochrangige Quelle von 16C ein. Der Mann kannte sich in Beirut bestens aus, und er hatte die Möglichkeit, in beinahe allen Ländern der Region unauffällig Nachforschungen anzustellen. Er lieferte die Adresse des ersten Geiselverstecks. Cordes und Schmidt wurden zunächst in unmittelbarer Nähe des Beiruter Flughafens festgehalten.

Diese Erkenntnis war Wasser auf die Mühlen der Befreiungstheoretiker. Im Arbeitsstab wurde mindestens einmal darüber nachgedacht, die GSG 9 in den Libanon zu schicken und die beiden Deutschen nach bewährtem Mogadischu-Muster herauszuhauen.

Wolfgang Schäuble: »Die Frage, ob man die Geiseln befreien kann, habe ich mit GSG-9-Kommandeur Wegener alleine besprochen, nicht im Arbeitsstab. Wir kamen davon rasch wieder weg, weil es einfach zu gefährlich war. Wir hätten die Geiseln wohl nicht lebend zurückbekommen.« So sahen es auch andere, zum Beispiel der Operationschef von 16A, der selbst einmal im Nahen Osten stationiert war. »Die Forderung nach der GSG 9 wurde vor allem von jenen Leuten vertreten, die Beirut nicht kannten. Diese Falken stellten eine starke Fraktion.«

16C, zum Beispiel, votierte von Anfang an für den Einsatz der berühmten Grenzschutz-Sondereinheit. Bonn näherte sich für einen Moment diesem Gedanken. Dann war der Höhepunkt überschritten, und die Idee wurde aufgegeben. Eine klare Erkenntnis traf schon in der ersten Woche bei 16A ein: »Syrien und Libanon waren gegen den Einsatz. Sie sagten, macht keine unüberlegten Dinge und tut nichts ohne uns.« Daran wollte man sich halten, wenn es auch in den kommenden fünf Jahren manchmal etwas schwer fiel.

Wieck trat die Flucht nach vorne an. Für das Wochenende nach der Entführung von Cordes und Schmidt ließ er eine Reise nach Damaskus vorbereiten. In der syrischen Hauptstadt besaß der BND zu diesem Zeitpunkt noch keine eigene Residentur. Die Kontakte liefen über Franz Josef Strauß und seinen Konfidenten Dieter Holzer, BND-Deckname »Baumholder«.

Am Morgen des 24. Januar, einem Samstag, startete die BND-Dienstmaschine von München nach Damaskus. An Bord Präsident Wieck, Nahost-Referatsleiter Hagemann und weitere Mitarbeiter. Während Wieck und Hagemann eine Nacht in Syrien verbrachten und ihre künftigen Partner trafen, flog die Maschine auf dem Rückweg Zypern an, wo auf dem Flugplatz von Larnaka einige schwere Kisten ausgeladen und beim Zoll zwischengelagert wurden. Die BND-Flieger nahmen Gepäck an Bord, das der damalige Resident aus Beirut gebracht hatte, und flogen weiter nach München. Am nächsten Tag ging es wieder nach Damaskus. Karl Hagemann, den die Libanesen unter seinem Decknamen Bernhard Fischer bestens kannten, stieg auf dem Rückflug in Larnaka aus, während Wieck und die anderen Mitarbeiter nach München zurückkehrten.

Wegen der angespannten Geiselsituation im Libanon – Unterhändler Terry Waite und weitere Amerikaner waren verschleppt worden – tummelten sich auf dem Flughafen von Larnaka zahlreiche Fotografen und Kamerateams, die vagen Gerüchten über eine bevorstehende Geiselfreilassung aufgesessen waren. Ihnen lief der markante BND-Mann Bernhard Fischer alias Karl Hagemann vor die Linsen. Den Beiruter Residenten bemerkten sie nicht, dafür aber die schweren Kisten mit der in diesem Fall mißverständlichen Aufschrift Siemens. Fischer/Hagemann wurde abgelichtet, bevor er mit einem Hubschrauber der libanesischen Armee weiterfliegen konnte.

Zwei Tage später, am Montag, tauchte der Vorgang in den deutschen Medien auf. Die Überschrift der Münchner *Abendzeitung*, beispielsweise, behauptete: »Geheim-Agent mit Kisten nach Beirut«. Der Text gab sich spekulativ: »Kommen die

Verhandlungen über die Freilassung der beiden in Beirut gefangenen deutschen Geiseln Rudolf Cordes (seit neun Tagen entführt) und Alfred Schmidt (seit sechs Tagen entführt) in eine erste heiße Phase? Bonn hat offenbar einen Agenten in den Nahen Osten geschickt. Der Mann, der sich Bernhard Fischer nennt, soll schon Gespräche in Beirut geführt und in der syrischen Hauptstadt Damaskus (Syrien kontrolliert den Flughafen Beirut) mit hohen Politikern verhandelt haben.«

Was bis heute keiner weiß: In den Kisten befand sich ein komplettes Farbfotolabor, das der BND seinen Partnern beim libanesischen Deuxième Bureau lange vor der Geiselkrise versprochen hatte. Karl Hagemann reiste damit zu seinem Kollegen Oberst Simon Kassis, einem erklärten Freund der Deutschen. Tage später kehrte er mit einer Linienmaschine nach München zurück. In der Zwischenzeit hatten ihn die Libanesen zur aktuellen Lage konsultiert.

So seltsam es klingt, die lokalen Beiruter Geheimdienste konnten während der gesamten Hamadi-Affäre am wenigsten zur Befreiung der Deutschen beitragen. Wegen des Bürgerkriegs im eigenen Land waren ihnen die Hände gebunden. Wo es keine staatliche Sicherheit gibt, ist auch die Staatssicherheit blockiert. Sie beobachtete nur, aber bewegte nichts. Das erklärten die Obristen William Mjoualdi und Simon Kassis mit vielen Worten, als sie im Sommer 1987 zu einem Gegenbesuch beim BND anreisten. Simon Kassis, ein in Frankreich und den USA ausgebildeter Offizier: »Alle Staaten mit Geiseln kommen zu uns und bitten um Hilfe. Wir müssen sie ausnahmslos vertrösten.«

Auf einer zweiten Schiene trafen BND-Vertreter im zypriotischen Larnaka Hisbollah-Abgesandte aus der Umgebung von Scheich Fadlallah. Vor der zweiten Besprechung kam eine Warnung aus München. Die Terrorismus-Abteilung 16C wußte von einem Hisbollah-Kommando aus Amsterdam, das sich in Richtung Zypern bewegte. Aus Sicherheitsgründen wurde der Treff abgesagt. Ein dritter Termin sollte im Hotel »Golden Bay«

stattfinden und Referatsleiter Karl Hagemann selbst daran teilnehmen. Trotz einer erneuten Warnung fand der Kontakt statt. Die Deutschen stellten viele Fragen nach dem Schicksal der Geiseln. Die Antworten der libanesischen Schiiten waren wenig befriedigend.

Hans-Georg Wieck berichtete dem Arbeitsstab über seine Gespräche in Damaskus und analysierte die Rolle der Syrer. »Unsere Auffassung war, daß die Syrer die Territorialherrschaft haben und daher handlungsfähig sind. Wir wußten aber auch, daß sie bei der Wahrnehmung dieser Handlungsfähigkeit nicht ganz frei sind, daß sie iranische Interessen berücksichtigen müssen, weil der Iran mit ihrem Erzfeind, den Irakern, im Krieg war. Wir dachten, daß sie auf der anderen Seite Respektabilität im Westen erzielen wollten und deshalb kooperativ sein würden. Wir haben immer angenommen, daß der syrische Druck letzten Endes entscheidend sein könnte.«

Dabei täuschte er sich, konnte dies aber in diesem frühen Stadium der Geiselaffäre nicht wissen.

Denn es gab noch viel aufzuklären, beinahe alles.

Mohammed Ali Hamadi, der Flugzeugentführer, saß derweil in seiner Zelle in der JVA Frankfurt-Preungesheim und formulierte einen Brief in arabischer Handschrift:

Im Namen Gottes des Barmherzigen und Gnädigen.
Er ist unsere Stütze!
An meinen lieben Vater und meine liebe Mutter!
Gottes Friede und Gnade!
Während ich diesen Brief schreibe, sehne ich mich danach,
jetzt gemeinsam mit Euch und meinem Bruder Abbas
im Libanon zu sein.
Ihr kennt die Lage, in der ich mich jetzt hier im Gefängnis
befinde. Meine Nerven sind gespannt, und ich denke dauernd
daran, wie die Geschichte abläuft.

Ich bitte Euch, Euch nicht zu sehr um mich zu sorgen, denn Gott ist mit den Geduldigen.
Ich hoffe, daß Ihr – auch wenn diese Zeit hier im Gefängnis etwas länger dauert – bald zurückkommt, um mich in Begleitung meiner Frau Najat wieder zu besuchen. Sagt ihr, daß sie geduldig sein soll.
Meine Grüße an all meine Brüder, Schwestern und Verwandten sowie an meine Freunde, einen jeden für sich. Ich hoffe, daß sie mich immer in Erinnerung behalten, daß Ihr und sie für meinen Bruder Abbas und für mich beten.
Gott möge eine baldige Lösung herbeiführen.
Ich hoffe, daß Ihr mir, wenn Ihr in den Libanon zurückgekehrt seid, immer Briefe schreibt, mich auf dem laufenden haltet, über Eure Gesundheit, Euer Befinden und Eure Arbeit berichtet.

Euer geliebter Sohn
Mohammed Hamadi

Der Mann, der die Verbindung unterhält, sagt ihm, wenn er zurück ist, daß er mich auch besucht, um mich über Euer Befinden zu informieren.
Friede mit Euch und Gottes Gnade und Segen.
04.02.1987

6 Täter und Opfer – die Geschichte der Hamadis

Die Schiiten sind die Underdogs der islamischen Welt. Sie gehören einer Fraktion an, die vor beinahe 1400 Jahren beim Nachfolgestreit um das Erbe des Propheten Mohammed zu kurz kam. Die Protestbewegung der Schiiten oder »Schiat Ali« (»Partei des Ali«) behauptet, daß Mohammed seinen Schwiegersohn und Vetter Ali zum Kalifen bestimmt hatte. Das Rennen machte jedoch Mohammeds erster Gefährte Abu Bakr, dem der Vater von Mohammeds zweiter Frau Aischa, Omar, und Mohammeds Schwiegersohn Othman folgten. Erst dann kam Ali zum Zuge.

Die Schiiten akzeptierten nur ihn und spalteten sich von der Hauptströmung des Islam ab. Ali war ihr *Imam*. In seiner Nachfolge wurden Imame genannt, die nie geherrscht haben, sondern zumeist von den Kalifen verfolgt wurden. Ihre Reihe endet mit dem zwölften Imam, dem 873 im Knabenalter in einem Keller spurlos verschwundenen Mohammed al-Mahdi. Bis heute warten die Schiiten auf seine Rückkehr.

Die Spaltung zwischen den Sunniten, zu denen sich etwa 90 Prozent der Muslime bekennen, und den Schiiten ist vergleichbar mit der Trennung der christlichen Kirchen im Mittelalter. Sie ähnelt auch dem blutigen Zwist zwischen Katholiken und Protestanten in Nordirland. Bis heute hat sich daran nichts geändert. Der Krieg zwischen dem schiitisch geprägten Iran und dem von Sunniten dominierten Irak in den achtziger Jahren war eben auch ein Kampf zwischen diesen beiden Lagern des Islam. Die Anhänger Alis siedelten im Mittleren Osten und in Zentralasien, während die Sunniten im Herz der islamischen Welt saßen. Das letzte Großreich des Islam, das osmanische, wurde von den Sunniten dominiert. Die Schiiten waren bedeutungslos und sollten es bleiben, bis ein iranischer Prediger namens Ruhollah Khomeini vor gut 30 Jahren damit begann, seine Opposition gegen den Schah Reza Pahlevi international zu organisieren.

Ruhollah Khomeini bei seiner triumphalen Rückkehr nach Teheran am 1. Februar 1979. Ganz rechts sein enger Vertrauter Sadegh Tabatabai.

Khomeinis Vertraute kamen auch in den Libanon, wo sich viele ihrer Glaubensbrüder befanden.

Der Zedernstaat am östlichen Ende der Levante war immer schon der Schnittpunkt grenzüberschreitender Konspiration im Nahen Osten gewesen. Seine Schiiten lebten als unorganisierte, machtlose Sekte traditionsgemäß im äußersten Süden und im Norden des kleinen Landes. Nur wenige Familien konnten von sich behaupten, reich zu sein. Die Masse bestand aus armen Bauern und ausgebeuteten Landarbeitern, ein für Ideologien anfälliges Landproletariat, unterdrückt durch christliche, aber auch schiitische Großgrundbesitzer. Vertreter dieser Familien wurden von ihren Untergebenen regelmäßig ins Beiruter Parlament gewählt.

Die Schiiten haben nach dem Nationalpakt von 1943, der bis heute die Pfründe der einzelnen Religionsgemeinschaften regelt, Anrecht auf den Posten des Parlamentssprechers. Derzeit heißt er Nabih Berri. Es ist nicht verkehrt, ihn als eine Art weltliches Oberhaupt der libanesischen Schiiten anzusehen.

Die Schiiten hatten vom rasanten Aufstieg des Libanon zum wichtigsten Banken- und Handelsplatz des Nahen Ostens nie einen Nutzen. Im Norden existierten sie als wilde Stämme, die auch schon mal Haschisch anpflanzten und gegen die reguläre Armee Krieg führten. Der Konflikt wurde meistens durch gezielte Luftangriffe beendet. Im Süden halten sie den Grenzbereich zum verhaßten Israel. Das war in den letzten Jahrzehnten eine leidvolle Position, da die Vergeltungsaktionen der Israelis gegen die Kommandos der PLO vorwiegend schiitische Zivilisten trafen. Im Südlibanon wurde immer wieder der Ersatzkrieg um Palästina ausgetragen.

Wenn es den geprügelten Schiiten zuviel wurde, dann flüchteten sie in die rasch wachsenden Vorstädte von Beirut, in Slums und Elendsquartiere wie Bir al Abed oder Ghobeiri, Bourj al Brajneh oder Shia. Schon Mitte der achtziger Jahre lebten hier mehr als 500 000 Glaubensbrüder. Ein frustriertes, rasch wachsendes Potential auf der Suche nach einer Ideologie und einem Führer.

Dieses Vakuum wurde zuerst von einem charismatischen Geistlichen namens Musa Sadr gefüllt, der um 1960 aus dem Iran in das mondäne Beirut kam. Ein Missionar, der die orientierungslosen Gläubigen um seine grüne Fahne scharen konnte. Der 32jährige gründete bald eine »Bewegung der Entrechteten«, die von der Regierung Schutz für die südlichen Gebiete, Hilfe für die Flüchtlinge und Waffen zur Selbst-verteidigung forderte. Musa Sadrs Organisation wurde zunehmend militanter. An manchen Demonstrationen beteiligten sich bis zu 100 000 Menschen. Daraus entstand eine Schiitenmiliz namens »Amal«, »Hoffnung«.

Der großgewachsene, bärtige Abkömmling des Propheten formte 1969 einen schiitischen »Höheren Rat«. Die Schiiten verließen damit die bislang homogene muslimische Gemeinschaft und demonstrierten Selbstbewußtsein. Auf Initiative von Musa Sadr entstand auch ein »Rat des Südens«, der Lobbyarbeit in Beirut betrieb und die Entwicklung des libanesischen Armenhauses an der Südgrenze beschleunigen sollte. Er war ein moderater Glaubensführer, der seine Überzeugungen nicht mit dem Schwert verbreitete. Deshalb hielt er die schiitische Gemeinschaft aus dem 1975 beginnenden libanesischen Bürgerkrieg heraus. Im August 1978 verschwand Musa Sadr während einer Visite bei Libyens Muammar al-Gaddafi. Ein halbes Jahr später übernahm Khomeini den Iran. Das löste Entwicklungen aus, die sogar ein Visionär wie Musa Sadr nie für möglich gehalten hätte.

Der libanesische Bürgerkrieg von 1975 hatte viele Ursachen. Es war ein Krieg der Religionen, aber auch der weltlichen Ideologien. Es war ein Krieg der Habenichtse gegen die Reichen, ein Konflikt zwischen Osten und Westen. Die Vorgeschichte:

Das Experiment des friedlichen Zusammenlebens von Christen und Muslimen scheiterte bereits 1958. Nach der Vereinigung Ägyptens und Syriens zum Staatenbund VAR (Vereinigte Arabische Republik, 1958 bis 1961) und dem Militärputsch unter General Abd el Karim Kasim, der aus dem Irak nominell eine Republik machte, zettelten vom nationalistischen, panarabischen Gamal Abd el Nasser aufgestachelte Muslime einen ersten Bürgerkrieg an, den Libanons Präsident Camille Chamoun nur durch einen Hilferuf an die Adresse der Weltmacht USA stoppen konnte. 10 000 Marines landeten und sorgten dafür, daß die »Schweiz des Nahen Ostens« bis auf weiteres dieses stolze Prädikat behalten konnte. Die Aktion dauerte nur wenige Tage.

Für die Libanesen war es ein Warnsignal. Mit einem eher proarabischen Kurs kamen sie bis 1975 über die Runden. Das Beirut der Banken und des weltberühmten Kasinos lockte Touristen aus Paris, Kuwait und London an. Sie vergnügten sich bei der rollenden Kugel und den berühmten Mitternachtsshows hoch über der glitzernden Bucht von Jounieh. Im Casino de Liban traten Elefanten und Oben-ohne-Mädchen auf. Gerade die prüden Golfaraber konnten sich an ihnen nicht satt sehen. Der Heiratsmarkt boomte, denn es gab, so wurde gesagt, in der arabischen Welt nichts Hübscheres als die weibliche Jugend des Libanon.

Bis zum letzten Moment existierte jenes unbeschwert freie Leben, von dem die Weltoffenen noch heute schwärmen. So mancher erinnert sich an den Tag, als Ella Fitzgerald beim Baalbek-Festival auf der Bühne stand. Ausländer und wohlhabende Nachkommen der Phönizier ließen sich vormittags auf Wasserskiern um die Skyline von Beirut ziehen und wagten nachmittags eine rasante Abfahrt im Neuschnee des Libanongebirges. Es gab viele skurrile Gestalten, die ihre Drinks in der legendären St.-George-Hotelbar nahmen. Oft handelte es sich um Waffen- und Nachrichtenhändler, Diplomaten und Ölscheichs, Glücksritter aller Herren Länder, Einfach- und Doppelagenten. Auch Kim Philby, der geheimnisvolle Überläufer, kam hierher – und verschwand von hier. 1975 wurde das St. George in die Luft gejagt. Man nahm es schicksalhaft hin, die meisten bunten Vögel hatten ohnehin längst das Weite gesucht.

Inzwischen befanden sich die vom jordanischen König Hussein aus Amman vertriebenen Palästinenser-Kommandos in der leichtlebigen Stadt. Jassir Arafats PLO hatte begonnen, sich im ganzen Land auszubreiten und einen Gegenstaat zu installieren. Der Mann mit dem prägnanten Kopftuch konnte dabei auf 275 000 palästinensische Flüchtlinge zurückgreifen, die seit 1948 in den Lagern lebten. Durch die Anwesenheit der PLO, die von libanesischem Territorium aus die Israelis ins Meer treiben wollte, erhielten auch andere, linksgerichtete muslimische Bewegungen Auftrieb.

Das Kartenhaus benötigte nur noch eine kleine Erschütterung, um einzustürzen. Es passierte am 13. April 1975. Eine achtköpfige PLO-Kampftruppe tauchte bei der Einweihung einer Kirche in Ain Rummaneh, im Osten Beiruts, auf. Die Fedajin töteten vier Christen. Am selben Nachmittag stoppten aufgebrachte Christen einen Bus mit 27 Palästinensern und ließen keinen von ihnen am Leben. Das gegenseitige Abschlachten begann und wurde erst im Juni 1976 durch den Einmarsch einer syrischen »Friedenstruppe« – kurzzeitig – gebremst. Die Besatzer aus Damaskus stehen noch heute mit 35 000 Mann im Land. Für sie gilt der Libanon als Teil Großsyriens.

Sechzehn Jahre dauerten die Kämpfe, deren Sinn sich der Welt bald nicht mehr vermitteln ließ. Die Drusen der Berge zogen gegen die Schiiten aus den südlichen Vororten ins Feld. Zusammen ging es gegen die Christen. Die Palästinenser griffen ihre libanesischen Freunde und die israelischen Feinde an und wurden 1982 nach 70tägiger Belagerung aus dem Land geworfen. Arafats Leute kehrten zurück und führten 1983 Krieg mit den Truppen des Syrers Assad und Rivalen aus den eigenen Reihen.

Unmittelbar nach dem israelischen Feldzug erstarkten die islamischen Fundamentalisten. Mit Hilfe von Khomeinis Revolutionären wurden sie zu einem neuen, wichtigen Machtfaktor. Sie schafften es, den Libanon weltweit zu isolieren, als sie nacheinander 92 ausländische Diplomaten, Journalisten, Lehrer und

Geschäftsleute verschleppten und einen politisch bedeutenden Menschenhandel begannen. Friedenstruppen kamen aus dem Westen und wurden unter großen Verlusten aus dem Land gebombt. Die Libanesen hatten nochmals einige Jahre gewonnen, in denen sie sich ungestört zerfleischen konnten.

Bei den erbitterten Straßenkämpfen in Beirut wurden die Fronten immer unüberschaubarer: Drusen gegen Schiiten, beide zusammen gegen Christen, diese gegen die Palästinenser und die Palästinenser gegen alle anderen.

Der Bürgerkrieg endete offiziell im Oktober 1990. Jahre später gelang es, diese sechzehn grausamen Jahre in statistische Zahlen zu zwängen. Eine amtliche Studie bezifferte die getöteten Zivilisten auf 94 000, die Verletzten auf 115 000. Rund 800 000 Menschen, fast ein Viertel der Bevölkerung, hatten das Land fluchtartig verlassen oder waren aus ihren Häusern und Wohnungen vertrieben worden. Beinahe 20 000 Libanesen tauchten nie wieder auf. Die Zahl der Heimatlosen, Waisen, Entwurzelten und für immer seelisch Kaputten ist in keiner Aufstellung enthalten. Materiell faßbare Schäden wurden auf bis zu zwölf Milliarden Dollar geschätzt.

Ali und Fatima Hamadi sind einfache, bäuerliche Menschen aus dem Süden. Sie können weder lesen noch schreiben und haben ihr Dorf verlassen, weil es für sie um Leben und Tod ging. Nun leben sie in Beirut, nicht weit vom Flughafen, in einem der schiitischen Slums. Ali hat nach der Ankunft in der überfüllten, chaotischen Hauptstadt – sein Beirut ist so anders als das der Reichen – Getränke ausgefahren. Meistens war er jedoch krank, kam dreimal wegen Nierensteinen unter das Skalpell.

Ali Hamadi glaubt an die alten Normen, und deshalb zeugte er elf Kinder. Sieben Jungen und vier Mädchen. Fatima hat sie für ihn großgezogen. Auch sie ist krank, solange man sich in der Familie erinnern kann. Die Augen, die Nase, der Magen, die Brust und wieder von vorne. Ali und Fatima Hamadi zählen zu den üblichen Opfern des sie umgebenden Konflikts, und der läßt die Stärksten erkranken. Sie haben Söhne, die zu Tätern wurden, weil sie die Opferrolle nicht mehr ertragen konnten. Sie haben aber auch Söhne, die den bürgerlichen Pfad nie verlassen haben – einer ist Schuldirektor, ein anderer Bankangestellter, ein dritter wurde Schreiner.

Für unsere Geschichte interessieren nur drei von ihnen: Abdul Hadi, Abbas und Mohammed. Der erste wurde 1954 geboren, seine beiden Brüder 1958 und 1964. Der untersetzte, einen brutalen Eindruck vermittelnde Abdul Hadi wuchs im Vorfeld des Bürgerkriegs heran und erlebte die ersten Kämpfe hautnah. Er soll sich mit der PLO und der Amal-Miliz verbrüdert haben, bevor er bei dem erstarkenden langen Arm der iranischen Mullahs eine neue Heimat fand.

In Teheran gab es nach der Revolution von 1979 nur zwei Maximen – die Parole des »Weder Osten noch Westen, Islamische Republik ist am besten« und den Export der islamischen

Revolution. Gremien entstanden, um die Missionsarbeit voranzutreiben. Ein in Teheran sitzender »Islamischer Revolutionsrat« sollte die Unterwanderung der islamischen Welt steuern. Dazu waren auch lokale Strukturen vor Ort erforderlich. Im

Abdul Hadi Hamadi (links), der ältere Bruder von Mohammed, bei einer Veranstaltung der Hisbollah.

Libanon entstand ein »Beirat der islamischen Revolution«. Um den Griff nach der Macht militärisch abzusichern, wurden Mitte 1980 erste Gruppen der Revolutionswächter, genannt Pasdaran, in die ostlibanesische Bekaa-Ebene entsandt. Die bärtigen Zeloten begannen damit, ihre schiitischen Brüder an der Waffe zu schulen. Wieder wuchs ein Staat im Staate heran, ein zweites Khomeinistan. 1982 wurde Hisbollah, die »Partei Gottes« gegründet. Taufpate war dabei der radikale iranische Botschafter in Damaskus, Ali Akbar Mohtashami. Hisbollah wurde aufgerüstet, aber auch mit genügend Geld ausgestattet, um die Herzen zu gewinnen. Rasch entstanden Krankenhäuser, Schulen, Kindergärten, Waisenhäuser der Partei Gottes. Der neue starke Arm der ewigen Verlierer entfaltete sich wie ein böser Geist aus der Flasche. Iranische Strategen hatten den Korken gezogen, und nur sie konnten ihn von Zeit zu Zeit wieder in den Flaschenhals stecken.

In den ersten drei Jahren war die Hisbollah-Führung ein eher diffuser Verein zorniger Mullah-Schüler, die gerade ihr drittes Lebensjahrzehnt vollendet hatten. Scheich Ibrahim Amin fungierte als Sprecher, und nur er trat öffentlich in Erscheinung. Heute kennt man alle Aktivisten, die in der Anfangsphase das Sagen hatten. Die wichtigsten: Scheich Subhi Tufaili aus Baalbek – er wurde 1984 zum »Präsidenten« einer nicht existierenden Islamischen Republik Libanon nominiert –, Scheich Abbas al-Musawi, der Chef des Sicherheitsapparates und der Militärabteilung »Islamischer Widerstand«, sowie Scheich Hassan Nasrallah. Amin und Nasrallah kümmerten sich um den Draht nach Teheran. Der kleine Dienstweg wurde mit dem Geschäftsträger der Iraner in Beirut abgewickelt, Mohammed Nurani.

Dem Militärkomitee von Hisbollah zugeordnet, existierte der sogenannte Spezial-Sicherheits-Apparat (SSA). Als eine Art Geheimdienst kümmerte er sich um Aufklärung und Absicherung. Mitte der achtziger Jahre stand Abbas al-Musawi dem SSA vor. Eine der drei Unterabteilungen, der zentrale Sicherheitsapparat, wurde von Imad Mugniyah, einem früheren Leibwächter Scheich Mohammed Hussein Fadlallahs und Mitarbeiter der PLO-Personenschutztruppe »Force 17«, sowie von seinem engen Freund Abdul Hadi Hamadi geleitet. Viele loyale Familienangehörige der beiden arbeiteten mit. Imad Mugniyah war der wichtigste Drahtzieher der libanesischen Entführungen

Eine weitere Unterabteilung der Sicherheit kümmerte sich um die Auslandsoperationen. Nach und nach überlappten sich die

Zuständigkeiten der einzelnen Führungsleute. Plötzlich trugen Imad Mugniyah und Abdul Hadi Hamadi Verantwortung auch bei Hisbollah-Aktionen in Europa – und Ibrahim Zayn Aqil, bekannt als Tahsin, der Sprengstofflieferant. Seit 1991 operiert die »Äußere Sicherheit« mit einer kleinen Gruppe von Mitarbeitern direkt aus Teheran. An ihrer Spitze steht Imad Mugniyah. Er stimmt jeden seiner Schritte mit den iranischen Diensten ab.

Nur die dritte Sicherheitsunterabteilung arbeitet leise an der ihr zugeteilten Aufgabe. Sie bewacht die führenden Kleriker der Partei Gottes. Die Sicherheits- und Geheimdienste der Hisbollah funktionieren stets Hand in Hand mit den geheimen Diensten der Syrer und der Iraner. Man kennt sich und konnte deshalb zu jeder Zeit ohne Scheu über Geiselfragen sprechen.

Je nach Ausrichtung wechselten die Führungsaufgaben später immer wieder innerhalb der bekannten Namen. Hisbollah wurde radikaler unter dem Generalsekretär Tufaili, moderater unter seinem Rivalen Abbas al-Musawi. Der jetzige Generalsekretär Nasrallah ordnet sich dem Iran unter, versucht aber zugleich, Hisbollah in demokratische Wahlen zu führen. Je loyaler sich die libanesischen Islamisten geben, desto reibungsloser fließen die iranischen Hilfsgelder. 1985 zahlte Teheran 30 Millionen Dollar. Heute dürften es rund 100 Millionen Dollar pro Jahr sein, mutmaßlich ein Drittel aller iranischen Investitionen für den Export der islamischen Revolution.

Es waren zwei Brüder, die strebten in die Ferne. Der eine kam damit zurecht, während der andere scheiterte und beschloß, besser doch Terrorist zu werden. Der hochgewachsene, schlanke Abbas Hamadi, Kind Nummer fünf, drückte die Schulbank von 1964 bis zum Beginn des Bürgerkrieges. Er wollte Lehrer werden. 1976 merkte er, daß er es in den politisch-kriegerischen Wirren des Libanon nicht schaffen würde. Er reiste in den Irak und nach Jordanien. Im Holiday Inn von Aqaba suchten sie einen Kellner. Abbas war willig und durfte 14 Monate lang den

Touristen Menüs servieren. Im Oktober 1978 wechselte er über die Grenze nach Saudi-Arabien und heuerte bei der Vinell Corporation in Riad als Fahrer an.

Für sechs Wochen kehrte Abbas Hamadi noch einmal zu seiner Familie nach Bourj al Brajneh zurück, in die Welt der Armut und der Hoffnungslosigkeit. Mittlerweile hatte er viel über das reiche, friedliche Deutschland gehört und über die Freundlichkeit, mit der man seinerzeit noch dem Fremden begegnete. Am 19. Juli 1979 flog er in die Bundesrepublik und beantragte tags darauf in Berlin politisches Asyl. Die Begründung: Libanons Kommunisten hätten ihn gezwungen, für sie zu kämpfen. Da er sich nun weigere, sei er bei der Rückkehr in die Heimat in akuter Lebensgefahr. Als überzeugter Pazifist könne er dem Leben mit der Waffe nichts abgewinnen. Das Bundesamt für die Anerkennung ausländischer Flüchtlinge zweifelte an seinen Worten und wies den Antrag am 3. Dezember 1979 zurück.

Abbas Hamadi lebte nun im Saarland. Er ging zum Anwalt Ludwig Hoeller und setzte mit ihm zusammen ein Papier auf. Hoeller reichte für seinen Mandanten Klage beim Verwaltungsgericht Saarlouis ein. Daraufhin wurde seine Abschiebung bis 16. August 1980 ausgesetzt. Abbas Hamadi wußte von anderen Asylbewerbern ganz genau, worauf es ankam. Er suchte eine deutsche Frau.

In letzter Minute gelang es ihm. Es passierte in einem Café in der Saarbrücker Innenstadt. Abbas Hamadi kam gerade vom Deutschkurs, Maria Susanna Müller, eine Stenokontoristin aus Saarlouis, von der Arbeit. Die beiden sahen und mochten sich. Für Abbas war es keineswegs ein Hinderungsgrund, daß Maria beinahe 14 Jahre älter und alleinerziehende Mutter war. Maria Müller, eine warmherzige und humorvolle Frau, dachte, das Risiko sei überschaubar. Am 2. Juli 1980 heirateten die beiden. Der Landrat von Saarlouis belohnte Hamadi mit einer dreijährigen Aufenthaltserlaubnis. Damit war ihm erst einmal geholfen. Anwalt Hoeller kannte die Tücken des Asylgeschäfts. Neun

Monate später nahm Abbas seine Klage vor dem Verwaltungsgericht zurück. Das Verfahren wurde noch am selben Tag eingestellt. Wieder gab es ein Präsent vom Landratsamt. Im Sommer 1983 wurde die befristete Aufenthaltserlaubnis durch eine unbefristete ersetzt. Jetzt ließ das Innenministerium in Saarbrücken dem Orientalen eine Urkunde zukommen. Ab dem 5. Oktober 1984 war er deutscher Staatsbürger – und Libanese durfte er zusätzlich bleiben. Wieder einen Monat später kam seine Tochter Amira Susanna zur Welt.

Nach diesen Daten sah es aus wie eine Traumehe mit allen Anlagen zum Happy-End. Weit gefehlt. Abbas Hamadi hatte sein Ziel erreicht. Er war dem Bürgerkrieg entkommen, und er hatte sich eine deutsche Existenz geschaffen, die seinen einfachen Bedürfnissen entsprach. Die Ehe von Abbas und Maria hielt ganze vier Jahre. Sie entwickelte sich zu einer mittleren Tragödie.

Abbas war ein notorischer Faulpelz. »Er wollte nicht arbeiten, ließ sich dauernd krankschreiben. Ich habe mit ihm immer wieder Arbeit gesucht. Kaum war er auf einer Baustelle, da bekam er Rückenschmerzen. Wenn ich ihn darauf ansprach, dann war er beleidigt. Er sagte zu mir: Immer nur arbeiten, schlafen, arbeiten. Das kann doch nicht der Lebenszweck sein. Er wollte leben, genießen.« Doch dazu fehlte es an Geld.

Gleich nach seiner Ankunft in der Bundesrepublik war Abbas Hamadi für verschiedene Baufirmen als Hilfsarbeiter tätig. Nach einem Lehrgang bei der Schweißtechnischen Lehr- und Versuchsanstalt des Saarlandes kam er als Schweißer unter. Er beeindruckte nirgendwo durch Leistungen und wurde stets schon nach kurzer Zeit gefeuert. 1986 reiste der angeblich politisch Verfolgte für vier Monate in den Libanon. Anschließend zog er einen Autohandel auf. Er wollte die Gebrauchtwagen von Hamburg aus nach Beirut schicken. Um dies zu organisieren, flog er mindestens sechsmal in die Levante. So erklärte er es jedenfalls. Nur enge Freunde aus den Familien Hage und Kassim wollen jemals Autos gesehen haben, die Abbas Hamadi an- oder verkaufte.

Im Sommer 1986 bewies der »immer unheimlicher« (Maria Hamadi) werdende Abbas, daß er den deutschen Lebensstil voll und ganz angenommen hatte. Als ihm sein letzter Arbeitgeber kündigte, verklagte er ihn vor dem Arbeitsgericht Saarlouis. Von August 1986 bis Januar 1987 ließ er sich von der Krankenkasse rund 10 000 Mark Krankengeld überweisen. Seine Kur in Bad Mergentheim war bereits genehmigt und sollte im Februar beginnen. Etwas kam allerdings dazwischen: die Verhaftung in Frankfurt.

Maria Hamadi, die heute wieder Müller heißt: »Er war kein guter Ehemann, war nur alleine unterwegs. Und dann ging er auch noch fremd. Zu Hause kümmerte er sich um nichts, telefonierte lieber stundenlang mit seinem Bruder Abdul Hadi.« Abbas war biegsam. Wenn er arabischen Besuch bekam, dann trumpfte er auf und wurde zum Macho. Er durfte sein Gesicht nicht verlieren. Doch sobald es die familiäre Großwetterlage erforderte, duckte er sich und ließ sich zum Rauchen in den Garten schicken. Manchmal lief er hinter dem Fußball her, bei »Stella-Sud«, einem alten italienischen Gastarbeiter-Klub. In den ersten Jahren hielt er sich alle religiösen Gefühle vom Leib, schluckte Alkohol im Übermaß, verzehrte Schweinefleisch und war ein begeisterter Kartenspieler. Doch 1986 trug Abbas plötzlich einen Bart. Der Islam hatte wieder von einem verlorenen Sohn Besitz ergriffen.

Maria Müller klingt traurig, wenn sie über die Jahre mit Abbas nachdenkt: »Ich habe ihn einmal geliebt. Sonst hätte ich ihn ja nicht geheiratet. Ich hatte nie gedacht, daß ich nur ein Mittel zum Zweck sein würde.« Tochter Amira ist heute zwölf Jahre alt und wirkt sehr selbständig. Als sie noch klein war und ihren Vater im Gefängnis besuchte, da konnte sie die Umstände nicht begreifen. Sie empfand Beklemmung angesichts der hohen Mauern, der Gitter und Wächter. Heute lernt sie damit umzugehen. »Dein Vater«, sagte kürzlich ein Mitschüler voller Bewunderung, »ist ein geiler Typ. Der hat einen Haufen Leute umgebracht.«

Im Laufe des Jahres 1985 orientierte sich Abbas Hamadi neu. Über seinen Freund Ali Raschid Hage aus dem Nachbarort Beckingen hatte er dessen 19jährige Schwester Mona kennengelernt. Sie war der unmittelbare Grund für die Trennung von Maria.

Abbas zog Anfang 1986 in die umgebaute Garage der Familie Kassim in Merzig-Brotdorf. Er reichte die Scheidung ein, weil der neue Schwiegervater Hussein Raschid Hage der Verbindung mit Mona nur zustimmte, wenn Abbas seine Ehe anullierte. Vorsorglich heirateten Abbas und Mona am 3. März 1986 in Anwesenheit des »Rechtskundigen Mahmoud Ahmed Berjaoui« und zweier Trauzeugen in der Wohnung der Familie Hage. Nach deutschem Recht war Abbas noch mit Maria Müller verheiratet. Er sah sich jedoch nicht als Bigamist. Später erklärte er, der »Ehevertrag« vom 3. März sei nur ein Vorvertrag gewesen, eine Art Gutschein für die spätere Heirat mit Mona Hage. Er selbst sei dabei natürlich keine rechtliche Verpflichtung eingegangen.

Die nächsten Monate verbrachte das junge Paar in Beirut. Im Sommer 1986 kamen Mona und Abbas wieder ins Saarland. Die Frau beantragte Asyl, kehrte jedoch in den Libanon zurück, bevor darüber entschieden worden war. Am 8. Januar 1987 gebar Mona Hage den gemeinsamen Sohn Mohammed Haidar.

Weniger als eine Woche später begann die Staatsaffäre Hamadi. Bigamist Abbas wurde erst am 15. Oktober 1987 von seiner ersten Frau Maria geschieden. Heute leben Mona und er im Schoß der Beiruter Hamadi-Familie.

Dann war da noch der Kleine, der schmächtige, irgendwie halbstark wirkende jüngste Sohn von Ali und Fatima Hamadi: Mohammed Ali. Schon als Kind mußte er mit anpacken. Nachdem drei seiner Brüder ehrbaren Berufen nachgingen, durfte er abwechselnd in einer Schreinerei arbeiten, aber auch in einer kleinen Fabrik zur Herstellung von Leerrohren für Elektroleitungen. Mohammed: »Ich war für die Annahme von Bestellungen, den Versand und die Auslieferung der Ware an Kunden zuständig.« 1980, mit 16 Jahren, verfiel auch er der Faszination des Schießens und Tötens. Er schloß sich der schiitischen Amal-Miliz an. »Auf Befehl nahm ich von da an regelmäßig an den Kämpfen teil, anfangs eigentlich ohne jedes Verständnis, später allerdings des Anliegens, welches diese Gruppe verfolgte, sehr bewußt.« Mohammed Hamadi galt als mutiger und erfolgreicher Kämpfer.

Als 1981 sein 20jähriger Bruder Fuad im Straßenkampf fiel, offenbarte sich die ganze Perversion des Denkens der libanesischen Milizionäre. »Er ist für mich ein Märtyrer. Unsere ganze Familie war von diesem Vorgang bewegt und beeindruckt.« Mohammed wurde immer fanatischer. Auch eine schwere Kopfverletzung durch einen Raketeneinschlag aus demselben Jahr konnte ihn nicht mehr zurückhalten. »Manchmal dröhnt es noch heute in meinem Kopf; dann lege ich mich ins Bett, bis dies vorübergeht.« Wenn es gerade nicht dröhnt, dann kann er stundenlang darüber reden, wie schön und praktisch Waffen sind und wie sie funktionieren, wenn man sie sachgerecht verwendet. »Angst vor solchen Waffen habe ich nicht; ich weiß ja genau, wie sie bedient werden.«

Anfang 1983, kurz vor seinem 19. Geburtstag, wurde es ihm dann doch zuviel. Die Familie beschloß, den nervlich angeschlagenen Mohammed auf »Fronturlaub« ins friedliche Saarland zu schicken. Aber auch das scheint kein Patentrezept gewesen zu sein. Aus Gründen, die nur er kennt, unternahm er im Juni 1983 einen Selbstmordversuch und noch mal Anfang 1984. Einmal schluckte er Tabletten, das andere Mal öffnete er sich mit Rasierklingen die Pulsadern. Der psychisch schwer angeschlagene Mohammed orientierte sich an seinem Bruder und beantragte erst einmal Asyl. Abbas, der Fürsorgliche, wollte ihn bei sich unterbringen, aber da leistete Maria heftigen Widerstand. »Eines Tages kam er mit Mohammed an, ein echter Kämpfertyp. Er war mir nicht koscher. Ich hatte stets ein ungutes Gefühl, wenn ich ihn sah. Da sagte ich zu Abbas, er sollte nicht bei uns wohnen.«

Mohammed zog in das Ausländerwohnheim von Lebach, dann nach Völklingen und schließlich in ein Dachzimmer in Saarlouis-Roden, ein paar Meter vom Bahnhof entfernt. Er befand sich nicht mehr in der Gefahr, auf offener Straße erschossen zu werden, hatte das kosmopolitische, südlich träge Beirut aber keinesfalls mit einer Idylle vertauscht. Im Saarland herrschte Rezession. Der Strukturwandel hatte bereits gegriffen und drückte die Zahl der Arbeitslosen nach oben. Am Horizont zeichnete sich schon die Schließung der großen Saarstahlhütte in Völklingen ab. Die Stimmung war miserabel. Viele flüchteten sich in den Suff.

So war das auch bei der Familie Müller, die den Kleinen des Hamadi-Clans wie einen Sohn aufnahm. Über Abbas hatte er die Müllers in einer Kneipe kennengelernt und sich gleich für die 17jährige Birgit interessiert, der Nichte von Abbas-Ehefrau Maria. Mohammed schloß sich ihren arbeitslosen Brüdern an. Gemeinsam ging man zum Saufen und zum Raufen, wurde auch mal betrunken auf dem Mofa von einer Polizeikontrolle erwischt. Mutter Müller sorgte dafür, daß sich Mohammed immer satt essen konnte. Sie mochte ihn. Im Gegensatz zu ihrem Mann und den Söhnen erschien Mohammed immer sauber und adrett gekleidet, trat in der Regel höflich und zurückhaltend auf.

Der junge Mann aus bestem fundamentalistischen Hause paßt sich an. Er trinkt etwas weniger als die anderen, weil er es nicht gewohnt ist und im Ernstfall umkippt. Aber auch dann ist er noch gut zu ertragen, da ihn der Alkohol nicht gewalttätig, sondern nur »spaßig« werden läßt.

Er schafft es, Birgit aus der überfüllten Müller-Wohnung – drei Zimmer ohne Bad für elf Personen – zu holen und in sein Domizil über der Gaststätte »Tempo« zu lotsen. Die beiden sind häufig zusammen, etwa vier Monate lang. Er ist Ausländer und sie alles andere als hübsch. Das verträgt sich gut und wird im einfachen Milieu von Saarlouis toleriert. Trotzdem ist Mohammed stets unzufrieden, weil er sich in seinen Träumen vom deutschen

Wunderland kein Leben knapp über der Armutsgrenze vorgestellt hat. Da hätte er gleich in den Slums von Beirut bleiben können. Er wäre von Freunden und Familienmitgliedern umgeben gewesen und hätte sich wesentlich mehr erlauben können.

Er kränkelt, verträgt das rauhe Klima nicht, muß ständig Ärzte aufsuchen. In seinem späteren Gerichtsverfahren sagt er: »Es war eine Zeit der Irrungen, der Haltlosigkeit.« Beim Altstadtfest am 15. August 1983 greift er an einem der Stände nach einer gut gefüllten Geldkassette. Er flüchtet mit seiner Beute, wird jedoch von einem kräftigen Festbesucher gestoppt. Aus nächster Nähe wirft er ihm die Kassette ins Gesicht. Dem Mann fehlen daraufhin einige Zähne. Die Folge: ein Jugendgerichtsurteil mit neun Monaten Gefängnis und 120 Stunden gemeinnütziger Arbeit. Die Strafe wird ihm später erlassen.

Mohammed drückte sich vor der gemeinnützigen Arbeit. Er war auch wenig begeistert davon, als Asylbewerber für zwei Mark pro Stunde in öffentlichen Anlagen und auf dem Friedhof das Laub zusammenzukehren. Vor allem in den Wintermonaten war diese Maloche alles andere als angenehm.

Immer wieder erzählt er seiner neuen »Familie« von Khomeini, daß er ihn wie einen Gott verehre. Doch damit können die Müllers aus Saarlouis-Roden nichts anfangen. Paul Müller hat keinen Job, lebt von der Stütze und muß acht Kinder versorgen. Dabei hilft ihm kein Khomeini.

Mohammed Hamadis Asylantrag wird abgelehnt. Er weiß, daß er nur geduldet ist und jederzeit abgeschoben werden kann. Mit einem Blick auf die erfolgreiche Abbas-Methode, überredet er die minderjährige Birgit, mit ihm zum Vormundschaftsgericht zu gehen, um eine Heiratsgenehmigung einzuholen. Am Ende mißlingt auch das, weil sich das Mädchen nicht für ihn als Ehemann entschließen kann. »Ich wollte dann doch nicht mehr heiraten, weil zwischen uns eigentlich nicht soviel war.« Nach einigen Monaten betrachtet sie ihn sehr kritisch und meint abfällig, er könne ja ohnehin keine Familie ernähren. Mutter Müller sah das optimistischer: »Der Mohammed hätte sogar den katholischen Glauben angenommen, wenn ihn Birgit geheiratet hätte. Aber die wollte nicht.«

Es ändert sich nichts, als sie im Januar 1984 schwanger wird und neun Monate später die kleine Lydia zur Welt bringt. Er wird zur gleichen Zeit Vater wie sein sechs Jahre älterer Bruder Abbas, aber Mohammed Hamadi hat keine Perspektive mehr: Er hat keinen Job, keine Familie, keine sichere Bleibe. In diese Zeit fällt auch sein zweiter Selbstmordversuch. Schließlich resigniert er, zieht seinen Asylantrag zurück und läßt sich Ende 1984

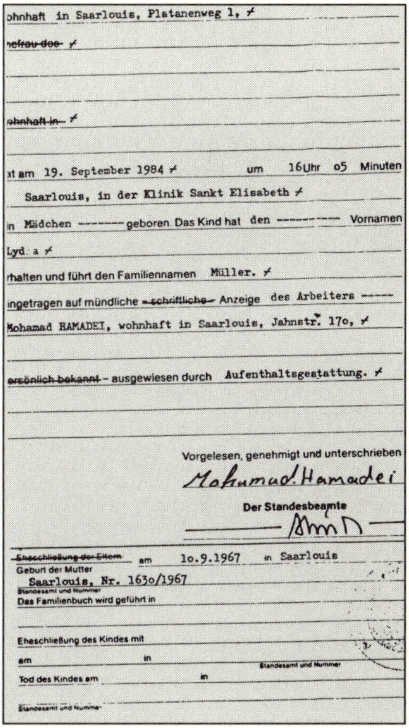

ohnhaft in Saarlouis, Platanenweg 1, ≁

~~hefrau des~~ ≁

~~ohnhaft in~~ ≁

ıt am 19. September 1984 ≁ um 16 Uhr o5 Minuten

Saarlouis, in der Klinik Sankt Elisabeth ≁

in Mädchen ------- geboren. Das Kind hat den ---------- Vornamen

Lyd. a ≁

rhalten und führt den Familiennamen Müller. ≁

ingetragen auf mündliche ~~schriftliche~~ Anzeige des Arbeiters -----

Mohamad HAMADEI, wohnhaft in Saarlouis, Jahnstr. 17o, ≁

~~ersönlich bekannt~~ – ausgewiesen durch Aufenthaltsgestattung. ≁

Vorgelesen, genehmigt und unterschrieben

Mohamad. Hamadei

Der Standesbeamte

~~Eheschließung der Eltern~~ am 1o.9.1967 in Saarlouis

Geburt der Mutter

Saarlouis, Nr. 163o/1967

Standesamt und Nummer

Das Familienbuch wird geführt in

Eheschließung des Kindes mit

am in

Standesamt und Nummer

Tod des Kindes am in

Standesamt und Nummer

Mohammed Hamadi mit seiner Tochter Lydia in Saarlouis. Rechts die Geburtsurkunde der Tochter von Birgit Müller und Mohammed Hamadi.

vom Ausländeramt der Stadt Saarlouis den Heimflug nach Beirut bezahlen; in eine Stadt, wo während seiner Abwesenheit die amerikanische Botschaft, die Hauptquartiere der Amerikaner, Franzosen und Israelis mit gewaltigen Autobomben in die Luft gesprengt worden waren, wo seine Freunde und Verwandten die Ausländer in den Straßen jagten.

»In Beirut habe ich anschließend erneut bei meinen Eltern gelebt. Ich habe, wie zuvor, in den Geschäften zweier meiner Brüder gearbeitet. Nach wenigen Monaten war ich wieder in meinem früheren Bekanntenkreis integriert. Der Amal-Miliz habe ich mich nicht wieder angeschlossen. Als die Situation dann wieder krisenhafter wurde, leistete ich den Aufrufen meiner Bekannten erneut Folge, mich an den Befreiungskämpfen im Dienste für unser Vaterland zu beteiligen. Ich bin dem Aufruf gefolgt, um die Religion zu verteidigen, den Unterdrückten in Israel zu helfen und gegen das libanesische System zu kämpfen.

Bei diesen Kämpfen erlitt ich eine weitere Verletzung, einen Durchschuß des rechten Arms mit einer Pistolenkugel. Ich fühlte mich als Mitglied, das heißt als Gesinnungsgenosse der Hisbollah und beteiligte mich schon 1985 regelmäßig an den Kämpfen. Gerade nach meiner Rückkehr wurde ich mir des Wertes und der Verpflichtung meiner religiösen Überzeugungen völlig bewußt.

Seit dieser Zeit lebte ich streng nach dem heiligen Buch, das heißt nach dem Koran. Der Koran ist ein Buch, welches den Frieden predigt. Nur: Wenn mich ein Ungläubiger, ein Böser, unterdrückt, schlägt, mich hindert, nach Gottes Gebot zu leben, verpflichtet mich der Koran, mich mit Gewalt zur Wehr zu setzen. Gott will nicht, daß ein Böser eines seiner gläubigen Kinder quält, unterdrückt oder gar tötet. Er verpflichtet mich vielmehr, umgekehrt dem Bösen gewaltsam Widerstand zu leisten, damit es nicht am Ende triumphiert.«

Er war zurückgekehrt in eine archaische Welt, die über Gut und Böse so völlig anders denkt, in der das Individuelle suspekt ist und nur die Masse zählt. Bald sollte er die größte Bewährungsprobe seines Lebens bestehen und zum Volkshelden werden. Bald würde man über ihn patriotische Lieder und Gedichte schreiben.

Am Nachmittag des 13. Juni 1985 treffen drei junge Libanesen auf dem Flughafen von Athen ein. Sie heißen Mohammed Hamadi, Hassan Essedine und Ali Atwa. In ihren Flugscheinen und Pässen stehen andere Namen. Hamadi und Essedine, in Wirklichkeit Ali Hassan Nasreddine, haben gültige Reservierungen für den Flug TWA 847 am nächsten Tag von Athen nach Rom. Ihr Begleiter besitzt ein Ticket für diese Strecke, jedoch keinen Sitzplatz. Nachdem die amerikanische Maschine für den 14. Juni mit 145 Passagieren ausgebucht ist, hat er auch keine Chance mitzukommen. Das wird sich aber erst beim späteren Einchecken herausstellen. Vorerst bleiben die drei Libanesen eine lange Nacht im Transitbereich.

Mohammed hat genügend Zeit, drei großformatige Ansichtskarten mit griechischen Motiven zu kaufen. Er adressiert sie jeweils an Birgit Müller, ihren Bruder Paul und an die Mutter der beiden. »Heute ist mein Geburtstag, 13.6.1985«, schreibt er, und: »Ich bin jetzt in Griechenland.« In gebrochenem Deutsch grüßt er dreimal seine Tochter Lydia und kündigt an, »den nächsten Urlaub bei euch« zu verbringen. »Ich hab dich lieb..., weil du bist die Mutter von meiner Tochter«, versichert er seiner Verflossenen.

Mohammed Hamadi und Hassan Essedine bekommen am Morgen die Sitze 30E und 30F zugeteilt. Noch während des Einsteigens hören die Passagiere ein lautes Klirren aus einer der Toiletten. Es ist Hassan Essedine, der einen Glasbehälter zerschlägt, in dem die Waffen der Terroristen unentdeckt durch die Röntgenanlage geschickt worden waren. Noch im Steigflug greifen die beiden Männer – sie reden sich mit Castro und Said an – nach zwei Handgranaten und einer verchromten Neun-Millimeter-Pistole. Laut rufend stürmen sie den Gang entlang bis zum Cockpit. Beide erklären in gebrochenem Englisch, daß sie gekommen seien, um zu sterben. Sie halten der Chefstewardeß Ulrike Dericksen die Pistole an den Kopf und zielen auch auf das Türschloß. So erzwingen sie, daß Kapitän John Testrake die Tür zum Cockpit öffnen läßt. Erregt bis zur Hysterie, schlagen sie auf den Kopiloten Philip Maresca und den Flugingenieur Benjamin Zimmermann ein. Mit dem Ruf »Algiera, Algiera« fordern sie einen Kurswechsel nach Algerien.

Die gebürtige Deutsche Ulrike Dericksen erklärt dem Kidnapper Castro (Hamadi) in ihrer Muttersprache – die er dank Familie Müller aus Saarlouis versteht –, daß dafür der Sprit nicht ausreichen wird.

Nach einem ersten, lautstarken Streit verlangen sie von der TWA-Mannschaft, Beirut anzufliegen und dort aufzutanken. Die

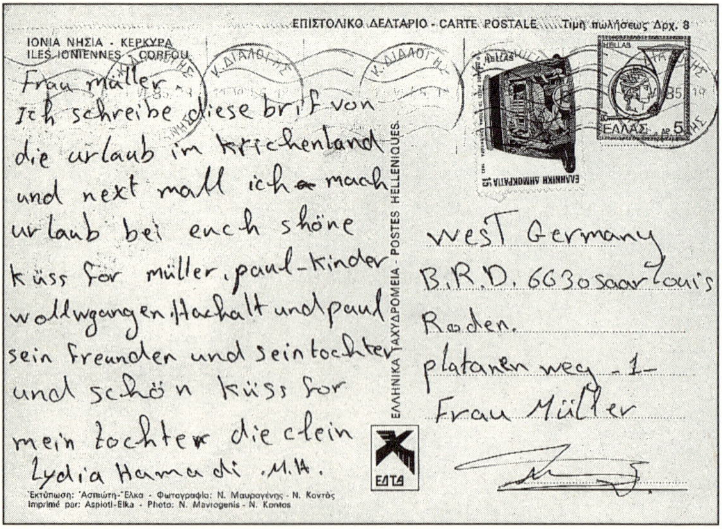

Eine der drei Ansichtskarten, die Mohammed Hamadi nur wenige Stunden vor der Entführung der TWA 847 auf dem Athener Flughafen aufgegeben hat.

beiden sind nervös und unruhig. Zuerst räumen sie die Erste Klasse und zwingen die Passagiere, sich weiter hinten auf den Boden zu setzen. Wiederholt mißhandeln sie Reisende, schlagen sie mit Pistole und Handgranate. Auf der Strecke nach Beirut läßt Mohammed Hamadi die Pässe der Passagiere einsammeln, um festzustellen, ob sich Israelis oder Diplomaten unter ihnen befinden. Am Ende entdecken sie nur einen Prominenten, der

Mohammeds Komplize bei der Entführung der TWA 847: Hassan Essedine. Er wird noch heute per internationalem Haftbefehl vor allem von den Amerikanern gesucht.

aber weder Jude noch Amerikaner ist – den griechischen Sänger Demis Roussos. Mit großer Brutalität und simpler Lust an Gewaltanwendung verprügeln sie weiterhin Passagiere.

Die Entführer erkennen die Dienstausweise mehrerer anwesender US-Marinetaucher. Hamadi läßt drei von ihnen in die First-Class-Kabine rufen. Er bedroht sie mit seiner Pistole und kündigt an, daß er sie töten werde. Castro und Said setzen die Reisenden um. Zur Sicherheit der Entführer müssen Frauen und Kinder an den Gang, männliche Erwachsene an die Fenster. Alle Passagiere werden gezwungen, die »Crash-Stellung« einzunehmen: Hände in den Nacken und Kopf nach unten.

Nun nehmen sich die beiden Sadisten die wehrlosen Marineangehörigen Robert Stethem und Clinton Suggs vor. Beide werden im Erste-Klasse-Abteil gefesselt und schwer mißhandelt. Kurz vor dem Landeanflug auf Beirut verweigert die Towerbesatzung der Boeing 727 die Landung. Mohammed Hamadi droht mit seiner Handgranate, und schließlich setzt Testrake gegen den Willen der Flugsicherung auf.

Wieder schlagen die beiden Täter den hilflosen Robert Stethem und übertragen seine Schmerzensschreie über die Sprechfunkanlage. Sie kündigen den Tod von Passagieren an, falls die Maschine nicht sofort aufgetankt würde. Schließlich geben die Flughafenbehörden nach. Am Ende stellt sich heraus, daß der Jet überladen ist. Nun willigen Hamadi und Essedine ein, 17 ältere Frauen und ein Kind freizulassen, um das Gewicht zu verringern.

Die Boeing startet gegen 13.20 Uhr nach Algier. Robert Stethem klagt über starke Schmerzen und blutet am Hinterkopf. In Algerien wiederholt sich dasselbe Spiel. Zuerst wird die Landeerlaubnis verweigert und dann durch den Hinweis auf Spritmangel erzwungen. Die beiden Terroristen geben ihre Forderungen bekannt. Israel müsse 700 inhaftierte Schiiten freilassen, Algerien die Maschine wieder betanken und eine Erklärung der Luftpiraten verbreiten. Außerdem müsse der dritte

Komplize, Ali Atwa, von Athen nach Algier gebracht werden. Als die Algerier zögern, wird der US-Reserveoffizier Kurt Carlson nach vorne gebracht und brutal geschlagen Mit haßverzerrtem Gesicht schreit Mohammed Hamadi: »Ein Amerikaner muß sterben.« Er prügelt mit einer abgerissenen Armlehne auf Carlson ein, zerrt ihn zur Tür, hält ihm die Pistole an den Kopf und ruft in höchster Erregung: »Ein Amerikaner muß sterben! Zehn Minuten, nicht mehr!« Die Schreie des Mißhandelten werden wieder über die Funkanlage übertragen. Carlson hat inzwischen das Bewußtsein verloren. Als er nach etwa einer halben Stunde wieder zu sich kommt, ist der Tankwagen immer noch nicht eingetroffen. Die grausame Prozedur beginnt von vorne. Jetzt geben die Algerier nach. Sie verlangen jedoch die Bezahlung des Kerosins. Stewardeß Dericksen übernimmt die Rechnung auf ihre private Shell-Kreditkarte.

Um 20.30 Uhr startet die TWA 847 zum Rückflug nach Beirut. Mohammed Hamadi nimmt dem schwer verletzten Carlson die Augenbinde und seine Fesseln ab und läßt ihn an seinen Platz zurückbringen. Kurz vor der Landung wendet sich die Aufmerksamkeit der Entführer wieder dem unglücklichen Robert Stethem zu. Noch einmal erklären die Beiruter Fluglotsen, der Airport sei geschlossen, die Landebahn durch Barrikaden blockiert, die Beleuchtung ausgeschaltet. Ein weiteres Mal kündigt die TWA-Besatzung eine Crash-Landung an. Die Libanesen geben nach. Um 2.30 Uhr setzt die Boeing 727 in Beirut auf.

Wieder weigern sich die Flughafenbehörden, die Maschine aufzutanken. Es kommt zu einem heftigen Streit zwischen Essedine und der Towermannschaft. Hamadi packt den am Boden liegenden Stethem und stößt ihn vor die linke Flugzeugtür. Ein Schuß fällt. Das Projektil durchschlägt Stethems Kopf. Der junge Mann lebt noch und stöhnt »Oh Gott, oh Gott«. Er wird aus der geöffneten Flugzeugtür auf die Rollbahn geworfen. Dann fällt ein zweiter Schuß, der nicht trifft. Stethem stirbt an den Folgen der ersten Schußverletzung. Mohammed Hamadi dreht sich um und ruft laut vernehmlich: »Der nächste in fünf Minuten!« Er prügelt mit dem Pistolenknauf auf Clinton Suggs ein. Ulrike Dericksen geht dazwischen und versucht Suggs zu schützen.

Kurze Zeit später kommen schwerbewaffnete Amal-Kämpfer an Bord. Ihr Chef Nabih Berri, im Nebenberuf sinnigerweise Justizminister, hat sie geschickt, weil er selbst politischen Nutzen aus der Geiselkrise ziehen will und weil klar ist, daß zwei übermüdete Hisbollah-Aktivisten bald am Ende sein mußten. Zwölf Passagiere werden von Bord gebracht und in die südlichen Vororte verschleppt. Man hält sie mehrheitlich für Juden und US-Militärangehörige.

Wieder fordern die Entführer die Freilassung der von Israel festgehaltenen Schiiten und zusätzlich von 17 Terroristen aus kuwaitischer Haft, das Grundanliegen der meisten libanesischen Geiselnahmen. Um 5.30 Uhr startet TWA 847 erneut nach Algier. Offensichtlich will man einer Befreiungsaktion durch bereits in die Region entsandte amerikanische oder auch israelische Kommandos entgehen. Während dieses Fluges plündern die beiden Entführer und ihre 15 neuen Helfer sämtliche Reisenden. Sie stehlen alles, was irgendwie von Wert ist. Gleichzeitig werden immer wieder einzelne Reisende grund- und sinnlos verprügelt. Captain Testrake setzt morgens um acht Uhr in Algier auf. Diesmal gibt es sogar ein warmes Essen. Nachmittags folgt der Austausch von 51 Passagieren mit dem aus Athen eingetroffenen Ali Atwa.

Flugingenieur Zimmermann und Hamadi inspizieren die Maschine. An der vorderen linken Eingangstür klebt Stethems Blut. Zimmermann: »Hamadi deutete auf das Blut... Er lächelte heiter. Er schien glücklich, daß sie dies getan hatten, und betrachtete es als eine große Leistung. Er war stolz darauf, und es war mein Eindruck, er persönlich rechnete es sich als großes Verdienst an und übernahm dafür die Verantwortung.«

Diesmal reichen vorgetäuschte Schmerzensschreie – die des

Kopiloten Maresca –, um die Algerier zum Auftanken zu bewegen. Am nächsten Morgen nehmen die dreiköpfige, männliche Besatzung, 17 Bewacher und 39 Passagiere ein letztes Mal Kurs auf Beirut. Nun ist Ali Atwa, der Zurückgebliebene, an der Reihe, die Gepäckstücke nach Stehlenswertem zu durchwühlen.

In der nächsten Nacht werden die restlichen Gefangenen weggebracht und 13 weitere Tage in Beiruter Wohnungen festgehalten. Hamadi und Essedine verschwinden in der Dunkelheit. Die Verantwortung für die Maschine, ihre Besatzung und die meisten Geiseln liegt jetzt bei der Amal-Miliz. Nabih Berri ordnet die Freilassung von Demis Roussos und seinen beiden Mitreisenden an. Er läßt sich dafür bei einer Pressekonferenz feiern.

Kurz nach dem Ende der spektakulären TWA-Entführung öffnen sich israelische Gefängnistore für 700 libanesische Schiiten. Mohammed Hamadi wird als Held bejubelt. CIA und FBI ermitteln gegen ihn und seine Komplizen, legen auf Vorrat dicke Akten an. Die amerikanische Regierung verbietet ihren Bürgern, in den Libanon zu reisen. Das gilt bis heute.

Als er später danach gefragt wird, lügt Mohammed Hamadi wie gedruckt: »Ich bin nach der Flugzeugentführung ... in Beirut geblieben. Ich wohnte wieder bei meinen Eltern, denen ich über meine Beteiligung an der Flugzeugentführung kein Wort erzählte. Niemand wußte davon. Ich habe in Beirut erneut in der Schreinerei des einen Bruders und manchmal auch in der Fabrik des anderen Bruders gearbeitet. Ich habe auch wieder, wenn meine Leute danach riefen, an dem Krieg in Beirut teilgenommen.«

Mohammed Hamadi gehörte einer bewaffneten Einheit an, die von Tahsin befehligt wurde. Diese Gruppe soll in zahlreichen Fällen israelische und amerikanische Ziele angegriffen und Menschen entführt haben.

Anfang 1986 traf Mohammed auf seine 16jährige Cousine Najat. Nach dreimonatiger Verlobung fand die vom Hamadi-Clan arrangierte Hochzeit statt.

Als Mohammed und Abbas im Januar 1987 nacheinander in Frankfurt festgenommen wurden, sorgten sich ihre Ex-Frauen um sie. Birgit, die inzwischen geheiratet hatte, besuchte Mohammed zusammen mit der Tochter Lydia immer wieder in wechselnden Haftanstalten. Sie sprach mit Journalisten, ließ sich fotografieren und zeigen. Daraufhin wurde sie von ihrem Arbeitgeber, einem Schokoladenfabrikanten, über Nacht gefeuert. Das »Terroristen-Liebchen« war für ihn unerträglich.

Maria rief bei Anwalt Hoeller an, und dieser vermittelte sie an den Frankfurter Verteidiger Eckart C. Hild, der sich später überaus intensiv für seinen extrem launischen Mandanten Abbas Hamadi einsetzte. Denn sowohl ihm als auch seinem Bruder Mohammed standen in Deutschland Großprozesse bevor.

7 Super-Agent Mauss greift ein

Bei den Firmen der Geiseln Cordes und Schmidt herrschte unmittelbar nach der Verschleppung Betroffenheit und Hektik. Man hatte es zwar mit Kriminellen zu tun, aber mit keiner Lehrbuch-Entführung, die sich durch Polizeipsychologen und Alukoffer mit nichtregistrierten Tausend-Mark-Scheinen, durch Fangschaltungen und nächtliche Verfolgungsjagden lösen ließ.

Betroffen waren die Weltunternehmen Siemens und Hoechst. Der Chemieriese aus dem Frankfurter Vorort verdiente damals jedes Jahr um die vier Milliarden Mark vor Steuern. 1988 waren es zum Beispiel 4,086 Milliarden. Er beschäftigte 164000 Mitarbeiter. Bei Siemens wurde 1986/87 ein Jahresumsatz von 51,4 Milliarden Mark erzielt, der Gewinn nach Steuern betrug 1,275 Milliarden Mark. Die Zahl der Mitarbeiter lag knapp unter 360000, wobei beinahe die Hälfte im Ausland arbeitete.

Beide Konzerne benannten Sachbearbeiter für den Umgang mit der Geiselproblematik und dem Arbeitsstab Libanon. Während bei Siemens das Thema Alfred Schmidt mehr oder weniger exklusiv in der Hand des für den Vertrieb Nahost zuständigen Direktors Hermann Matzkeit lag, kümmerte sich bei Hoechst eine Art hauseigener Krisenstab um Rudolf Cordes, seine Familie und die deutschen Behörden. Maßgeblich dabei: der damalige Leiter der zentralen Direktionsabteilung und heutige Pharmavorstand Karl-Gerhard Seifert. Er wurde wenige Stunden nach der Entführung von Rudolf Cordes, nachts um ein Uhr, als erster telefonisch verständigt. Ihm arbeiteten Dieter Schlatermund, verantwortlich für regionale Koordination, und der die Nahost-Region betreuende Vorstand Günter Metz zu. Der inzwischen pensionierte Vorstandsvorsitzende Wolfgang Hilger nahm regen Anteil an den Aktivitäten. Die erste Krisensitzung fand im Haus D 706, der alten Konzernzentrale, statt und stellte die Weichen für die Arbeit der nächsten 20 Monate.

Die Firmen entsandten gelegentlich ihre »Geiselbeauftragten« ins Bonner Kanzleramt zu Sitzungen des Arbeitsstabes, wo man sie sogar als Geheimnisträger vereidigte, ließen sich aber ansonsten nicht in die Karten blicken. Wolfgang Hilger von Hoechst erklärte einmal öffentlich, es gebe Möglichkeiten, die ein privates Unternehmen besser und schneller ergreifen könne als eine Regierung. Dies war schon mehr als deutlich.

Nur Arbeitsstab-Vorsitzender Wolfgang Schäuble wurde immer mal wieder unter vier Augen ins Vertrauen gezogen. Schäuble: »Wir haben von Anfang an gesagt, wir möchten, daß die Firmen informiert sind. Was sie selber unternehmen, das machen sie in eigener Verantwortung. Wir haben ihnen geholfen. Die haben uns nicht alles gesagt. Wir wollten es auch nicht so genau wissen.«

Das war ein Freibrief für Siemens und Hoechst. Beide verständigten sich, die »Geheimwaffe« der deutschen Industrie im Umgang mit dem »Bösen« loszuschicken: Werner Mauss. Der ehemalige Pferdepfleger, Staubsaugervertreter und Versicherungsdetektiv aus Essen-Bredeney hatte sich seit 1961 aus kleinsten Anfängen hochgearbeitet und war inzwischen zu einer Art Parallel-Instanz der Verbrechensbekämpfung geworden. Er arbeitete eng mit Polizeidienststellen und geheimen Diensten zusammen, spaltete aber gleichzeitig die gesamte Sicherheitsgemeinde.

Mauss und seine Ehefrau/Geschäftspartnerin wurden entweder geliebt oder gehaßt. Dazwischen gab es nichts, und auf beiden Seiten blieb die Skala nach oben offen. Die Ablehnung hatte mit ihrer manchmal zu geringen Distanz zum Verbrechen zu tun

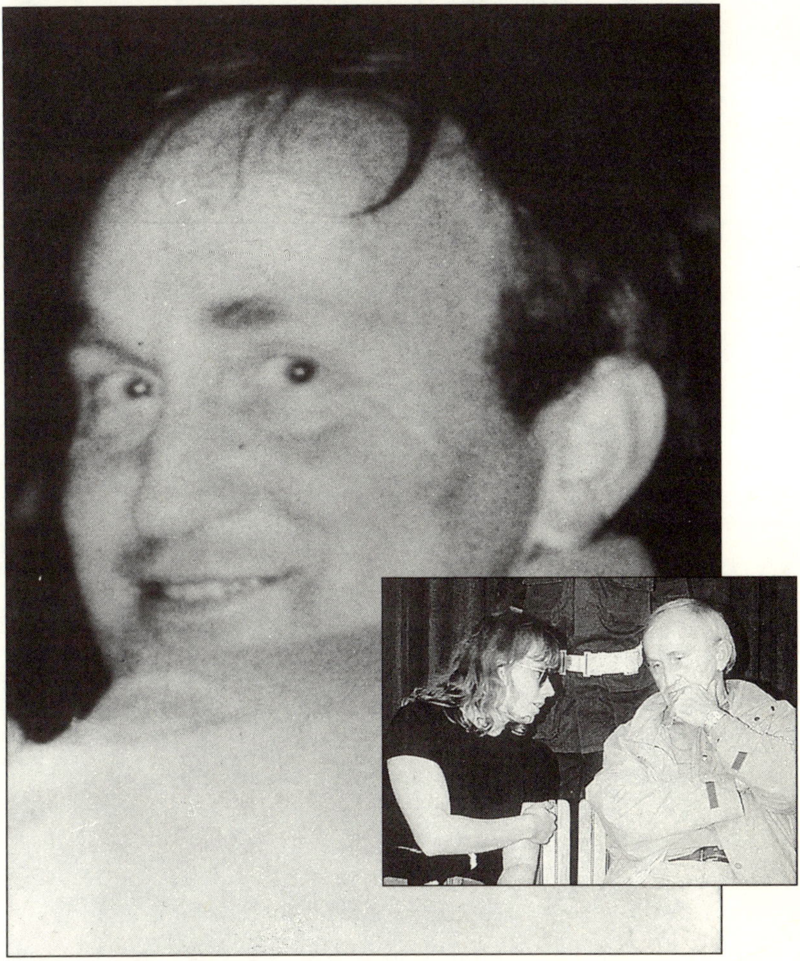

Der umstrittene Privatdetektiv Werner Mauss mit seiner Ehefrau nach seiner Verhaftung am 17. November 1996 in Medellin (Kolumbien). Der wegen Freikaufs einer deutschen Geisel verhaftete Mauss bemühte sich ab Mai 1987 im Auftrag der Firmen Hoechst und Siemens um die Freilassung der beiden Geiseln Cordes und Schmidt.

und natürlich mit ihren unkonventionellen Methoden; die Anerkennung mit unbestreitbaren Erfolgen. Nicht selten spielte auch Eifersucht eine Rolle, der Frust in schwerfälligen Beamtenapparaten, die mit dem leichtfüßigen Überflieger Mauss nicht mithalten konnten.

Agent Mauss, geboren 1940, beschrieb seine Alltagsarbeit anläßlich einer Vernehmung der Staatsanwaltschaft Stuttgart im Jahre 1990. Von 1967 bis 1984 sei er »ziviler Mitarbeiter verschiedener Polizeidienststellen gewesen«. »Ich war dabei eingesetzt zur Unterwanderung von kriminellen Organisationen im Bundesgebiet ... und im übrigen Ausland. (...) Zu dieser Zeit habe ich über hundert kriminelle Vereinigungen unterwandert und in Zusammenarbeit mit der Polizei und der Staatsanwaltschaft zerschlagen und dabei mehr als 1600 Personen einer Festnahme zugeführt.«

Der körperlich kleine und eher unscheinbare Mauss – in BND-Papieren wird er mit dem Decknamen »Nagetier« getarnt, während seine Gegner im BKA eher abfällig von der »Ratte« sprechen – hatte im Laufe der Jahre mit vielen spektakulären Fällen zu tun. Er suchte und fand 1983 die verschwundenen hochgiftigen Dioxinfässer aus dem italienischen Seveso, den gestohlenen Kölner Domschatz, 1976 den RAF-Terroristen Rolf Pohle in Athen und zahlreiche Entführungsopfer der traditionellen Art.

Sein Name fällt – zu Recht oder auch nicht – in Verbindung mit dem Loch, das in die Mauer der Justizvollzugsanstalt Celle gesprengt wurde, um V-Leute an die RAF heranzubringen. Stefan Aust urteilt in seinem akribisch zusammengetragenen Mauss-Buch: »Werner Mauss macht eine beispiellose Karriere und gelangt so in eine Position, die zumindest einfache Vorstellungen vom deutschen Rechtsstaat zutiefst zu erschüttern vermag.«

Das Politikum Mauss, zeitweise ein freier Unterauftragnehmer von BKA, BND und Verfassungsschutz, war in den letzten Jahrzehnten durch seine Gönner kaum zu kontrollieren, stand Untersuchungsausschüssen nur in seltensten Fällen zur Verfügung und war für die Medien kaum faßbar, weil er sich durch juristisches Sperrfeuer schützen ließ. Mauss-Anwälte klagten sich durch alle Instanzen und versuchten sämtliche Behauptungen und Informationen verbieten zu lassen, die ihren »sensiblen« Mandanten störten. Dazu gehören auch Fotos von ihm und seinen zahlreichen Wohnsitzen.

Der berühmt-berüchtigte Privatdetektiv lebte zwischen 1984 und 1987 zumeist außerhalb Deutschlands, häufig in Kolumbien und in den USA. Einige Wochen nach der Entführung von Cordes und Schmidt wandten sich die Firmen an den damaligen Mauss-Anwalt Hermann Höcherl, Bonner Innen- und Landwirtschaftsminister a. D., ein CSU-Schlitzohr, das auch immer wieder gegen die Strömung der eigenen Partei schwamm. Höcherl kontaktierte den besessenen Agenten der privaten Sicherheit und regelte die Geschäftsgrundlage. Der Detektiv und seine überaus liquiden Auftraggeber mußten nie an einem Tisch sitzen.

Werner Mauss und seine Frau Ida gingen im Mai 1987 an die Arbeit. Unter dem Eindruck des vorhergehenden »Fronteinsatzes« in Kolumbien übertrugen sie ihre eingespielte Taktik aus Lateinamerika auf den Nahen Osten.

»Aufgrund der Erfahrungen in Kolumbien warben wir durch verdeckte Maßnahmen in Griechenland und der Schweiz Mitarbeiter für eine humanitäre Tarnorganisation an. Von Zypern und Athen aus entsandten wir Mitarbeiter zu den Waisenhäusern in Beirut, von denen wir wußten, daß sie von den Führern der Hisbollah und Amal verwaltet, gestützt und geschützt werden. Ebenfalls war uns bekannt, daß sich die Entführergruppe Cordes-Schmidt logistisch von ihren Religionsbrüdern aus Teheran unterstützen ließ, jedoch ohne die Bereitschaft, Entführte auf Befehl freizulassen.«

Die »Institution Mauss«, wie sich das Ehepaar gerne bezeichnen ließ, zapfte alle bestehenden Kontakte in Nahost an. Nach exakt 28 Tagen Sondierung teilten die beiden mit: »Wir übernehmen den Auftrag. Wir können das.«

Mehrere Waisenhäuser der Hisbollah in den südlichen Vororten von Beirut bekamen größere Mengen an Medikamenten frei Haus geliefert. Die Scheinorganisation »Cercle Humanitaire Swiss-Greece« mit Sitz in Larnaka und Genf arbeitete sich vor, und so durften ihre Vertreter bald an vertraulichen Gesprächsrunden der führenden Schiiten-Clans teilnehmen. Sie lernten Scheich Mohammed Hussein Fadlallah und dessen Bruder kennen, der die Waisenhäuser der Partei Gottes leitete. Mauss' Leute gingen bei Nabih Berri und beim geistlichen Führer der gemäßigten Schiiten, Scheich Mohammed Mahdi Shamsedin, der offiziell den verschwundenen Musa Sadr vertrat, ein und aus. Gelegentlich kam sogar der Chef höchstpersönlich vorbei.

Der Detektiv informierte seine Auftraggeber in einem geheimen Dossier über die Rolle Shamsedins als Bindeglied zwischen Hisbollah und Amal. Zu seinen Aufgaben »gehörten insbesondere Geldanlagen im Ausland wie auch Waffeneinkäufe. Auch wird, wie wir später erfuhren, über Shamsedin der wichtigste Geschäftszweig der Amal und der Hisbollah getätigt: der Export und Verkauf von Rauschgift in großen Mengen, damals über Griechenland, die Schweiz und Frankreich.«

Mauss weiter in seinem Rechenschaftsbericht: »Wir erkannten schon bald, daß die diversen irangestützten Hisbollahgruppen, untereinander verfeindet, in erster Linie ein kriminelles Profitdenken verfolgen, hingegen die Amal mehr politisch motiviert, logistisch durch Syrien gestützt, anders agiert, und daß Libyen durch eine Vielzahl nachrichtendienstlicher Quellen in beiden Organisationen die gegensätzlichen Interessen zwischen Iran, Hisbollah, Amal und Syrien zu eigenem kriminellen Handeln gegen Westeuropa nutzt.«

Solche bedeutsam klingenden Erkenntnisse kosteten die Firmen Hoechst und Siemens viel Geld. Analytiker Mauss und seine Finanziers hätten sie auch – was erheblich billiger gewesen wäre – durch unermüdliches Studium der *Neuen Zürcher Zeitung* erfahren können.

Wichtiger als die politische Aufklärung waren Aktionen, die bei der Zielgruppe in Beirut unauslöschliche Erinnerungen hinterließen. Die de facto nicht existierende Hilfsorganisation des Werner Mauss holte beispielsweise zwei Waisenkinder nach Europa und ließ sie hier von Augenärzten operieren. Dieselben Spezialisten flogen später in den Libanon und behandelten noch

Scheich Mohammed Mahdi Shamsedin kümmert sich als geistlicher Führer der gemäßigten Schiiten nicht nur um deren Seelenheil, sondern auch ums profane Geschäft.

mehr kranke Kinder. Mauss steigerte sich richtig rein und kehrte gegenüber seinen Helfern den Beschützer der ewigen Verlierer nach außen: »Man muß mit den Leuten reden, mit denen niemand spricht. Man muß dabei zeigen, daß man alles einhält.«

Nun traten teure Genfer Unteragenten in Aktion: Jean-Jacques Griessen und Ali Hijazi. Zu den Personen und ihren Aufgaben gilt es auszuholen. Griessen, Jahrgang 1932, war eine schillernde Figur und doch sehr unauffällig. Der *Spiegel* stellte ihn 1993 mit den Worten vor: »Dezent gekleidet, mittelgroße Statur, ohne aufdringliche Gesten – er sah so aus, als ob es Schwierigkeiten mache, ihn nächstes Mal wiederzuerkennen. Mancher kann sich nur noch an seine katzengrünen Augen erinnern.« Man könnte noch ergänzen: Er hatte ständig Angst, war ungemein mißtrauisch und betrat nur Lokale mit zwei oder mehr Ausgängen.

Der gebürtige Genfer wollte ursprünglich mal zur Polizei, wurde aber von ihr nicht genommen. Dann bildete er Sondereinheiten in afrikanischen Staaten aus. Alte Bekannte sagen, er habe in frühen Tagen mit dem ägyptischen Raketenprogramm zu tun gehabt.

Griessen handelte in den achtziger Jahren mit Sicherheitselektronik und mit begehrten Informationen. Sein Genfer Laden befand sich in der Rue du Mont-Blanc Nummer 9 und wurde häufig von nahöstlichen Diplomaten und anderen Dunkelmännern aus der Region frequentiert. So kam es auch, daß ihn eines Tages der libysche Nachrichtendienst engagierte.

Werner Mauss über Griessen: »Bevor wir ihn 1983 verdeckt kontaktierten, hatten wir festgestellt, daß er die von hohen libyschen Staatsbediensteten veruntreuten Gelder über einen längeren Zeitraum in der Schweiz auf seinen Namen anlegte. Alle Informationen in diesem Zusammenhang verriet er an den libyschen Dienst und führte den größten Teil dieser Gelder gegen Auszahlung einer hohen Provision zurück. Die unwissenden Betroffenen beschwerten sich damals bei den Schweizer Behörden wegen dieses Treuhandbruchs.

Gleichfalls beschaffte Griessen für den libyschen Nachrichtendienst diverses Material (Computerteile), insbesondere Gegenstände, die auf der Embargoliste standen. Er spezialisierte sich auf die Beschaffung von Abhörgeräten aller Art und ging im Auftrag der Libyer bei der Schweizer Firma Kudelski (Hersteller der Nagra-Tonbandgeräte) ein und aus.«

Diese Details kannte nicht nur Mauss. Im kosmopolitischen Milieu von Genf wimmelt es von Geheimagenten aller Herren Länder und ihren Zuträgern. Die Vertreter westlicher Dienste hatten Griessen rasch durchschaut und benutzten ihn für ihre eigenen Zwecke, drehten ihn nach Bedarf um. Nicht selten kamen sie, um ihn abzuschöpfen. Griessen wußte viel, und wenn der Preis stimmte, dann war er jedem willig.

Das Leben des Jean-Jacques Griessen wäre für sich alleine schon ein Stoff, aus dem die Bestseller sind. In den siebziger Jahren trat er stolz als Honorarkonsul des Tschad auf. Angeblich sollen auch hier im Laufe der Zeit Treuhandgelder abhanden gekommen sein. Das beendete diese Karriere und entzog ihm den stets praktischen Diplomatenpaß.

Und wieder begann eine neue Laufbahn, diesmal als Privatdetektiv. Griessen wurde von Mauss kontaktiert. Beide spürten die Geistesverwandtschaft und kamen sich beruflich näher. Der Genfer Allroundmann wurde Statthalter des deutschen Wanderers zwischen allen Welten.

Als die Hamadi-Affäre begann, bekam Griessen viel zu tun. Er reiste im Auftrag von Werner Mauss durch die Welt, bis Ende August 1987 wiederholt nach Beirut. Zumeist blieb die brisante Angelegenheit jedoch ein Heimspiel. Griessen vertraute einem Freund an: »In Genf wird verhandelt, da werden die Preise gemacht.«

Im Sommer 1987 kam Kollege Mauss häufig in die Stadt des großen Geldes und der internationalen Kontakte. Adjutant Griessen mietete für ihn die Hotelzimmer, bevorzugt das elegante Grandhotel Beau Rivage in der Nähe des Seeufers.

Dazu die persönliche Erklärung von Werner Mauss: »Als ich ... erfahren habe, daß eine der Zielpersonen (in Sachen Hamadi, d. A.) in Genf war und auch andere Zielpersonen in der Schweiz, habe ich mich häufig in der Schweiz aufgehalten.

Zu dieser Zeit konnte man von Deutschland aus nur über das Fernamt mit langen Wartezeiten nach Libanon telefonieren. Ich bin daher häufig nach Zürich geflogen, um mit dem Libanon zu telefonieren und mich von dort aus anrufen zu lassen. Als dann Genf akut wurde, bin ich von Zürich nach Genf umgezogen. Ich war praktisch das ganze Jahr 1987 und 1988 immer wieder in Genf, sowohl wegen Telefonaten mit dem Libanon wie auch wegen den Kontaktleuten. Ich habe darüber immer berichtet. Herr Höcherl hat voll Bescheid gewußt. Ich war Tag und Nacht mit dieser Geiselnahme beschäftigt.«

Mauss trug sich in der Regel als Heinz Lange ein. Seine Ehefrau nannte sich Alida Lange. Als Heimatadresse gaben die beiden Madrid an. Die Ausweise waren echt, wie so oft im Leben des Werner Mauss von Sicherheitsbehörden zur Verfügung gestellt. In jenen Tagen flog Mauss auch des öfteren nach Luxemburg, Athen und Larnaka. Er benutzte eine vom Düsseldorfer Unternehmen »Evex« gecharterte zweimotorige Privatmaschine vom Typ Mitsubishi, Kennung CDRB. In der Regel saß er selbst am Steuerknüppel.

Inzwischen wurden die schwer bewachten deutschen Geiseln mehrfach innerhalb Beiruts verlegt, um jeden Befreiungsversuch zu verhindern. Meistens hörten sie Flugzeuggeräusche, Autos, Kinderstimmen, den Sound einer großen Stadt. Rudolf Cordes erinnert sich mit Schrecken: »Es waren Wohnungen oder Geschäftszimmer, provisorisch hergerichtet, die Fenster vernagelt, damit man keine Gelegenheit hatte, hinauszuschauen oder Zeichen zu geben. Dreimal waren es Kellerräume, einer davon sehr feucht. Immer waren die Türen gesichert. Dazu Vorrichtungen am Boden oder an der Wand für die Kette, die wir entweder am Bein oder am Arm, nie gleichzeitig an beiden Stellen tragen mußten.«

Meistens lagen die Geiseln auf ihren Matratzen und konnten sich in einem Radius von etwa zwei Metern bewegen, aber keineswegs spazierengehen. Morgens, mittags und abends wurden sie von den Ketten befreit und durften die Toilette aufsuchen. Zum Essen gab es viel Käse und Brot, mittags gelegentlich ein Huhn. Hoechst-Mann Rudolf Cordes: »Obst habe ich bekommen, auch mal Eier, Hamburger und einmal Hammelfleisch. Fleisch gab es sehr selten. Es ist im Libanon sehr teuer. Es gab auch libanesische Gerichte – mein Magen hat's überstanden.«

Bei Gesprächen mit Scheich Shamsedin und dem Bruder des Hisbollah-Oberseelsorgers Fadlallah wurden arabische Mitarbeiter von Mauss auf ein neues Talent aufmerksam, das für die Verhandlungen mit dem Hamadi-Clan geeignet und für alle Beteiligten akzeptabel war. Der Name des Mannes wurde mit Ali Hijazi angegeben. Es hieß, er lebe in Genf und besorge für seine libanesischen Glaubensbrüder »Finanzgeschäfte und Waffeneinkäufe von Griechenland und der Schweiz« (Mauss).

Ali Hijazi, damals 54, erwies sich als Treffer. Der designierte Verbindungsmann des deutschen Agenten kam aus dem südlibanesischen Nabatiyeh, einer Hochburg der Schiiten. Er war untersetzt, etwas bullig und trug einen Lockenkopf. Er handelte offiziell mit teuren Juwelen, angeblich auch mit Autos und Immobilien. Seine Firma hieß Marquise S.A. und saß in der Rue du Mont-Blanc Nummer 21, in einem Bürohaus am Rande der Fußgängerzone, unweit von Griessens Laden.

Im vierten Stock blickte dem Besucher eine Videokamera ins Auge. Ein Scheinwerfer hellte den schmalen Flur auf. Die Eingangstür zu den Büroräumen war von außen mit Holz verkleidet. Innen bestand sie aus dickem Stahl. Dahinter verbarg sich eine Sicherheitsschleuse. Solange die gepanzerte Tür zum Flur geöffnet war, konnte eine zwei Meter entfernte Gittertür nicht bewegt werden. Das Ambiente ähnelte dem Hochsicherheitstrakt eines Gefängnisses.

Der Schiite Hijazi hatte bereits ein bewegtes Leben hinter sich. In seiner Jugend soll er lange Zeit in Sierra Leone gelebt und in der Diamantenbranche gearbeitet haben, später zwischen Genf, Athen und Beirut gependelt sein. Die Firma Marquise S.A. wurde 1979 gegründet, als Geschäftsführer war Hijazis Sohn Marc eingetragen. Vater Hijazi ist ein Phantom, von dem nur wenige Fotos existieren. Er unterhält enge Kontakte zu mächtigen libanesischen Geschäftsleuten in Genf, Paris und Beirut, aber auch zu Politikern wie Nabih Berri und Klerikern wie Scheich Shamsedin.

Seine besondere Zuneigung galt dem 1996 verstorbenen zentralafrikanischen Despoten Jean Bedel Bokassa I., der in den 13 Jahren seiner Schreckensherrschaft Schulkinder zu Tode prügelte und zerstückelte Leichen für den späteren Verzehr in seinen Kühlschränken aufbewahrt haben soll. Stolz nahm er von Bokassa, der sich sein späteres Exil in Frankreich mit Diamanten erkaufte, die Staatsbürgerschaft an. Diese besondere Männerfreundschaft zahlte sich für den Libanesen auch geschäftlich aus.

Ein Sendbote des levantinischen Unternehmers war Mahmud Rafaat, ein ehemaliger Polizeioffizier der 16. Abteilung in Beirut. In den siebziger Jahren soll er nach Genf gekommen sein, um bei den Vereinten Nationen als Sicherheitsmann zu arbeiten. Irgendwann wurde er gefeuert. Der Arbeitsgerichtsprozeß endete mit einem Vergleich. Rafaat durfte in der Schweiz bleiben und arbeitete fortan selbständig.

In Sachen Cordes und Schmidt soll Rafaat des öfteren nach Beirut und Teheran gereist sein – und sich dabei seines Bruders Mohammed Ali bedient haben, eines einflußreichen Hisbollah-Funktionärs. Als diese Geiselphase zu Ende ging, hatte er finanziell ausgesorgt. Mauss mochte ihn nicht, fühlte sich von Rafaat ausgenutzt. Der Mann, so sagt er in kleinem Kreis, habe nicht einmal seine Bewährungsprobe bestanden und ein Gespräch mit

Abdul Hadi Hamadi organisieren können. Ein anderer tat es schließlich, und Mauss traf den Chef des Hamadi-Clans. Rafaat, sagt Mauss, sei »noch viel schlimmer als Griessen, ein Betrüger, eine Null«. Wenn er einen Auftrag bekomme, dann überlege er bereits, ob eine andere Aktion nicht besser bezahlt werde.

Griessen, der übrigens auch von Hijazi beschäftigt wurde, endete als Verlierer. Er und Mauss zerstritten sich, weil sich der deutsche Detektiv von ihm erpreßt fühlte. Mauss hatte seinem

Jean-Jacques Griessen, ein ebenso undurchsichtiger wie unauffälliger Helfershelfer des Werner Mauss. Nach der Geiselaffäre ermittelte er auch im Todesfall Uwe Barschel.

Genfer Adlatus in Sachen Cordes/Schmidt eine halbe Million Mark gegeben. Das war ihm zuwenig. Er verlangte eine Million Dollar. Inzwischen kannte Griessen die wahre Identität des »Herrn Lange«, und so drohte er, die Medien über die Genf-Connection zu informieren. Die Wege von Mauss und Griessen trennten sich auf wenig erfreuliche Weise.

In den Jahren nach der Hamadi-Affäre arbeitete der Schweizer intensiv an der Aufklärung des mysteriösen Todes von Uwe Barschel, des ehemaligen Ministerpräsidenten von Schleswig-Holstein. Barschel war am 11. Oktober 1987 von *Stern*-Reportern tot in einer Badewanne des Genfer Beau Rivage aufgefunden worden. Der ruhelose Jean-Jacques Griessen starb am 9. November 1992 in einem Zürcher Massagesalon. Die Lokalpresse sprach von einem »mysteriösen Tod«, während die Obduktion ein simples Herzversagen ergab. Zum erstenmal scheint ein Ereignis im Leben des V-Mannes Griessen nicht mysteriös, sondern nur viel zu aufregend gewesen zu sein.

Zurück zu den Bemühungen um Cordes und Schmidt. Die »erste verdeckte Kontaktaufnahme« zwischen dem Firmen-Intimus Werner Mauss und dem Vertrauten der Entführer, Ali Hijazi, gelang am 29. Juli 1987. Man wurde rasch handelseinig.

Mauss in seinem umständlich formulierten Dossier für Siemens und Hoechst: »Hijazi flog nach Beirut zu Shamsedin. Dieser stellte den Kontakt zur Entführergruppe Cordes-Schmidt her. Hijazi brachte Lebenszeichen in Form von Briefen und Gegenständen, die Cordes und Schmidt während der Entführung getragen hatten. Wir wurden mit der Vorstellung konfrontiert, daß die Entführten nur gegen die Freilassung des in Frankfurt einsitzenden Hamadi eingetauscht würden.

Es gelang uns, durch einen persönlichen Brief an die Hisbollah Interesse zu erwecken, indem wir erklärten, daß eine solche Verhandlung erst dann sinnvoll und möglich sei, wenn zuvor einer der Entführten freigelassen würde. Ende August konnten wir uns mit dieser Idee durchsetzen, und nach Zusage und durch zweimaliges Verschieben des Entlassungstermins im Zusammenhang mit der Exklusivität unserer Erkenntnisse wurde Schmidt in enger Zusammenarbeit mit der Amtsleitung des Bundesamtes für Verfassungsschutz am 9.9.1987 befreit.«

Da war sie, die Anbindung des umstrittenen Privatfahnders Werner Mauss an eine deutsche Behörde. Nachdem BKA und BND mit ihm nichts mehr zu tun haben wollten, hielt BfV-Präsident Gerhard Boeden seine schützende Hand über ihn. Die beiden kannten und mochten sich.

Mauss vertraute in jenen Tagen nur Geheimpolizist Boeden und Anwalt Höcherl. Beide informierte er über jeden seiner Schritte. Sie sicherten ihn juristisch und logistisch ab. Boeden, beispielsweise, pflegte in seinem Sinne den Dienstweg nach Bern. Die Schweizer Sicherheitsbehörden waren über sämtliche Aktionen des deutschen Agenten Mauss informiert und observierten ihn dabei. Sie beobachteten alle seine Treffen mit den libanesischen Dunkelmännern.

Der ehemalige Vizepräsident des BKA verteidigte den Mauss-Einsatz gegen alle Widerstände im Arbeitsstab Libanon. Und der Erfolg schien ihm recht zu geben. Doch damit waren die Aktionen des kleinen Mannes mit den großen Ideen erst angelaufen. Werner Mauss sollte im Fall Hamadi noch lange eine Rolle spielen.

8 Die glücklosen Trouble-shooter

Wer das Gespräch im Bonner Arbeitsstab auf Sadegh Tabatabai brachte, läßt sich heute wegen der strikten Geheimhaltung im Bundeskanzleramt nicht mehr ergründen. Jedenfalls stand der Name plötzlich im Raum. Nur wenige Angehörige der illustren Runde kannten wirkliche Hintergründe über ihn. Die meisten erinnerten sich aber daran, daß es sich hier um einen Schützling des Iran-freundlichen Außenministers Hans-Dietrich Genscher handelte. Also nickte die Pro-Genscher-Fraktion. Es sollte ihm eine Chance gegeben werden.

Der seit Jahrzehnten unverdrossen jugendlich wirkende Tabatabai war ein Revolutionär der ersten Stunde, dessen Camouflage jedoch aus den Kollektionen der edelsten Herrenausstatter stammte. Er gehört einer der führenden Familien Irans an. Schon früh war seine naturwissenschaftliche Begabung zu erkennen. Der Musterschüler passierte 1961 das Abitur. Die Zeiten standen auf Sturm, denn die Auseinandersetzung zwischen dem säkularen Schah im weltlichen Teheran und dem fundamentalistischen Klerus im heiligen Ghom strebte einem neuen Höhepunkt zu – der Ausweisung des Unruhestifters Khomeini.

Die Karriere des Sadegh Tabatabai war eine abgekartete Sache. Sein Vater redete ihm zu, in Europa zu studieren. Derselben Auffassung war Onkel Musa, der später als Imam Musa Sadr die Schiiten des Libanon hinter sich einen sollte. Also verließ der 18jährige im Januar 1962 den Iran. Er schrieb sich an der Technischen Hochschule Aachen ein. In Deutschland blieb er fast auf den Tag genau 17 Jahre, promovierte 1975 zum Doktor der Chemie. Seine wissenschaftliche Arbeit fand höchste Anerkennung, diese Karriere endete erst, als Khomeini 1979 im Iran nach der Macht griff.

Bereits ab 1975 hatte sich Sadegh Tabatabai in der Exilpolitik engagiert, zunächst bei iranischen Studentenvereinen. Er knüpfte ein internationales Netz von Khomeini-Anhängern, bekämpfte mit ihnen den Einfluß der Marxisten auf seine Landsleute und ließ viele Spendengelder sammeln. Tabatabai wurde ein wichtiger Faktor der Khomeini-Internationale.

Auch für ihn sollte Beirut eine unersetzliche Drehscheibe werden. Dort saß inzwischen Onkel Musa. Viele Mitstreiter durchliefen im Libanon die harte Schule der palästinensischen Ausbildungslager. Doch wer für den Krieg übte, der brauchte natürlich auch Waffen. Sadegh Tabatabai nahm sich dieser wichtigen Aufgabe an: »Sie wurden gekauft, hauptsächlich in Belgien. Die Syrer stellten ihre Botschaften dafür zur Verfügung. Unsere Waffenkäufe waren begrenzt, kosteten nie mehr als 30000 Dollar. Sie kamen immer auf dem Flughafen von Teheran an. Wir hatten dort Leute, die sich um alles kümmerten. Mädchen und Frauen versteckten sie unter dem Tschador. So ging kaum etwas verloren. Die syrische Botschaft in Teheran war ebenfalls sehr hilfreich.«

Soviel Einsatz mußte belohnt werden. Der junge Aktivist kehrte 1979 in Khomeinis Charter-Jumbo aus dem französischen Exil zurück und wurde sofort stellvertretender Innenminister. Noch im selben Jahr rückte er zum Vize-Premierminister auf, verwaltete das Amt des Regierungschefs nach dem Rücktritt des liberalen Mehdi Bazargan kommissarisch. Im September 1980 verhandelte er in Bonn mit US-Vize-Außenminister Warren Christopher, der im Auftrag seines Präsidenten die in Teheran völkerrechtswidrig festgesetzten 52 Botschaftsangehörigen unblutig herausholen sollte. Tabatabai öffnete Kanäle, die Anfang 1981 zur Befreiung der Diplomaten führten.

Als 1980 der Golfkrieg mit dem aggressiven Nachbarn Irak begann, entschied sich Tabatabai für die Funktion eines Sonderbeauftragten des Obersten Verteidigungsrates. Unter dem Schutz diplomatischer Immunität trat er überall auf, wo Waffenlieferungen bei Gesprächen von Regierung zu Regierung eingefädelt wurden. Häufig steckte er dahinter, wenn ein Netz von Tarn- und Scheinfirmen die engen Bestimmungen von Rüstungstransfers in das Krisengebiet Iran unterlief.

Das funktionierte alles störungsfrei – bis zum 8. Januar 1983, einem Samstag. An jenem Tag traf Sadegh Tabatabai auf dem Düsseldorfer Flughafen ein. Zollhauptsekretär Schrödl kontrollierte sein Gepäck und entdeckte 1,65 Kilogramm Rohopium. Zuerst versicherte der Reisende zwischen Morgen- und Abendland, er habe das Päckchen noch niemals gesehen. Dann deklarierte er es als altes persisches Hausmittel, bestimmt für eine kranke Tante. Er verwies auf seine diplomatische Immunität.

Der Fall wurde zum Politikum. Während sich die iranische Botschaft in Bonn weigerte, Tabatabai zu diesem Zeitpunkt zum Sonderdiplomaten zu erklären, sprang Genscher in die Bresche. Tabatabai hatte schon mehrfach Deutschen in Not geholfen. 1982 hatte ihn Genscher im Gegenzug bei einer unspektakulären Kasseler Waffenaffäre beschützt. Man kannte sich, auch die gegenseitigen Stärken und Schwächen. Auch diesmal identifizierte Genscher den West-Unterhändler des Mullah-Regimes als wichtigen Freund der Deutschen und billigte ihm Immunität zu. Das bestätigte schließlich Teherans Außenministerium mit mehr als dreiwöchiger Verzögerung. Die Düsseldorfer Staatsanwaltschaft hatte aber längst zugegriffen und den smarten Aufsteiger eingesperrt.

Diese Szene wiederholte sich. Mal kam er frei, mal wurde er wieder abgeführt. Der Heidelberger Völkerrechtler Karl Döhring dozierte, eine personengebundene Immunität reiche allein für den Status eines Sonderbotschafters nicht aus. Vielmehr müßten eine »konkrete Mission und Funktion« vorliegen, was aber im

Fall Tabatabai nicht zu bejahen sei. Dreimal hielt das Auswärtige Amt dagegen und bestätigte den geschützten Status: »Wie jeder Sonderbotschafter wäre auch Dr. Tabatabai bei den zuständigen Stellen zur Durchführung der ihm zugewiesenen Aufgaben empfangen worden.«

Das leidige Problem erledigte sich am 9. März 1983. Am Vorabend der Urteilsverkündung – die 12. Strafkammer des Düsseldorfer Landgerichts wollte den Schmuggler für drei Jahre hinter Gittern sehen – flüchtete Tabatabai in der Ersten Klasse der regulären Lufthansa-Linienmaschine zurück in das für ihn sichere Teheran. Er sei, so versicherte er dem deutschen Fernsehen anschließend mit freundlicher Miene, in seiner Rolle als Sonderbotschafter von der iranischen Regierung zurückgerufen worden, um über seine Mission zu berichten.

Das Haus Genscher reagierte erstmals undiplomatisch und erklärte Sadegh Tabatabai zur unerwünschten Person. Dabei war längst klar, daß die Bundesregierung am Verschwinden des Emissärs mitgedreht hatte. Der *Spiegel* behauptete später unwidersprochen, Tabatabai habe »aus dem Bundeskanzleramt ... den Tip zu verschwinden« bekommen.

Ein Jahr später kassierte der 3. Strafsenat des Bundesgerichtshofs das Düsseldorfer Urteil und stellte das Verfahren gegen Tabatabai ein. Der iranische Politiker habe, so der BGH, für den Zeitraum seiner Mission diplomatische Immunität besessen. In salomonischer Tradition wiesen die Bundesrichter jedoch darauf hin, daß die Mission nun abgelaufen sei und damit auch die Immunität. Nun dürfe die Staatsanwaltschaft Düsseldorf wieder gegen Tabatabai ermitteln. Dieser Wink wurde am Niederrhein verstanden. Die zutiefst verärgerten Strafverfolger wollten dem geschniegelten Flüchtling die Rückkehr zu Frau und Kindern verstellen und erwirkten 1985 einen neuen, nationalen Haftbefehl.

Das war die Ausgangslage für den Schäuble-Arbeitsstab, der den engen Vertrauten und Verwandten des iranischen Revolutionsführers Khomeini zum Zwecke der Geiselbefreiung einsetzen wollte. Schon Ende Januar 1987 hatte es Kontakte gegeben. Da man aber noch zu Raschid Mahroum hielt, wurde der Iraner zurückgestellt. Außerdem gefiel einigen Mitgliedern des Arbeitsstabes seine Forderung nicht – Aussetzung der Strafverfolgung als Gegenleistung für die Bemühungen um die Geiseln.

Als Mahroum sich schließlich als Fehlinvestition erwies, durfte der Ersatzmann Tabatabai wieder aufrücken. Anfang Mai meldete sich bei ihm eine vertraute Stimme aus Bonn. Es war Hans-Jürgen Wischnewski, Spitzname Ben Wisch, der Troubleshooter mehrerer Bundesregierungen. Es eilte ihm sehr, deshalb rief er nachts um zwei Uhr an. Beide erörterten die juristischen Grundbedingungen. Danach folgten technische Vorgespräche zwischen Wischnewski und Tabatabais Essener Anwalt Egon Liemersdorf. Die Weichen waren gestellt.

Der Deutsche Hans-Jürgen Wischnewski (l.) und der Iraner Sadegh Tabatabai. Auch sie versuchten alles in ihrer Macht Stehende, um Rudolf Cordes und Alfred Schmidt den Händen ihrer Entführer zu entwinden.

Hans-Jürgen Wischnewski besteht aus dem Urgestein, aus dem die alte Garde der deutschen Sozialdemokratie geformt ist. Er wurde 1922 im ostpreußischen Allenstein geboren. Sein aus Gelsenkirchen stammender Vater, ein ehemaliger Bergmann, war hier bei der Reichszollverwaltung tätig. Wischnewski kämpfte als Panzerjäger an der Ostfront. Die ersten Stationen des Nachkriegslebens: US-Kriegsgefangenschaft, Metallarbeiter-Lehre, Mitgliedschaft bei IG Metall und SPD.

Der Wahl-Kölner entschied sich für Politik, Arbeits- und Sozialrecht. Als Vorsitzender der Jungsozialisten fand er den Weg in die bundesweite Arena. Von 1957 bis 1990 ließ er sich immer wieder in den Deutschen Bundestag wählen. Jedesmal bekam er mehr Erststimmen als seine Partei Zweitstimmen. Sein parlamentarisches Interesse galt den auswärtigen Beziehungen. Schon früh engagierte er sich bei Einrichtungen wie der Deutsch-Algerischen oder der Deutsch-Tunesischen Gesellschaft, auch bei der deutschen Stiftung für Entwicklungshilfe. Wischnewski – während der Großen Koalition Bundesminister für wirtschaftliche Zusammenarbeit – leitete 1969 als SPD-Bundesgeschäftsführer erfolgreich den Wahlkampf seiner Partei, der in die sozialliberale Koalition unter Willy Brandt mündete.

Aus eigenem Antrieb vermittelte er zwischen der arabischen Welt und einem neuen Deutschland, das sich auch mit dem umkämpften Staat der Juden gut stellen wollte. Wischnewski versuchte bei militärischen Konflikten in Algerien und Jordanien zu vermitteln. Schon in den fünfziger Jahren hatte er die Unabhängigkeit Algeriens von Frankreich unterstützt.

In der Regierung Schmidt stand für »Ben Wisch« ein Posten als Staatsminister im Auswärtigen Amt bereit, ab 1976 als Staatsminister im Kanzleramt. Nach dem dramatischsten Ereignis des Jahres 1977 – der Entführung der Lufthansa-Maschine »Landshut« nach Mogadischu – kannte ihn schlagartig jeder Deutscher. Ein hemdsärmeliger Wischnewski flog hinterher und managte die Krise, bis die Grenzschutz-Sondereinheit

GSG 9 erfolgreich eingreifen und die Geiseln befreien konnte. Seine Popularität erreichte die von Helmut Schmidt.

Kein Zweifel: Der Arbeitsstab Libanon hielt den »Helden von Mogadischu« für die erste Wahl bei der Bewältigung schier unlösbarer Sondermissionen, eine Art frühen Schmidbauer. Die Koordinaten stimmten. Deutsche waren in Not, wurden von Terroristen gequält, und dies alles spielte im Nahen Osten, dem bevorzugten Operationsgebiet von Ben Wisch.

Cordes und Schmidt saßen bereits dreieinhalb Monate fest, als sich die Institution Hans-Jürgen Wischnewski bei Sadegh Tabatabai meldete. Der Deutsche schlug dem deutschfreundlichen Perser ein Treffen in einem neutralen Drittland vor. Tabatabai wunderte sich: »Unsere Länder führen keinen Krieg gegeneinander. Warum kommen Sie nicht ganz einfach nach Teheran?«

Das war leichter gesagt als getan. Wischnewski beantragte für sich, für den Geschäftsführer des Arbeitsstabes Libanon Hans-Christian Ueberschaer sowie für zwei Personenschützer die erforderlichen Visa. Am 16. Mai fragte die deutsche Botschaft in Teheran im iranischen Außenministerium nach und bekam einen abschlägigen Bescheid. Erst als Tabatabai intervenierte, wurde die Reise genehmigt. Am Morgen des 17. Mai meldete sich Teherans Geschäftsträger in Bonn bei Wischnewski. Die kleine Delegation konnte fliegen. Sie hatte es eilig und ignorierte deshalb auch den islamischen Fastenmonat Ramadan, der jede Reise verkompliziert.

Drei Tage später landete das Wischnewski-Team auf dem Flughafen der iranischen Hauptstadt. Schon kurz nach der Ankunft fand das erste Treffen mit Tabatabai nachts um zwei Uhr in der Residenz des deutschen Botschafters Armin Freitag statt. Wischnewski erläuterte seine Taktik. Er trug Briefe von Bundespräsident, Bundeskanzler und Bundestagspräsident für die iranische Führung bei sich. Sollte seine Mission vorzeitig bekanntwerden, so der Unterhändler, dann werde man diese Schreiben und die gespannte Situation wegen einer aktuellen anti-iranischen Fernseh-Satire des Komikers Rudi Carrell vorschieben. Der Holländer hatte vermeintliche Khomeini-Anhänger gezeigt, die ihr Idol mit Büstenhaltern bewarfen. Dies löste wütende Proteste der Iraner sowie die Schließung des Teheraner Goethe-Instituts aus. Der eigentliche Reisegrund, nämlich Geiselgespräche, dürfe unter keinen Umständen nach außen dringen.

Gastgeber Tabatabai erhielt an jenem Abend Post aus Düsseldorf. Das Bonner Justizministerium hatte, ohne Rücksicht auf den Düsseldorfer Justizminister Rolf Krumsiek und seine zögernde Verwaltung, das Landgericht Düsseldorf angewiesen, den Haftbefehl gegen den mutmaßlichen Drogenschmuggler außer Vollzug zu setzen. Das Verfahren wurde, zur Vermeidung von Nachteilen für das Leben und die Gesundheit von Bundesbürgern, zurückgestellt. Nun erklärte sich Sadegh Tabatabai bereit, alles in seiner und Khomeinis Macht Stehende zu tun, um Rudolf Cordes und Alfred Schmidt zu befreien.

Tabatabai und Wischnewski kamen ins Geschäft. Sie begannen, die Details zu besprechen. Der neue Mittelsmann sollte seine Tante Rabab Sadr, die Chefin der schiitischen Frauenwohlfahrtsorganisation des Libanon, einschalten und sich Zugang zum Hamadi-Clan verschaffen. Er sollte auch Khomeini für die Idee gewinnen, beide deutsche Geiseln wieder freizulassen. Am nächsten Morgen sprach Tabatabai bereits beim obersten religiösen Führer in seinem Nord-Teheraner Wohnsitz Jamaran vor. Tabatabai erinnert sich: »Khomeini war nicht abgeneigt und stand der Aktion positiv gegenüber. Er riet mir, alles mit Rafsandschani zu koordinieren.« Am Nachmittag trafen der Gast aus Bonn und sein iranischer Freund wieder zusammen. Tabatabai berichtete von seinem Besuch bei Khomeini.

Am folgenden Tag wurde Wischnewski zum mächtigen Parlamentssprecher vorgelassen. Ali Akbar Haschemi Rafsandschani, geboren 1934 und eine Ausnahmeerscheinung ohne Vollbart, war einer der engsten Gefolgsleute und Schüler von Khomeini. Schon zur Zeit des Schahs hatte er für die Mullahs ein Untergrundnetz aufgebaut. Das brachte ihm drei Jahre Gefängnis ein. Der Großgrundbesitzer und Pistazienanbauer aus der Provinz Kerman wurde nach der Revolution zum Innenminister ernannt und betätigte sich als geistiger Motor der Revolutionswächter. Rasch stieg er zum starken Mann des Regimes auf und stellte immer wieder unter Beweis, daß er, entgegen weit verbreiteter westlicher Ansicht, kein Liberaler war.

Der listige Wahl-Rheinländer Wischnewski sprach mit seinem Gastgeber über den Giftgaskrieg der Iraker und verurteilte ihn entschieden. Damit war er der UNO bereits einen Schritt voraus. Sie hatte in jenen Tagen keine klare Position bezogen. Der ehemalige Bonner Staatsminister wußte, welche politische Geste zur richtigen Stunde angesagt war. Wischnewskis Standardsatz: »Die Leute müssen spüren, daß man ein Freund ist.« »Freund« Rafsandschani versprach, auf die Kidnapper von der Hisbollah Einfluß zu nehmen, soweit es eben in der Macht Teherans läge.

Ein darüber hinaus mit Ahmed Khomeini geplantes Treffen kam nicht zustande. Der Sohn des Revolutionsführers laborierte an einer Arthrose. Wischnewski, Ueberschaer und ihre beiden Begleiter kehrten nach Deutschland zurück. Beim Arbeitsstab Libanon wurde der Ausflug nach Teheran als »wichtiger Schritt vorwärts« gewertet. In Teheran, so hieß es im Bundeskanzleramt, »da liegt der Schlüssel«.

Sadegh Tabatabai ging mit Elan an die neue Aufgabe. Bereits drei Tage später flog er nach Damaskus. Er traf den Geheimdienst-General Mohammed Nasif. Beide hatten sich schon viele Jahre vor der Revolution kennengelernt, denn Nasif stand Tabatabais verschwundenem Onkel Musa Sadr nahe. Er hatte ebenfalls die iranische Opposition während der Schah-Ära gefördert. Nun bat ihn Tabatabai um Unterstützung.

Am nächsten Tag stand Beirut auf dem Reiseplan. Der Mann aus Teheran konferierte mit Hussein Husseini, dem Chef des Politbüros der Schiiten. Tabatabai heute: »Nabih Berri wurde nicht eingeschaltet. Er wollte sich nur profilieren, wann immer er etwas tat.« Auf mehreren Schienen versuchte der neue Mittelsmann, die entführten Deutschen zu treffen. Es gelang ihm nicht, da die Geiselnehmer befürchteten, mit ihm zusammen in eine Observation zu geraten. Tabatabai fuhr nach Tyros im Süden, nach Baalbek im Osten.

Über Tante Rabab erreichte er schließlich die Hamadis. Doch die Familie stellte sich taub. Wenn Mohammed und Abbas freikämen, dann könne man auch den Deutschen helfen, anders nicht. Im Libanon zählt Menschenraub zum allgemein üblichen Notwehr-Repertoire. Von Teheran aus berichtete der spürbar desillusionierte Tabatabai acht Tage später seinen deutschen Freunden Hans-Jürgen Wischnewski und Botschafter Achim Freitag. Dennoch gab er die Hoffnung nicht auf und reiste Wochen danach noch einmal für drei Tage in den Libanon.

Tabatabai: »Der Iran und Syrien übten starken Druck auf die Hamadi-Familie aus. Das hätte klappen können, wenn nicht plötzlich die privaten Bemühungen der Firmen dazwischengekommen wären. Den armen Menschen aus dem Süden Beiruts wurde viel Bargeld angeboten. Da wollte keiner mehr über moralische Lösungen sprechen.« Der Unterhändler war verärgert, gekränkt. Einen dritten und letzten Versuch, den Geiseln Cordes und Schmidt zur Freilassung zu verhelfen, unternahm er nur noch halbherzig. Er wurde ohnehin bereits von rivalisierenden Fraktionen in Teheran angefeindet. »Mein Einsatz für Deutschland geriet in ein Zwielicht. Man sah mich zu Hause bereits als Agenten der Deutschen. Das war nicht gut.«

Hans-Jürgen Wischnewski wußte, daß seine Mission in Teheran ein Fehlschlag war. Er will es allerdings bis heute nicht zugeben. Seine einzigartigen Kontakte in den Nahen Osten führten ihn stets zu nationalistischen, häufig auch linken Kräften. Er war kein Mann der Islamisten und hatte keine Zweifel, daß die islamischen Fanatiker mit ihm nichts anfangen konnten. Die Lebenslinien der jungen Eiferer und des alten Genossen lagen zu weit auseinander, seine wichtigen Verbindungen zu weit zurück.

Der populäre SPD-Mann versuchte es kein zweites Mal. Er hatte die Botschaft verstanden. Ab August 1987 reiste er dreimal im Rahmen des mittelamerikanischen Friedensprozesses in die Region zwischen Mexiko und Panama. Bereits im November 1985 hatte er die von der Guerilla entführte Tochter des salvadorianischen Präsidenten Duarte und einundzwanzig christdemokratische Bürgermeister im Austausch gegen acht Rebellen befreit, im Mai 1986 acht entführte Deutsche von den Contras zurückgeholt.

Als Beauftragter der nicaraguanischen Sandinisten nahm Wischnewski ab Oktober 1987 an den Verhandlungen mit den rechten, von Washington unterstützten Contras teil. Das führte im März 1988 zu einem befristeten Waffenstillstand. Als die Verhandlungsrunde später scheiterte, setzte sich Wischnewski im Juni 1988 für eine weitere Kapitalhilfe an Nicaragua ein. Da blieb keine Zeit mehr, im libanesischen Sumpf nach deutschen Geiseln zu suchen.

Hans-Jürgen Wischnewski hat die Aktion Cordes/Schmidt, an der er sich nur einmal beteiligte, verdrängt. Für ihn war es eine Niederlage, und darüber möchte er weder sprechen noch schreiben. In seiner 447 Seiten dicken Autobiographie »Mit Leidenschaft und Augenmaß« widmet er ihr exakt drei Zeilen. Der »Feuerwehrmann der Nation« (*Berliner Zeitung*) berichtet zuerst von einer Iranreise im Jahre 1975. Dann folgt die Hamadi-Affäre: »Erst im Jahre 1987 kam ich wieder nach Teheran. Ich hatte ein Gespräch mit dem Parlamentspräsidenten Rafsandschani. Es ging um die Freilassung des im Libanon entführten Dr. Cordes.« Ende der Aussage.

9 Die Stunde der Diplomaten

Bundesaußenminister Hans-Dietrich Genscher hat bei seinen Bemühungen um die Freilassung der im Libanon entführten Deutschen Rudolf Cordes und Alfred Schmidt mehrere Regierungen der Region um Unterstützung gebeten. Dabei war Genscher auch an Iran herangetreten. Wie der iranische Parlamentspräsident Rafsandschani gestern mitteilte, konnte Teheran aber bisher nicht behilflich sein. Nach Bonner Informationen liegt das Hilfeersuchen rund zehn Tage zurück.

Die Welt, 29. Januar 1987

Antonius Eitel ist ein mutiger und entscheidungsfreudiger Mann. Das unterscheidet ihn von den anderen in seiner Branche. Der gebürtige Münsteraner kam im heißen Sommer 1982, im Sommer der israelischen Invasion, nach Beirut. Er war 49 Jahre alt und hatte vorher in Brüssel, Kingston, Bern und Genf seinen eher ruhigen Dienst versehen. Er zog in ein von Krieg zerstörtes Land, das noch lange Jahre erbitterter Kämpfe vor sich haben sollte. In seinen fünf Amtsjahren, bis zum September 1987, passierten die spektakulärsten Entführungen, die schlimmsten Bombenanschläge mit den meisten Toten, die unversöhnlichsten Bruderfehden. Antonius Eitel mußte all dies studieren, interpretieren und seinem Chef Hans-Dietrich

Mohammed Hussein Fadlallah, einer der mächtigsten geistlichen Führer der Schiiten im Libanon, vor dem Bildnis des großen Ajatollah Khomeini. Mit ihm sprach der deutsche Botschafter im Libanon, Antonius Eitel.

Genscher erklären. Denn Eitel war der deutsche Botschafter im Libanon.

Der gelernte Jurist und Völkerrechtler ist ein Mann, dem die Sympathien zufliegen. Wie kein anderer seiner Kollegen pflegt er ein vertrauensvolles Verhältnis zu den Medien, baut auf diesem Gebiet die Feindbilder ab. Die wenigen in jenen Jahren vor Ort arbeitenden Journalisten standen zu ihrem Botschafter. Sie schützten ihn, wenn er manchmal wegen seiner Offenheit unter Bonner Druck geriet. Sie sorgten sich um ihn, als ein Milizionär am 16. August 1985 Eitels gepanzerten Dienstmercedes unter Feuer nahm und dabei den Chauffeur tötete.

Keiner wunderte sich, als Eitel vier Tage nach der Entführung von Alfred Schmidt beschloß, die Höhle des Löwen aufzusuchen. Nach kurzfristiger Absprache fuhr der hochgewachsene Deutsche mit seinen Leibwächtern am Freitag, 23. Januar, dem Feiertag der Muslime, zum geistlichen Führer der Hisbollah, Scheich Mohammed Hussein Fadlallah. Eitel und Fadlallah hatten sich vorher schon einmal gesehen. Ein guter Eindruck war geblieben. Aus Bonn kamen warnende Stimmen. Die Sicherheitsabteilung riet ab, in die südlichen Vororte zu gehen. Die beiden Nahost-Fachleute Reinhard Schlagintweit und Heinz Fiedler genehmigten jedoch die Tour; Staatssekretär Jürgen Sudhoff ließ ausrichten, ihm sei nicht wohl dabei.

Fadlallahs Wagenkolonne fuhr Eitels Klein-Konvoi entgegen. Gemeinsam raste man durch das Schiitenviertel Dahia nach Bir el Abed, wo Libanons Khomeini im Umfeld der Imam-Rida-Moschee residiert. Der Mann mit dem buschigen, grauweißen Bart und dem schwarzen Turban eines Prophetenabkömmlings stammt aus einer einflußreichen schiitischen Familie des Südlibanon. Geboren wurde er jedoch 1934 im irakischen Nadschaf, einer Hochburg seiner Sekte.

Der Schüler des verstorbenen irakischen Großajatollahs Khoi kehrte 1966 in seine Heimat zurück und wurde später als Repräsentant des religiösen Führers aus Nadschaf eingesetzt.

Lange Jahre stand Fadlallah im Schatten von Musa Sadr. Bis 1983 blieb er der Außenwelt unbekannt. Erst nach den schweren Anschlägen gegen amerikanische, französische und israelische Stützpunkte tauchte sein Name immer öfter auf. Es hieß, er habe die Täter vor ihren Selbstmordaktionen gesegnet und ihnen einen sicheren Platz im Paradies versprochen; er sei der geistliche Führer der neu gegründeten Partei Gottes. Vor allem diese Rolle wurde später immer wieder falsch interpretiert. Die internationalen Medien präsentierten Fadlallah sogar als heimlichen Chef der Hisbollah. Das wies er mit Entschiedenheit zurück. Doch Fadlallah – ein religiöser Theoretiker ersten Ranges und Autor bedeutender islamischer Schriften – verfügt über viel Einfluß. Eine Analyse des Bundesnachrichtendienstes zur Rolle der Hisbollah befaßt sich auch mit ihm. Es heißt darin, er stehe »jenseits der Organisationsstrukturen der Partei«. Nicht er, sondern das »Oberste Beratende Gremium« – 17 Rechtsgelehrte und Führer der paramilitärischen Flügel – leite die Organisation. Dazu kämen noch Delegierte aus den einzelnen Parteidistrikten.

Antonius Eitel wußte, daß er mit Fadlallah den mächtigsten Mann der Iran-Fraktion des Libanon vor sich hatte. »Zum einen mußten wir an die Deutschen denken. Zum anderen durften wir es uns nicht mit den Schiiten verderben.« Fadlallah erklärte an jenem 23. Januar, was er auch später stereotyp immer wieder sagen sollte. Er habe keinen Einfluß auf die Geiselnehmer. Da könne nur der Iran helfen. Wer im Iran? Rafsandschani sei ein guter Mann.

In Agenturberichten von *AFP* und *AP* hieß es weiter: »Fadlallah versicherte dem Botschafter, er habe sich nach Bekanntwerden der Entführung des Hoechst-Mitarbeiters Cordes und des Siemens-Technikers Schmidt sofort um die Angelegenheit der beiden bemüht. Es sei jedoch schwer, in dieser Angelegenheit schnell eine Lösung zu finden.«

Fadlallah wurde noch konkreter, als ihn der *Spiegel* im Juni 1987 befragte: »Die Waffe der Entführung ist zu einem Politikum geworden. Jeder, der das tat und weiter tut, handelt aus der Überzeugung heraus, daß Entführung und Piraterie legitim sind, um politische Ziele durchzusetzen. Die Staaten, die heute laut aufschreien, waren und sind doch die besten Lehrmeister auf

Auch mit diesen beiden Herren sprach Botschafter Eitel: Scheich Mohammed Mahdi Shamsedin von der Amal-Miliz (r.) und Drusenführer Walid Dschumblatt.

diesem Gebiet. Dennoch bleibe ich dabei: Unschuldige dürfen nicht für Verbrechen und Unwesen ihrer Regierungen bestraft werden.«

In einer seiner Freitagspredigten stellte Fadlallah fest, daß »alle Geiselnahmen von Journalisten, Hochschullehrern, Diplomaten, Ärzten und Technikern, von Leuten also, die keine Gefahr für die Sicherheit und die Ordnung des Landes darstellen, auf das schärfste verurteilt« werden müßten. War es echt, und keiner hörte auf ihn, oder war es die hohe – schiitische – Kunst der

Verstellung, Taqieh genannt? Nur Fadlallah selbst kann diese Frage beantworten.

In der Folgezeit sprach Antonius Eitel auch mit der machtlosen Regierung des Libanon, vor allem mit ihrem Außenminister, dem geistlichen Führer der gemäßigten Amal-Miliz, Scheich Shamsedin, mit Drusenfürst Walid Dschumblatt, mit Vertretern der Palästinenser und Kollegen aus der iranischen Botschaft.

Selbstverständlich meldeten sich bei der deutschen Botschaft auch Betrüger und Trittbrettfahrer, die nur abkassieren wollten, aber nicht in der Lage waren, zur Befreiung von Cordes und Schmidt beizutragen. Ein Beispiel von vielen: Michael Born, der Fernsehfälscher, der Jahre später für den größten deutschen TV-Skandal sorgte, als er Privatsender mit inszenierten Enthüllungsbeiträgen hereinlegte. Der ehemalige angehende Schiffsoffizier Born hatte sich zu jener Zeit entschlossen, Journalist zu werden. Sein erster Coup sollte eigentlich ein Interview mit Abdul Hadi Hamadi werden:

»Ich hörte damals von der Entführung des deutschen Ingenieurs Rudolf Cordes durch die Familie der in Deutschland inhaftierten Brüder Mohammed und Abbas Hamadi. Mein Freund Abudi und ich beschlossen, etwas für die Geisel zu tun, auch wenn wir wußten, daß sich unser Trip nach Beirut zu einem lebensgefährlichen Unternehmen entwickeln könnte. Andererseits schätzten wir unsere Chancen, etwas zu bewegen, besser ein als die der Bundesregierung oder anderer Journalisten: Abudi stammte aus Bourj al Brajneh, einem südlichen Slumvorort von Beirut, wo auch die Familie Hamadi herstammt, und die Eltern der inhaftierten Brüder waren Nachbarn und gute Freunde von Abudis Mutter. Zudem sprach ich Arabisch und bin Schiit, und der stellvertretende Botschafter des Iran in Deutschland, Lavasani, verbürgte sich persönlich für meine Sicherheit. Er händigte mir sogar ein Schreiben aus, in dem die Hisbollah eindringlich vor einem Übergriff gegen meine Person gewarnt wurde.

Vier Wochen später, zu einer Zeit, als der Hamadi-Clan dringend nach einer weiteren deutschen Geisel Ausschau hielt, sprang ich mit 100 Mark in der Tasche durch Beirut und trank mit Mutter Hamadi herben Tee. (...) Wir jagten hinter Rudolf Cordes her und waren öfter nur durch eine Wand von ihm getrennt. Aber damals, im zerbombten Libanon, geschah etwas anderes mit mir: Die deutsche Geisel rückte irgendwann ins zweite Glied – denn ich wurde dort brutal konfrontiert mit dem Elend von Kindern, mit der Not der Schwächsten im Krieg. Nach dem Besuch einer psychiatrischen Kinderklinik am Rande des Flüchtlingslagers Shatila definierte ich meine Arbeit neu: In den Dienst dieser Kinder, die überall auf der Welt unter Kriegen und Not zu leiden haben, wollte ich mein journalistisches Tun stellen.«

Das waren hehre Ideale, denen Born niemals gerecht wurde. Seine journalistische Karriere endete vor dem Landgericht Koblenz. Ihm wurde vorgeworfen, in 32 Fällen seine Auftraggeber betrogen, gegen das Waffengesetz verstoßen und Volksverhetzung begangen zu haben. Der Fernsehfälscher wurde am 23. Dezember in 17 Fällen schuldig gesprochen und zu vier Jahren Gefängnis verurteilt.

Das Unternehmen Hamadi verlief anders, als von Born im Vorfeld seines Prozesses 1996 dargestellt. Ein Aktenvermerk des Auswärtigen Amtes hält fest, daß Born in den Libanon gereist war, um Abdul Hadi Hamadi für den *Stern* zu interviewen. Das endete abrupt, denn »Ende August wurde Herr Born von einem libanesischen Sicherheitsdienst (FSI) in Schutzhaft genommen und ... ausgeflogen. Zur Vermeidung einer erneuten Einreise Borns, die sowohl ihn selbst wie auch deutsche Interessen im Libanon gefährden könnten, hatte die Botschaft Beirut paßbeschränkende Maßnahmen vorgesehen.«

Auch in Damaskus fiel der Journalist unangenehm auf. Eines Tages kam er zur deutschen Botschaft, um sich 200 Mark zu leihen, da die Syrer bei seiner Ankunft unfreundlicherweise hundert Dollar Zwangsumtausch gefordert hatten. Born hatte lediglich 100 Mark mitgebracht. Am Ende beschäftigte sich sogar der

BND mit ihm. In den Pullacher Akten heißt es über Michael Born: »Sollte ein deutscher Journalist behaupten, mit Hamadi zusammengetroffen zu sein, so kann es sich bei der Person nur um jemand handeln, der sich als Hamadi ausgegeben hat und der aus der Geiselaffäre Geld zu machen versucht.«

Das war zwar ein Nebenkriegsschauplatz, der die deutsche Diplomatie nur marginal beanspruchte; doch blieb ein Abenteurer wie Born im Hamadi-Komplex kein Einzelfall.

Die Hauptarbeit begann auch im Auswärtigen Amt sofort nach der Entführung von Cordes und Schmidt. Es reagierte wie immer und richtete einen eigenen Arbeitsstab ein. Ein hoher Beamter erinnert sich: »Genscher fragt uns, was sollen wir tun? Dann werden zuerst einmal Briefe an alle geschrieben. Bitte, helft uns! Wir haben hier eine schwierige Sache. Dann prüft man, wie kann man mit den Leuten in Verbindung treten. Sofort kommt unsere nächste Bitte: Keine gewaltsamen Befreiungsversuche! Auch die Freunde werden kontaktiert, die Israelis, die Amerikaner. Bitte keine Gewalt! Das ist ganz wichtig.«

Als Leiter dieses Arbeitsstabes fungierte der jeweilige Nah- und Mittelostbeauftragte im Auswärtigen Amt, kurz DG 31. Er ist zuständig für die Region von Marokko bis zum Iran. Im ersten Halbjahr der Affäre Hamadi saß auf diesem Posten Reinhard Schlagintweit, ab Sommer 1987 dann Heinz Fiedler, der als Botschafter aus dem heißen Bagdad zurückkehrte. Er mußte täglich die Nachrichtenlage prüfen, mit den Außenstellen in der Region engen Kontakt halten und aus all dem die entsprechenden Schlüsse ziehen.

Der weitere Ablauf: »Wir überlegen, was gibt es Neues, was kann man tun? Natürlich setzen wir uns mit den Angehörigen in Verbindung, um sie zu beruhigen und ihnen das Gefühl zu geben, es geschieht etwas. Sie werden auch regelmäßig informiert. Wir nehmen mit den Firmen Kontakt auf. Nun läuft die tägliche Arbeit. Wenn Nachrichten kommen, dann gehen diese in den Arbeitsstab des AA, von dort in den Arbeitsstab Libanon des Kanzleramtes. Da wir nicht im luftleeren Raum arbeiten, sind in einem Fall wie Hamadi innerhalb des Auswärtigen Amtes das Ministerbüro, das Pressereferat, das Nahostreferat, die Politische Abteilung und das Rechtsreferat mit eingebunden.«

Am 2. und 3. Juni 1987 kam der stellvertretende iranische Außenminister Mohammed Javad Laridschani erstmals nach Bonn. Der Revolutionsaufsteiger entstammte einer großen Mullah-Familie vom Kaspischen Meer. Er hatte in Kalifornien Mathematik studiert, sprach gut Englisch und kannte den Westen. Deshalb kletterte er die Karriereleiter hoch – vom staatlichen Fernsehen zur sogenannten »US-Gruppe« des Außenamtes. Er war engagiert und absolut linientreu. Auch seine Brüder saßen zu jener Zeit in hohen Positionen.

Das Gespräch mit ihm lief entlang derselben Argumentationslinie wie bei allen Iranern. Zuerst versicherten sie den deutschen Partnern ihre Hilfe. Als Triebfeder benannten sie humanitäre Gründe, die freundschaftlichen Gefühle gegenüber Deutschland, auch für ihren treuen Freund Genscher. Dann kamen die leisen Appelle für die Freilassung der Hamadi-Brüder. Ein Standardsatz lautete: »Wenn es möglich wäre, den Entführern etwas anzubieten, dann wäre alles leichter.« Die Deutschen hielten dagegen, die Bundesrepublik sei ein Rechtsstaat, und die Politik könne nicht in die Speichen der Justiz greifen. Die Iraner darauf: »Wir identifizieren uns nicht mit den Forderungen der Geiselnehmer, aber vielleicht könnten die Deutschen noch mal darüber nachdenken.«

Immer wieder war auch die Rede von der drohenden Auslieferung Mohammed Hamadis an die USA. Aus den Iranern sprachen die Entführer, und sie sagten, Nichtauslieferung ändere nichts. Es gehe um die Freilassung der Hamadis, denn diese hätten den Deutschen nichts zuleide getan. Rafsandschani ließ durchblicken, er würde die Formel »Prozeß und Ausweisung« favorisieren. Das würde faktisch Austausch bedeuten. Diese Variante wurde von den Amerikanern strikt bekämpft.

Spinnt gern im Hintergrund die Fäden: Der damalige iranische Parlamentspräsident (mittlerweile Staatspräsident) Ali Akbar Haschemi Rafsandschani, hier in der Teheraner Universität nach dem Freitagsgebet.

Wolfgang Schäuble hatte ein Problem mit diesen Diskussionen. Er dachte, er könnte es nur lösen, indem er mit der Familie Cordes darüber sprechen würde. »Ich habe gesagt, wir tun alles, um Ihren Mann und Vater zu retten. Das ist unsere Pflicht. Auch wenn es nicht unsere Pflicht ist, tun wir, was immer wir tun können. Aber ich werde Ihnen sagen, was wir nicht tun werden: Wir werden nicht austauschen! Wir lassen uns nicht erpressen.

Dann haben wir lange diskutiert mit dem Sohn, ob er klagen müsse vor dem Verfassungsgericht, um uns zu zwingen, wie seinerzeit der Schleyer-Sohn. Ich habe ihm gesagt, als Sohn müssen Sie das so sehen. Das ist ganz in Ordnung. Ich würde Ihnen aber raten, das jetzt nicht zu tun, weil es dann zu einer Eskalation kommen könnte. In der ersten Phase muß man ja noch gucken, daß die Entführer nicht nervös werden. Ich habe dem Sohn versprochen: wenn die Entscheidung sich zuspitzen würde, dann werde ich Ihnen das rechtzeitig sagen, damit Sie klagen können. Damit Sie Ihre Rechte wahrnehmen können. Aber ich sage Ihnen jetzt schon voraus, Sie werden nicht gewinnen. Aber Sie, als Sohn, sind es sich schuldig, im Ernstfall zu klagen.«

Im Mai traf auch der amerikanische Botschafter Richard Burt mit Kanzleramtsminister Schäuble zusammen. In der *New York Times* hieß es dazu, Burt habe in Bonn eine Botschaft übergeben, in der die USA einen Austausch Mohammed Hamadis gegen die im Libanon festgehaltenen Geiseln Cordes und Schmidt als nicht akzeptabel bezeichnet hätten. Auch eine schnelle Freilassung Hamadis werde abgelehnt. Richard Burts Botschaft sei gewesen: »Keine Geschäfte.« Ein Sprecher des State Department, Charles Redman, stellte ergänzend fest, die USA gingen davon aus, Hamadi würde wegen aller Verbrechen »nachdrücklich« gerichtlich belangt. Das könne auch in Deutschland geschehen. Die USA würden sich nicht dagegen wehren.

In Beiruter Hisbollahkreisen kursierten andere Versionen. Mohammed und Abbas Hamadi würden in Deutschland wegen des Sprengstofftransports vor Gericht gestellt und könnten nach der Verbüßung kurzer Freiheitsstrafen wieder heimkehren. Im Gegenzug würden beide Geiseln entlassen. Bonn dementierte.

In den Monaten Mai und Juni tauchten immer wieder Spekulationen, wirre Behauptungen und fragwürdige Statements in den Medien auf. Senator Robert Dole, der einflußreiche Minderheiten-Führer der Republikaner im Senat, forderte von Präsident Ronald Reagan, auf die Deutschen Druck auszuüben, damit Mohammed Hamadi in die USA ausgeliefert würde. Dole hellseherisch: »Es scheint, daß terroristische Erpressung in Bonn Erfolg hat.« Dole und sein Kollege D'Amato verlangten, den Fall Hamadi auf die Tagesordnung des bevorstehenden Weltwirtschaftsgipfels in Venedig zu setzen. Vizepräsident George Bush beruhigte sie: »Keiner von uns wird ruhen, bis Hamadi der Gerechtigkeit überantwortet ist.« Es gehe darum, »diesen Planeten vom internationalen Terrorismus zu säubern«.

Zwei Wochen vor Venedig reiste eine zehnköpfige amerikanische Justizdelegation nach Bonn, an ihrer Spitze Vize-Justizminister Stephan Trott und der Leiter der Rechtsabteilung des Außenministeriums, Abraham D. Sofaer. Die Gäste trafen mit Schäuble, Kinkel und Neusel zusammen. Sie drängten dabei auf eine rasche Entscheidung über das Auslieferungsersuchen. Die Bonner hielten dagegen, das Überprüfungsverfahren sei noch nicht abgeschlossen. US-Botschafter Burt erklärte, daß sich die Bundesregierung verpflichtet habe, Hamadi entweder auszuliefern oder ihn für die Entführung der TWA 847 und die Ermordung von Robert Stethem vor Gericht zu stellen.

Der republikanische Senator Arlen Specter aus Pennsylvania sprach beim Außenamts-Staatssekretär Jürgen Ruhfus vor und bezeichnete den Fall Hamadi als »ein großes innenpolitisches Problem« für Amerika. 65 US-Senatoren unterschrieben eine Resolution, in der sie die Übergabe von Mohammed Hamadi an die amerikanische Justiz forderten. Die Hamadis erkannten die Zeichen der Zeit und formulierten einen neuen Brief aus der Haft. Mohammed aus der JVA Preungesheim:

»Ich und mein Bruder Abbas sind bei guter Gesundheit und werden auch von den Deutschen gut behandelt. Daher wünschen wir, daß Schmidt und Cordes seitens der Entführer gut behandelt werden...

Wir verlangen zuerst die Freilassung der Deutschen. Wir haben große Chancen, nicht nach Amerika ausgeliefert zu werden. Wir wissen, daß die deutsche Justiz uns eine faire Gerichtsverhandlung macht... Wir bitten Euch, einen Austausch zwischen uns und Cordes und Schmidt nicht zu verlangen.«

Abbas fügte in der JVA Frankenthal hinzu: *»Alles hängt von der Freilassung von Cordes und Schmidt ab.«*

Zur Monatsmitte Juni kam Bewegung in die Affäre. Im Bundeskriminalamt Wiesbaden wurde Mohammed Hamadi Opfern seiner Flugzeugentführung gegenübergestellt und zweifelsfrei als Täter erkannt. Zwei Tage später tagte der Arbeitsstab Libanon, diesmal auf Ministerebene. Zu Gast Bundeskanzler Helmut Kohl und die Vorsitzenden der in der Parlamentarischen Kontrollkommission vertretenen Bundestagsfraktionen, also Alfred Dregger (CDU/CSU), Hans-Jochen Vogel (SPD) und Wolfgang Mischnick (FDP) sowie Theo Waigel von der CSU-Landesgruppe. Es ging um die Auslieferung.

In letzter Minute traf auch US-Justizminister Edwin Meese in Bonn ein, um »Fragen der Terrorismus-Bekämpfung« zu diskutieren. Sein deutscher Kollege Hans Engelhard und Innenminister Friedrich Zimmermann informierten Meese über die Bonner Position. Man dürfe das Leben der beiden Geiseln nicht gefährden, und man werde die Hamadis in Deutschland vor Gericht stellen. Einen Tag später, am 24. Juni, fiel die offizielle Entscheidung.

Völkerrechtsprofessor Rudolf Dolzer von der Universität Mannheim in der *Frankfurter Allgemeinen Zeitung*: »Deutschland unterliegt nicht einer Rechtspflicht zur Auslieferung des Libanesen Mohammed Ali Hamadi. Zwar hat die Bundesrepublik Deutschland 1978 mit den Vereinigten Staaten einen Auslieferungsvertrag geschlossen, welcher sich auch auf Straftaten innerhalb amerikanischer Luftfahrzeuge bezieht; einer solchen Tat wird Hamadi verdächtigt. Dennoch stellt es der Vertrag mit Washington den Organen der Bundesrepublik frei, Hamadi auszuliefern oder vor einem deutschen Gericht anzuklagen. Der Vertrag nimmt nämlich die Pflicht zur Auslieferung für den Fall zurück, daß die Bundesrepublik selbst einen Strafanspruch gegen die betroffene Person hat. Im Falle Hamadi ergibt sich ein solcher Anspruch daraus, daß das deutsche Strafrecht eine Verurteilung vor deutschen Gerichten speziell für Angriffe auf den Luftverkehr auch dann zuläßt, wenn die Tat im Ausland begangen wurde.«

Das war des Rätsels Lösung: Weltrechtsprinzip. Das Strafgesetzbuch bestimmt, daß deutsches Strafrecht »unabhängig vom Recht des Tatorts« gilt, wenn im Ausland begangene Taten »international geschützte Rechtsgüter« verletzt haben. Dazu zählt auch der »Angriff auf den Luftverkehr«.

Kanzleramtsminister Wolfgang Schäuble erläuterte der Bonner Presse, daß sich Mohammed Hamadi vor einem deutschen Gericht wegen der Flugzeugentführung und dem Mord an Robert Stethem verantworten müsse. Eine Entscheidung, die auch das Bundeskabinett gebilligt hatte. Schäuble wies darauf hin, daß dem jungen Hamadi eine lebenslange Freiheitsstrafe drohe, denn das von der amerikanischen Justiz vorgelegte Material sei »sehr schlüssig, beweiskräftig«.

Nun durften sich auch die Amerikaner erleichtert zeigen. Der Kelch war an ihnen vorübergegangen. Präsident Reagan wandte sich an die Mutter des toten Stethem: »Ich habe die persönliche Zusicherung von Kanzler Kohl, daß Gerechtigkeit obsiegen wird. Der Kanzler hat uns wissen lassen, daß es keinen Handel mit Hamadi geben und ihm keine Gnade gewährt wird.« Hamadi werde in Deutschland der gleichen Vergehen angeklagt, die ihm auch in den USA zur Last gelegt würden.

Nur New Yorks Senator D'Amato störte die wiedergefundene Harmonie: »Ich bin traurig, enttäuscht und erschreckt über die Entscheidung, Hamadi nicht in die USA auszuliefern.« Das sei »eine Kapitulation vor dem Terrorismus und ein Treuebruch des Bündnisses zwischen unseren beiden Ländern«.

Am 6. Juli wurde der Haftbefehl gegen Mohammed Hamadi um Luftpiraterie und Mord erweitert. Erstmals meldeten sich die Entführer der beiden Deutschen in der libanesischen Zeitung *An Nahar* zu Wort. Sie nannten sich »Mudschahedin für die Freiheit« und dankten der Bundesregierung für die »glückliche Entscheidung, Mohammed nicht an die USA auszuliefern«.

Wörtlich hieß es:

»Die deutsche Regierung und Bundeskanzler Helmut Kohl haben dem deutschen Volk eine schwere Kränkung und Demütigung erspart, indem sie den Kämpfer Mohammed Ali Hamadi nicht an die imperialistische amerikanische Regierung auslieferten. Sie haben begriffen, daß die politischen und Sicherheitsgegebenheiten einen solchen törichten Schluß nicht zulassen und daß alle politischen und militärischen Elemente und Faktoren in unseren Händen liegen und zu unseren Gunsten sprechen und daß wir weiterhin den Trumpf der Gewalt in der Hand haben, den wir jederzeit ausspielen können. Die deutschen Verantwortlichen verstehen sehr genau die Rolle und den Einfluß dieses Trumpfes. Aber die positive Initiative, Hamadi nicht an die Vereinigten Staaten auszuliefern, hat uns zur Veröffentlichung dieses Kommuniques veranlaßt, das wir als positiven Schritt im Sinne einer Gegenleistung für die Erfüllung einer unserer Bedingungen, nämlich der Nichtauslieferung, ansehen.«

Die Dunkelmänner boten ein Tauschgeschäft an: Eine Kassette mit einer der beiden Geiseln gegen ein Video vom Gefängnisalltag Mohammeds. Deutschland solle die »aktive Rolle Syriens« würdigen und sich für die zeitweise Abberufung seines Botschafters aus Damaskus entschuldigen.

Am 10. August übergab Scheich Fadlallahs Leibwächter Haj Hassan Azzadin dem Fahrer des deutschen Botschafters ein Schreiben, in dem anscheinend vor den Aktionen des Privatagenten Werner Mauss gewarnt wurde: »Es wird von Euch verlangt, Eurer Regierung auszurichten, daß alle Versuche, indirekte Verbindungen aufzunehmen, nichts nutzen werden. Auch die angebotenen großen Geldsummen als Gegenleistung für den Erhalt von Bildern der Geiseln ... werden nichts nutzen...«

Am 25. August traf ein vierminütiges Video beim Arbeitsstab Libanon ein. Siemens-Techniker Alfred Schmidt, mit Bart, kahlgeschoren und abgemagert, war darauf zu sehen, eine vorgefaßte Propagandaerklärung zu hören. Auszug:

»Guten Tag. Ich, Alfred Schmidt, bin sehr froh, daß ich heute, nach sechs Monaten Haft, die Gelegenheit habe, zu meiner Familie, meinen Freunden, meinen Landsleuten zu sprechen.

Zuerst mal herzliche Grüße an alle. Und beruhigend möchte ich erwähnen, daß ich mich bisher in einem guten körperlichen Zustand befinde. Die Behandlung seitens meiner Haftnehmer war bislang besser, als man annehmen möchte. (...) Auf meine Frage, warum man mir jetzt auch die Gelegenheit biete, diese Kassette zu besprechen, wurde mir geantwortet, daß es sich hierbei um eine positive Reaktion meiner Haftnehmer handeln würde auf die positive Entscheidung der Bundesregierung, Mohammed Ali Hamadi nicht der US-Regierung auszuliefern.

Ich kenne nicht die Situation von Mohammed Ali Hamadi. (...) Ich bin der Meinung, daß die westlichen Demokratien (...) versuchen (sollten), ihre Opponenten besser zu verstehen, statt sie zu bestrafen. (...) Wenn die westlichen Demokratien Gedanken und Gefühle anderer nicht berücksichtigen, müssen sie negative Konsequenzen in Kauf nehmen...

Leider liegen auch wir in Deutschland unter dem Einfluß der US-Außenpolitik. (...) Da sollte als kleines Beispiel Mohammed Ali Hamadi genannt werden, um die großen und starken Strömungen in der Nahostregion zu zeigen, die das Ziel haben, die Nahostpolitik der USA zu unterbinden. (...) Die Bundesregierung hat bisher diverse US-Außenpolitik-Handlungen verurteilt und sollte das auch weiterhin anstreben, wenn sie für Freiheit und Gerechtigkeit einsteht. Die Bundesregierung kann durch eine selbständige Politik die Beziehungen zu den Völkern in Nahost und ... den islamischen Bewegungen verbessern.

Zum Schluß möchten wir von der Bundesregierung etwas erbitten: Daß sie die Freilassung von Mohammed Ali Hamadi ernsthaft studiert, damit unsere dringende Freilassung ermöglicht wird und wir bald wieder bei unseren Familien in Deutschland sind.

Vielen Dank und auf Wiedersehen.«

Die Diplomatie startete zu den nächsten Einsätzen. In der letzten Augustwoche trafen sich Genscher und Laridschani (»Wir haben einen gewissen Einfluß, der manchmal wirkt und manchmal nicht.«) in Bonn, während Ministerialdirigent Heinz Fiedler nach Damaskus flog. Dort sprach er mit Außenminister Faruk Shara, seinem Vize Youssef Shakour, Premierminister Abdul Rauf al-Kassem und dem Präsidentenberater Gibran Khourieh. Auch die Regionalmacht Syrien versprach zu helfen.

Die Gerüchteküche brodelte. Immense Lösegeldsummen bis zur Höhe von 30 Millionen Mark wurden genannt, die Freilassung von einer oder gar zwei deutschen Geiseln nicht mehr ausgeschlossen. Gegenüber der *Münchner Abendzeitung* meldete sich sogar der in der Versenkung verschwundene Mittelsmann Raschid Mahroum, nunmehr unautorisiert, zu Wort: »Das Kapitel Cordes und Schmidt wird in spätestens zehn bis 15 Tagen beendet sein.«

Dann die neue Erklärung der Geiselnehmer vom 5. September 1987:

»Warme Grüße an die kämpfenden Brüder Abbas und Mohammed Hamadi, die bewiesen haben, daß Amerika jederzeit besiegt und gedemütigt werden kann. Friede des Herzens Dir, Heiliger Krieger (Mohammed Ali). Unsere Herzen sind bei Dir, oh Held. Wir werden Dich nicht vergessen. Wir beziehen Stärke und Standhaftigkeit aus Deinem unbeugsamen Willen, Ruhe in der Gewißheit, daß Deine Abwesenheit nicht lange währen wird.

Schritt auf Schritt schreiten wir auf einem Pfad voller Fallstricke und Minen und verschiedener anderer Schwierigkeiten voran zu einer angemessenen Lösung, die die Interessen aller Betroffenen garantiert. Nach einer soliden Kette von positiven Maßnahmen, die mittels eines langwierigen Kurses von Verhandlungen und verschiedenen anderen Methoden von Druck und Überredung erreicht wurden, begann eine Bewegung in der Geiselfrage. Diese positiven Maßnahmen wurden vom

Einschreiten jener gekrönt, die wir respektieren und hochachten, einschließlich von Offiziellen, die mit dem Wohlergehen von Moslems in der Welt befaßt sind, und Präsident Assad sowie einiger anderer Seiten. Ihre Vermittlung unterstrich die Notwendigkeit einer positiven Lösung und des Unterlassens jeglicher passiver Handlungen. Die Höhepunkte dieser positiven Maßnahmen sind:

1. Der Fortschritt hin zu einer Lösung der Angelegenheit von Mohammed Hamadi und seinem Bruder. Wir haben zuverlässige Zusagen, daß die Hamadi-Brüder innerhalb eines geeigneten Zeitrahmens freigelassen werden. Wir haben von Schlägen gegen deutsche Interessen und anderen negativen Aktionen bis jetzt Abstand genommen wegen dieser Zusagen und Versicherungen, daß er (Mohammed Hamadi) freikommen wird. Andernfalls wären solche Aktionen in unseren Karten gewesen.

2. Die Deutschen haben sich von der amerikanischen Politik distanziert. Wir haben unsere Einstellung in bezug auf Deutschland überdacht, nachdem wir einen echten Sinneswandel und das Abrücken von Amerika in internationalen Foren sowie sensitiven Weltangelegenheiten, besonders im Golf, gespürt haben. Wir ermutigen und unterstützen diesen Kurs. Amerika, Frankreich und Britannien haben ihre Hände mit dem Blut der Völker befleckt. Sie lassen keine Gelegenheit aus, überall Schaden anzurichten. Eine solche Handlungsweise liegt nicht im Interesse irgendeines europäischen Landes. Es ist dies keine Option, sich vor den verschiedenen Gefahren zu schützen. Die satanische Dreifaltigkeit (USA, Frankreich, Großbritannien) wird für ihre Dreistigkeit teuer bezahlen. Eine kritische Trennung findet statt. Auf der einen Seite stehen die USA, Frankreich und Britannien und die herrschenden Stämme, die sie in Hidschas (Saudi-Arabien) und Kuwait unterstützen. Auf der anderen Seite stehen die unabhängigen Staaten Europas, die sich in den Konflikt wegen ihrer weitsichtigen Abwägung der sich ergebenden Risiken und Gefahren nicht einmischen. Die Neutralität Deutschlands und des Rests dieser europäischen Staaten hat die Geisel-Angelegenheit in Bewegung gebracht.

3. Deutschlands vernünftige Haltung im Golfkrieg, die auf der Notwendigkeit von Anstrengungen basiert, ein Anfachen der Flammen zu verhindern, um eine gerechte Lösung zu erreichen. Seine neutralistischen Initiativen bezüglich einer Aussöhnung und der Verzicht auf Waffenlieferungen hatten einen positiven Einfluß auf uns. Wir würdigen diesen Kurs, entgegen dem anderer europäischer Staaten wie Frankreich.

Schließlich sind wir der Ansicht, daß Syrien eine wirksame Rolle bei der Beilegung dieser Angelegenheit spielen kann, weil es am Kampf gegen die USA beteiligt ist.

Wir erklären, daß wir eine deutsche Geisel innerhalb von zehn Tagen freilassen werden, falls die deutsche Regierung innerhalb dieser Frist das erfüllt, was unter der erzielten Abmachung verlangt ist. Wir erinnern daran, daß die Lösung dieser Angelegenheit in unseren Herzen liegt und Gegenleistung für die bekannten Bedingungen ist. Es ist unmöglich, dies auf anderen Wegen zu umgehen. Es sollte zur Kenntnis genommen werden, daß wir bis jetzt äußerste Zurückhaltung geübt und das Leben der Geiseln geschützt haben. Aber jeder Fehler führt zu einer wirklichen Katastrophe.

Heilige Krieger für Freiheit

Fußnote: Die Vermittlung Raschid Mahroums endete vor Monaten, nachdem er die Geisel-Angelegenheit für finanzielle Belange ausgenutzt hat. Es gibt keinen Kontakt zu ihm, und seine jüngsten Erklärungen sind reine Erfindungen.«

10 Unternehmen Glory

Lieber Freund!

Die Freilassung von Herrn Alfred Schmidt, die ohne Ihre Unterstützung nicht möglich gewesen wäre, ist in der deutschen Öffentlichkeit mit großer Erleichterung aufgenommen worden. Ihr Einsatz für den glücklichen Ausgang dieses Entführungsfalles wird Syrien nach meiner festen Überzeugung viele Sympathien in der Bundesrepublik Deutschland eintragen. Ich möchte Ihnen heute persönlich sehr herzlich dafür danken, daß Sie meine Bitten um Unterstützung bereitwillig aufgegriffen und sich so nachdrücklich dieser schwierigen Angelegenheit angenommen haben. Ich betrachte dies als ein erneutes Zeichen der besonderen persönlichen Wertschätzung und Freundschaft. Ich würde mich freuen, wenn es Ihren Bemühungen auch gelingen würde, den Fall der zweiten deutschen Geisel in absehbarer Zukunft zu einem guten Ende zu bringen.

Der bayerische Ministerpräsident Franz Josef Strauß
an den syrischen Vizepräsidenten General Mustafa Tlass,
9. September 1987

Der erste Höhepunkt der BND-Operation »Return« begann am 6. September 1987, genau um 20.45 Uhr. General Hassan Sulaiman, der eigentlich Hassan al-Khalil heißt, bestellte den Residenten des BND, Klaus Blome, zu sich. General Hassan ist klein an Wuchs und groß in der Abschreckung. Der graumelierte glühende Gefolgsmann von Hafis al-Assad war in leitender Funktion dabei, als Anfang 1982 in der syrischen Provinzstadt Hama ein Aufstand der islamistischen Opposition niedergeschlagen wurde. Syrische Truppen traten gegen ihre Landsleute an, als ob es sich um fremde Invasoren handeln würde. Mit Artillerie und Raketen wurde der fromme Widerstand gebrochen. 30 000 Menschen starben, unter ihnen 6000 Regierungssoldaten.

Fünf Jahre später war der »Schlächter von Hama« einer der Chefs des Allgemeinen Nachrichtendienstes der syrischen Republik und Partner des BND. PD heißt das im Sprachgebrauch der Geheimen, Partnerdienst. Alle PD's haben einen Decknamen, und die eher sinistren Syrer bekamen den freundlich klingenden Namen »Silberfuchs«.

Nach Fürsprache seines Sympathisanten Franz Josef Strauß und dessen Nahost-Experten Dieter Holzer hatte Syriens Staatspräsident Assad die Errichtung einer legalen Residentur des BND genehmigt, und der eigentlich für den Posten in Bagdad bestimmte Blome war im Juni nach Damaskus umgeleitet worden. Die neue Filiale des BND bekam das Kürzel FA 94.

Ihre Anlaufphase begann am 15. Juni 1987. Bis zum 6. September gab es pausenlos Ärger mit den Diplomaten, allen voran der gleichfalls frisch bestallte Botschafter Hermann Schlingensiepen. Doch das ist keine Damaszener Eigenheit. Das Konkurrenzdenken zwischen den Pullachern und den Bonnern gilt als Regelfall. So versteht man auch Blomes Hilferuf an die für ihn zuständige Führungsstelle 16A: »Keine Einladung, keine Besprechung, keine Beteiligung bei der Berichterstattung der Botschaft.«

Die Bemühungen um Alfred Schmidt fielen in die Anwärmzeit des großgewachsenen, gut aussehenden Blome. Da hatte aber der Botschafter in den ersten Wochen die Nase vorne. Am 28. August meldete er an den Arbeitsstab des Auswärtigen Amtes: »Gerüchte verdichten sich, daß Freilassung Cordes auf

Veranlassung iranischer Regierung bevorstehen soll. Siemens hat durch Ankündigung zur Zahlung von Geldern Geisel Schmidt zum Handelsobjekt gemacht.« Am selben Tag befand sich der Nahostbeauftragte des AA, Heinz Fiedler, zu Geiselgesprächen bei der syrischen Führung.

Drei Tage später zog die Achse BND-PD Silberfuchs nach. Resident Blome kabelte dringend an 16A: »Erbitte Mitteilung über Verfahrensweise der Geiselübergabe, da PD Geisel nicht an Botschafter, sondern an BND übergeben will. Ich schlage Übergabe an Präsidenten oder Vertreter und Transport nach Deutschland mit Dienstflugzeug vor.«

Die Anweisung von Blomes Vorgesetztem Karl Hagemann (»Verschlußsache – Nur für den Dienstgebrauch«) entsprach dem Regelfall: »An Botschafter keine Mitteilung über Ihnen bekannten Sachverhalt (da Mehrfachberichterstattung verschiedener Stellen vermieden werden muß). PD benachrichtigen, daß BND exklusive Unterrichtung erbittet, zur Abholung der Entführten zu jeder Zeit an jedem geeigneten Ort bereit ist.« Die Heimkehr von Alfred Schmidt wurde nun von der »Operation Return« abgetrennt und bekam den Decknamen »Unternehmen Glory«.

Jetzt war es also soweit. Der BND-Mann eilte zu seinem Partner. General Hassan Sulaiman kündigte die Freilassung einer deutschen Geisel für den nächsten Tag an. Den Namen vermochte er nicht zu nennen. Blome triumphierend: »Geisel wird an mich übergeben. Für zweite Geisel ist noch eine Lösung zu suchen.« Der General bedauerte, daß es nur zu »einer halben Gratulation« reichen würde; er war bester Laune. Die Entlassung des ersten Deutschen sei ein positiver Ansatz zur Lösung des Gesamtproblems. Auf Blomes Artigkeit, man würde General Hassan gerne mal etwas Gutes tun, meinte dieser jovial: »Nehmen Sie einen von uns, und lassen ihn dann wieder frei!« Gemeinsames Lachen verbindet auch die Vertreter sehr unterschiedlicher Geheimdienste.

Der Apparat des BND lief etwas schwerfällig an. Das Referat in Deutschland antwortete erst nach mehreren Stunden: »Keine Benachrichtigung des Botschafters, Übernahme der Geisel vom PD. Abholung wird nach Bestätigung der Übernahme vorbereitet.« So sah es auch der zuständige Unterabteilungsleiter 16, Heinrich Hellmann. Er mißtraute den Syrern und ihren Voraussagen. Erst wenn die Geisel in deutscher Hand sei (Zitat Hellmann: »Eine Überstellung der Geisel an den Botschafter kommt nur als letzter Ausweg in Betracht.«), dann werde man ein Flugzeug schicken. Seit zwei Wochen, so der Führungsmann, herrsche jeden Tag Euphorie über eine unmittelbar bevorstehende oder erfolgte Freilassung, und immer sei es eine Fehlanzeige gewesen.

Trotzdem laufen in München und Bonn Vorbereitungen an. Die zuständigen Behörden sowie die Firma Siemens prüfen die Zusammensetzung ihrer Delegation. Als die Syrer am Morgen erfahren, daß man ihrer Prognose mißtraut, sind sie sehr erstaunt. General Hassan läßt über seinen Dolmetscher Ali um 9.15 Uhr lapidar mitteilen: »Der Deutsche befindet sich seit fünf Uhr in unserem Gewahrsam und kann sofort abgeholt werden.«

Nun läuft die Maschinerie augenblicklich schneller. Eine Stunde später genehmigt Hellmann die Unterrichtung des deutschen Botschafters. Das wäre ohnehin nicht zu vermeiden gewesen, weil es auch im Interesse des syrischen Außenministeriums lag, Pluspunkte in Bonn zu sammeln. Pullach übermittelt die technischen Daten der Delegation und ihrer Maschine.

Der weitere Ablauf in der Botschaft zeigt beispielhaft das innerbehördliche Konkurrenzdenken. Während Schlingensiepen fieberhaft und hektisch versucht, vom syrischen Außenminister den letzten Stand der Freilassung und die Übergabemodalitäten zu erfahren, sitzt Blome bereits längere Zeit in seinem Vorzimmer und wird nicht vorgelassen. Der BND-Resident möchte den Botschafter über die längst erfolgte Freilassung der Geisel und die anstehende Übergabe durch den Partnerdienst informieren.

Währenddessen wartet der Verbindungsmann des syrischen Geheimdienstes, Ali, vor der Botschaft vergeblich auf die Deutschen. Nach langen Minuten verläßt Schlingensiepen mit zufriedener Miene sein Arbeitszimmer: »Ich fahre jetzt zum Außenministerium, um die Geisel abzuholen.« Blome stoppt ihn auf dem Flur und berichtigt die falsche Information.

Schlingensiepen und Blome begeben sich dann gemeinsam in das Büro von General Hisham, einem anderen Abteilungsleiter des syrischen Dienstes, wo zu ihrer Überraschung Alfred Schmidt wartet. Man hatte rein gefühlsmäßig an Cordes gedacht. Zu dritt fahren sie, nachdem genügend Freundlichkeiten mit den Syrern ausgetauscht worden waren, in die Residenz des Botschafters. Schlingensiepen telefoniert mit seinen Vorgesetzten und besucht rasch das Außenministerium, während der BND-Mann mit dem Siemens-Techniker unter vier Augen spricht.

Damit ist Klaus Blome nicht zufrieden. Er hätte lieber zusammen mit dem Botschafter die offiziellen Kontakte wahrgenommen. Auch in jenen aufregenden Stunden nach Alfred Schmidts Freilassung wird das Wort Kooperation denkbar klein geschrieben. Blome beschwerte sich im nachhinein: »Ich wurde zu keinem Zeitpunkt zu einem Gespräch hinzugezogen oder über vom Botschafter veranlaßte Maßnahmen orientiert. Dies stellt keine Ausnahme dar, sondern ist für mich bereits zur Alltäglichkeit geworden. Die Arbeit der Residentur läuft parallel zur Arbeit des Botschafters und umgekehrt. Absprachen oder Konsultationen finden nicht statt.«

In der heißen Mittagshitze von Damaskus schwärmen deutsche Journalisten in alle Himmelsrichtungen aus und suchen den freigelassenen Alfred Schmidt. Die Nachricht ist durch, aber keiner weiß, wo der Mann steckt. Die meisten von ihnen sind ortsfremd und kennen nur die Botschaft, aber nicht den Wohnsitz von Genschers Mann in Syrien im Viertel Mezze, unweit der Schnellstraße nach Beirut. Als sie dort am späteren Nachmittag eintreffen, ist es bereits zu spät.

7. September 1987: Beim syrischen Geheimdienst in Damaskus wird Alfred Schmidt (l.) den Deutschen übergeben. Neben Schmidt BND-Resident Klaus Blome, Botschafter Hermann Schlingensiepen, der syrische General Hassan Sulaiman sowie zwei seiner Mitarbeiter.

Zwei *QUICK*-Reportern, die Syrien als Heimspiel erleben, gelingt es, von Botschafter Schlingensiepen und seiner Ehefrau Alexandra exklusiv vorgelassen zu werden. Sie sprechen drei Stunden mit dem auf seinen Heimflug wartenden, grau gewordenen Mann im weißen Safari-Anzug des syrischen Geheimdienstes. Beginn der Titelgeschichte der Illustrierten vom 16. September 1987: »Sie standen sich beim Abschied gegenüber, schauten sich in die Augen. Ein letzter Handschlag: ›Viel Glück!‹ Der eine durfte gehen, war frei. Der andere mußte bleiben, gefangen in Beirut. Monatelang waren beide Männer zusammen, hatten sich gegenseitig geholfen, Mut gemacht. Jetzt wurde Alfred Schmidt aus der Geiselhaft entlassen: eine Figur im Schachspiel des internationalen Terrorismus.

›Das Ende kam für mich absolut überraschend. Ich hatte nur noch einen Moment Zeit zum Händeschütteln mit Rudolf. Dann ging es – zack, zack – raus. Ehe ich wußte, was los war, war ich auch schon frei.‹

Genußvoll zieht Ingenieur Alfred Schmidt, 47, an seiner Zigarette, gießt sich noch eine Tasse Kaffee ein (›der erste richtige Kaffee nach siebeneinhalb Monaten‹). Alfred Schmidt ist in Sicherheit, sitzt im Garten der Residenz des deutschen Botschafters in Damaskus den *QUICK*-Reportern gegenüber. Erst jetzt erfährt er von den dramatischen Ereignissen seit Jahresbeginn, in deren Mittelpunkt er – ungewollt und unwissentlich – geraten war.«

Der Mann mit Wurzeln in Berlin und Portugal berichtet von seiner Entführung durch den Hisbollah- und Hamadi-Tarntrupp »Heilige Krieger für die Freiheit«, von der Übergabe an den syrischen Geheimdienst nach 230 Tagen der Ungewißheit. In der Nacht zuvor war der gefesselte Schmidt unweit des Beiruter Hotels »Beau Rivage« mit verbundenen Augen von einem Auto in das andere gezogen worden. In rasanter Fahrt brachten die syrischen Agenten den Deutschen nach Damaskus.

Im Garten der Schlingensiepens erholt sich Schmidt zusehends. Er genießt es, sich freizureden, erzählen zu können. »Ich habe die ganze Zeit nicht gewußt, was in der Welt passierte«, sagt Schmidt. »Rudolf Cordes und ich bekamen keine Zeitungen; wir durften kein Radio hören, im Fernsehen keine Nachrichten sehen. Nur ein einziges Mal bekam ich eine Zeitung mit einem Bild von mir zu Gesicht. Die Zusammenhänge, warum wir entführt wurden und vor allem die Verhandlungen für unsere Freilassung, bekamen wir von unseren Bewachern nie mitgeteilt. Den Fall Hamadi kannten wir nicht.«

Alfred Schmidt spricht gelassen. Er wirkt gesund. Die Strapazen und Qualen der Geiselhaft sind ihm nicht anzumerken. Der Siemens-Techniker hat an Gewicht verloren, »den Bierbauch losbekommen«. Daran war vor allem die ungewohnte Ernährung schuld. Die Libanesen gaben ihren Gefangenen sehr häufig nur das landesübliche Fladenbrot und Joghurt. Bis sich die Deutschen darauf eingestellt hatten, wurde sogar darüber diskutiert, ob die Kartoffelchips warm oder kalt serviert werden sollten. Die Geiseln bevorzugten sie als warme Mahlzeit. »In der ersten Zeit war das Essen meistens nicht nach unserem Geschmack. Es gab ganz schlimme Sandwiches. Deshalb haben wir schließlich erreicht, daß wir selbst kochen durften.« Es kam alles auf den Tisch, was die Küche der östlichen Levante so zu bieten hat; manchmal Fleisch, Huhn oder auch Fisch. Dazu viel Gemüse und Salat. Pro Tag wurden zehn Zigaretten zugeteilt. Wenn die Verpflegung fleischarm war, erklärten die Entführer es damit, daß Fleisch teuer sei und die deutsche Regierung dafür kein Geld schicke.

Ein erstaunlich gelassen wirkender Alfred Schmidt genießt im Garten des Botschafters Schlingensiepen eine Zigarette.

Schmidt erinnert sich: »In der ersten Zeit unserer Gefangenschaft wurden wir ständig in neue Quartiere gebracht. Erst in den letzten Wochen wurde es ruhiger. Es waren reguläre Wohnungen, in denen wir gefangengehalten wurden. Vorsichtshalber hatten unsere Bewacher immer die Fenster vernagelt und abgedichtet. Es kam kein

Tageslicht rein. An manchen Tagen wurden wir angekettet. Eine Maßnahme, die uns niemand begründete.«

Cordes und Schmidt durften sich in den ersten fünf Verstecken innerhalb ihres Raumes frei bewegen. Am sechsten Ort mußten sie stets in einer Ecke bleiben, wurden dann auch an den Füßen zusammengekettet. Nach der nächsten Verlegung kettete man sie zusätzlich an eine Wand.

Schmidt legt seine Stirn in Falten, als er darüber nachdenkt: »Quälen wollten die uns sicher nicht. Sie haben uns nie mißhandelt oder beschimpft. Mit einigen unserer Bewacher entstand sogar ein beinahe freundschaftliches Verhältnis.« Man sprach Englisch mit arabischen Brocken, ergänzte die Sätze durch Gesten. Ein freundliches Verhältnis, meinte er wohl, da Freundschaften nicht so richtig gedeihen, wenn die eine Seite stets vermummt ist (»sie trugen so einen Sack über dem Kopf mit Augenlöchern«) und bedrohliche Waffen trägt.

Später sollte er sich an einen der Bewacher en detail erinnern. Sie nannten ihn den »Friseur«, weil er den beiden Deutschen regelmäßig die Haare schnitt. Im Gegensatz zu seinen Komplizen vermummte er sich nicht: Es war Salah Ghosn, ein Bruder der Hisbollah-Kämpfer Hassan und Hussein Ghosn.

Ein Punkt erscheint Alfred Schmidt sehr wichtig: »Wir merkten rasch, daß diese Leute keine negativen Gefühle uns gegenüber hegten. Wir waren für sie nur Tauschobjekte, keine Feinde. Auch bei uns stellten sich keine Haßgefühle ein. Wenn Sie diese Leute hassen, dann machen Sie sich verrückt. Und das konnten wir am allerwenigsten brauchen.«

Die Situation war schwierig genug. »Sie ahnen nicht, wie streßig das sein kann, wenn man vierundzwanzig Stunden lang mit demselben Mann auf engstem Raum leben muß. Da lernt man sich in jeder Weise kennen.« Schmidt dachte an die Depressionen, den großen Tablettenkonsum seines Mitgefangenen, die Selbstmordgefahr. Er deutete es nur an. Ein weiteres Problem für sie: die große Hitze, vor allem in den Sommermonaten. Die abgedichteten Fenster ließen nie Frischluft in das Zimmer. Im Winter durften sich die beiden Deutschen alle vier Tage duschen, im Sommer jeden zweiten Tag. »Wir lebten in den Tag hinein«, berichtet Schmidt. »Wir hatten anfangs die Hoffnung, daß die Zeit der Gefangenschaft nur zwei oder drei Wochen dauern würde. Daran haben wir uns hochgezogen. Wir meinten, es wäre ein Zustand, der sich rasch ändern müßte. Schließlich würde man doch alles unternehmen, um uns herauszuholen. Wir würden doch nicht vergessen werden. Und dann, als es länger dauerte, haben wir die Situation nicht mehr jeden Tag überdacht. Warum sollten wir uns gegenseitig belasten?«

Es entstand »eine gewisse Routine«. Die wurde vor allem dann unterbrochen, wenn die Terroristen Essen brachten oder auch mal einen Film aus der Videothek abspielten. »Das waren so billige Streifen. Kung Fu, Kriegsfilme und auch mal Komödien. In englischer Sprache, damit wir sie auch verstehen konnten.«

Hat er nun die Nase voll vom Nahen Osten und seinen Gefahren? Er lächelt und denkt kurz nach. »Ich habe hier in vielen Ländern gearbeitet, viele Jahre lang, genau seit 1971. In den letzten drei Jahren lebte ich in Damaskus. Wenn meine Firma es will, dann kehre ich morgen wieder hierher zurück.«

Zuerst wollte ihn Siemens aber aus Syrien zurückhaben. Um 18.30 Uhr landete eine zweistrahlige Bundeswehr-»Challenger«-Cl, Rufzeichen 12-05, mit zehn Personen an Bord, unter ihnen Staatssekretär Hans Neusel aus dem Bundesinnenministerium, Hans-Christian Ueberschaer vom Kanzleramt, Heinrich Hellmann sowie Karl Hagemann vom BND, Kriminaloberrat Peter Krömer vom BKA und Hermann Matzkeit von Siemens. Die Militär-Maschine kam später als geplant, weil sie durch die morgendliche Ankunft des Staatsgastes Erich Honecker Zeit verloren hatte und neutrale Länder umfliegen mußte.

Die Übergabe dauerte eine knappe halbe Stunde und fand im VIP-Raum des Flughafens von Damaskus statt. »Herr Schmidt«, rief der Bonner Vize-Innenminister Neusel spontan, »herzlich willkommen in der Freiheit!« Die Deutschen dankten General Hassan vom PD Silberfuchs, der im eleganten hellen Sommeranzug, mit weißem Hemd, gestreifter Krawatte und braunem Täschchen etwas verloren in ihrer Mitte stand. Sie hatten es sehr eilig, wieder wegzukommen. »Unternehmen Glory« war in seine letzte Phase getreten.

Übergabe der ehemaligen Geisel an die aus Bonn herbeigeeilte Delegation im VIP-Raum des Flughafens von Damaskus (v.l.): Siemens-Direktor Hermann Matzkeit, Alfred Schmidt, Botschafter Hermann Schlingensiepen, General Hassan Sulaiman vom syrischen Geheimdienst, BND-Unterabteilungsleiter 16 Heinrich Hellmann sowie Hans Neusel, Staatssekretär im Bundesinnenministerium.

Nach der Landung auf dem Flughafen Köln-Wahn brachte ein Hubschrauber des Bundesgrenzschutzes die Ex-Geisel in ein BGS-Quartier nach Hangelar. Delegationsleiter Neusel lieh ihm seinen Schlafanzug. Am nächsten Mittag begannen die Befragungen durch BND und BKA. Drei Siemens-Angestellte gingen für Schmidt Kleidung einkaufen. Am Nachmittag durften ihn die Ärzte untersuchen. Sie bescheinigten ihm eine stabile Gesundheit. Der nächste Helikopter kam gegen 19 Uhr und brachte Schmidt zu einer startbereiten Chartermaschine. Ihr Reiseziel war Zürich.

Inzwischen hatten die Beiruter Medien Erklärungen der Entführer abgedruckt:

»Wir danken Regierungsvertretern in Syrien, denen die islamische Sache in der Welt am Herzen liegt und die mithalfen, diese Lösung herbeizuführen und zu garantieren. Sie spielten eine Rolle bei diesen positiven Ergebnissen.«

Noch verschlüsselter das zweite Statement:

»Die deutschen Behörden werden an ihre Verantwortung für die Garantien und Verpflichtungen erinnert, die sie einigen anderen Ländern gegeben haben, um den vereinbarten Zeitplan einzuhalten, so daß diese positive Entwicklung weitergehen wird. Wir rufen in Erinnerung, daß dieses Problem zu heikel ist, daß Täuschungsmanöver unmöglich sind. Deutschland sieht sich nun in internationalen Problemen und gegenüber Organisationen verpflichtet, und jeder Wortbruch wird schlimme Konsequenzen haben.«

Welche Versprechen, welcher vereinbarte Zeitplan, welche Konsequenzen? Niemand, weder in Deutschland noch in Syrien, mochte darauf antworten, keine Regierungs- und keine Firmenvertreter.

Ein Sprecher von Siemens dementierte sofort das in den Medien verbreitete Gerücht, für die Freilassung von Alfred Schmidt sei ein Lösegeld von fünf Millionen Mark übergeben worden. Volker Prechtel von der Bundesanwaltschaft und der für Mohammed Hamadi zuständige Staatssekretär im hessischen Justizministerium, Volker Bouffier, wiesen die möglicherweise bevorstehende Freilassung der Hamadi-Brüder entschieden zurück.

Siemens hat die Frage nach dem Lösegeld für Alfred Schmidt bis heute nicht beantwortet.

Im Dezember 1995 berichtete das *Schweizer Fernsehen* über Verwicklungen von Siemens in Spanien. Im Rahmen dieser Recherchen wurde bekannt, daß der Schweizer Siemens-Anwalt Ulrich Kohli hohe Summen verwaltete, die unter anderem zur Abwicklung der Geiselaffäre Alfred Schmidt und ähnlicher Probleme in Kolumbien bestimmt waren. Dem hat Siemens nicht widersprochen.

Der Ex-Verwaltungsrichter und nebenberufliche Thriller-Autor Kohli schrieb in einem Brief:

»Weltkonzerne wie Siemens sind oft von Terrorakten bedroht. Siemens hat über 250000 Leute im Ausland, für deren Sicherheit die Firma verantwortlich ist. Geiselnahmen, Lösegeld- und Schutzgelderpressungen sind Stichworte ... Das Entführungs-Business in Südamerika ist Legende ... Die Sicherheit kostet die Unternehmen enorme Summen. Maßnahmen, die dem Schutz der in Südamerika, im Nahen Osten, in Rußland etc. im Einsatz stehenden Arbeitskräfte dienen, haben absolut diskret zu erfolgen ... Der ganze Bereich ist höchst sensibel, Indiskretionen können Leben gefährden. Siemens mußte in der Vergangenheit im Libanon einen entführten Manager auslösen...«

Nach dem Ende von Unternehmen Glory kehrte auch im BND der Alltag zurück. Resident Klaus Blome spannte ein letztes Blatt Papier ein und tippte die Schlußbemerkung zum Bericht über Alfred Schmidt:

»Es bleibt festzustellen, daß die geglückte Geiselbefreiung einzig das Verdienst des syrischen PD ist; mögen auch Botschafter und AA hierzu eine differenziertere Meinung haben. Alle Infos des syrischen Außenministeriums, die an den Botschafter weitergegeben wurden, stammten ausschließlich vom PD. Wir sollten dies bei entsprechender Gelegenheit und bei Bedarf dem AA ruhig zur Kenntnis geben...

Für die nunmehr in Angriff zu nehmende Befreiung der zweiten Geisel empfehle ich noch engere Bindung und Kooperation mit PD, zumal bei parallellaufender und selbständiger Arbeit der Botschaft einiges aus dem Ruder laufen kann. Hierzu bitte ich um entsprechendes Schreiben an PD-Chef. Mit AA sollte zur Vermeidung einer Wiederholung jetzt gemachter Fehler eindeutig klargestellt werden, daß alle Aktionen in der Geiselfrage Sache der Nachrichtendienste seien und Botschafter ständig auf die Erkenntnisse durch Kooperation mit ›seinem Beauftragten‹ zurückgreifen kann. Ansonsten befürchte ich im Fall Cordes noch schlimmere Erfahrungen als diesmal.«

Exzellenz,

soeben von einer längeren Auslandsdienstreise zurückgekehrt, beeile ich mich, Ihnen und den beteiligten Offizieren des Militärischen Nachrichtendienstes der Syrischen Streitkräfte meinen herzlichen Dank dafür auszusprechen, daß es mit Hilfe Ihrer Bemühungen gelungen ist, die Freilassung eines der beiden entführten Deutschen, Herrn Alfred Schmidt, zu erwirken.

Ich werde stets in Erinnerung behalten, daß Sie, Exzellenz, sich von Anfang an mit allen Kräften für eine baldige und für die Entführten möglichst ungefährliche Lösung eingesetzt haben, so daß nunmehr dieser erste Erfolg erzielt werden konnte.

Ich vertraue darauf, daß Ihre Bemühungen in Kürze durch die Freilassung auch des zweiten Entführten, Herrn Rudolf Cordes, gekrönt werden, und bitte Sie, in dieser Richtung weiterhin Ihren großen Einfluß geltend zu machen.

Ich hoffe, daß es Ihnen möglich sein wird, Ihren schon länger geplanten Besuch in der Bundesrepublik Deutschland bald zu verwirklichen, und es würde mich freuen, Sie dann beim Bundesnachrichtendienst wiederum begrüßen zu können.

Für Ihre Tätigkeit und für Ihr persönliches Wohlergehen wünsche ich Ihnen weiterhin alles Gute.

BND-Präsident Hans-Georg Wieck
an Generalmajor Ali Duba,
Direktor des syrischen Allgemeinen Nachrichtendienstes,
am 22. September 1987

11 Freundeskreis Franz Josef Strauß

Schmidt wurde in Damaskus/Syrien der Bundesregierung übergeben. Die syrische Regierung wertete die Befreiung als ihren Erfolg, obwohl sie nachweislich nichts dazu beigetragen hatte. Inzwischen gelang es uns, Quellen in der iranischen Botschaft in Beirut, Genf und in der Entführergruppe, besonders jedoch bei den Bewachern von Cordes und in dem damals wichtigen Familienkreis des in Frankfurt einsitzenden Hamadi aufzubauen.

Werner Mauss an seine Auftraggeber

Der Erfolg hat viele Väter. Nach der Freilassung von Siemens-Techniker Alfred Schmidt war die Schar der Väter unüberschaubar. Beinahe jeder berauschte sich an dem Sieg. Manche nahmen das Ergebnis wider besseres Wissen für sich in Anspruch, andere äußerten sich jeden Tag geheimnisvoller und erweckten bewußt den Eindruck, sie hätten Schmidt befreit. Monatelang beglückwünschte jeder jeden, und die meisten stolzierten wie Pfauen herum. Alle lauerten sie auf die Freilassung von Rudolf Cordes, um den eigenen Erfolg noch zu mehren. Doch dieser ließ auf sich warten.

Beim BND beispielsweise übte man sich in Planspielen, um für den nächsten Ernstfall schneller und noch zielgenauer zu sein. Der bei Schmidts Freilassung zu kurz gekommene Resident Klaus Blome entwickelte ein Szenario für die Rückkehr von Cordes: »Zuständig und verantwortlich für die Kooperation mit dem syrischen Nachrichtendienst ist nur der Resident BND, der den Botschafter über alle Aktionen, Maßnahmen und Erkenntnisse des PD in der Geiselfrage umfassend in Kenntnis setzt. Dies schließt selbstverständlich bisherige übliche Botschafter-Kontakte zu Regierungsstellen nicht aus.«

Sinnvoll sei ausschließlich die Übergabe der Geisel durch den Partnerdienst Silberfuchs an den BND-Mann. Erst dann werde die Geisel an den Botschafter »weitergeleitet«. Im Falle Schmidt sei es so gewesen: »PD wollte Geisel an mich übergeben, und syrisches Außenministerium wollte sie an Botschafter übergeben. Schließlich fuhren wir beide zu PD und übernahmen die Geisel.«

Aber heimlich und leise war bereits ein dritter Kanal entstanden, die Schiene Franz Josef Strauß – Damaskus. Die traditionellen Spieler Botschaft und BND wußten von den guten Beziehungen des barocken Bayernfürsten zur syrischen Führung, speziell zu Präsident Hafis al-Assad, zu seinem Vize und Verteidigungsminister Mustafa Tlass, zum skrupellosen Chef des Allgemeinen Geheimdienstes Ali Duba und zum mächtigen Kopf des Luftwaffen-Geheimdienstes, Mohammed el-Khouli, einem regen Förderer des internationalen Terrorismus.

Die Syrer hatten den starken Mann aus München immer bewundert und gerne eingeladen, insgesamt fünf- oder sechsmal. So kam es, daß er ihnen problemlos die Erlaubnis zur Einrichtung der offiziellen BND-Residentur entlockte.

Die »Geheimwaffe« des CSU-Chefs und Kohl-Rivalen hieß Dieter Holzer. Der glühende Strauß-Verehrer – ein erfolgreicher und sehr eleganter Handelsmann – stammt aus Quierschied, einer ehemaligen Bergbaugemeinde, 13 Kilometer von Saarbrücken entfernt. Dort, in der Holzer-Villa, an der Holzer-Straße, im Holzer-Wald, lebt der Holzer-Clan, der seit 1949 »aus der untersten sozialen Schicht kometenhaft aufgestiegen« (*Stern*) ist. Vater Claus bekam damals die Erlaubnis, alle im seinerzeit autonomen Saarland anfallenden Tierkörper konkurrenzlos zu beseitigen und zu verwerten. Stets von der Landesregierung mit öffentlichen Mitteln gefördert, expandierten die Holzers mehr und mehr. Es gelang ihnen auch, die Partner von der öffentlichen Hand über den Tisch zu ziehen. In einem *Stern*-Artikel über die Holzers hieß es 1983: »Die Gewinne aus der Tierkörperbeseitigung darf er kommentarlos einstreichen, fallen aber nachweislich Verluste an, ist der Staat verpflichtet zu zahlen.«

Aus der schlichten Abdeckerei entstanden 1970 die »Chemiewerke Claus Holzer GmbH & Co. KG«, dann die »Claho-Holzer & Co. GmbH«, die »Saarländische Fettschmelze GmbH« und so weiter. Die pfiffigen Unternehmer aus dem »Marmor-Palast« von Quierschied, so der Volksmund, gründeten eine Firma nach der anderen und expandierten nach Österreich, Frankreich und in die Golfstaaten.

In den achtziger Jahren sorgten die Holzers für Skandale. Da ging es um undurchsichtigen Umgang mit Staatsgeldern und um fehlende Steuermoral. Ein Fall für die Staatsanwaltschaft. Da dies von der Hamadi-Affäre und Franz Josef Strauß wegführt, zurück zu Dieter Holzer, einem der beiden Söhne von Firmengründer Claus. Der Sympathisant des Christlich-Sozialen im fernen Bayern heiratete Soad, die Cousine des späteren libanesischen Präsidenten Amin Gemayel. Eine Brücke war entstanden zur Christen-Partei Falange des mächtigen Gemayel-Clans. Bald darauf durfte sich Holzer als libanesischer Honorarkonsul für den Südwesten der Bundesrepublik akkreditieren lassen. Dies brachte ihm viele Kontakte in Beirut und bei der Schutzmacht Syrien, was wiederum seinem Freund in der Münchner Staatskanzlei nutzte.

Unmittelbar nach der Freilassung von Alfred Schmidt wurde Franz Josef Strauß von der Illustrierten *Bunte* zu seiner Rolle bei den Bemühungen um die beiden Geiseln befragt. Freimütig erzählte er von seinen Gesprächen mit der syrischen Regierung und von einem »Verbindungsmann, den ich nicht nennen kann«. Frage der *Bunten*: »Sind Sie vorher von der Freilassung Schmidts informiert worden?«

Antwort von Strauß: »Ja, selbstverständlich. Am Samstag, dem 5. September, wurde ich abends durch den Vertrauensmann benachrichtigt, die Freilassung von Schmidt würde in Kürze erfolgen. Wörtlich wurde gesagt: ›Man läßt Ihnen mitteilen, daß dies eine besondere Bemühung des Präsidenten sei für seinen Freund Strauß.‹ Am Nachmittag des 7. September hat mich dann General Tlass in meiner Wohnung angerufen und mir mitgeteilt, daß in der Früh' die erste Geisel, der Techniker Alfred Schmidt, übergeben worden sei und daß sie sofort dem deutschen Botschafter ausgeliefert wurde. Außerdem ließ mir Präsident Assad in diesem Telefonat mitteilen, daß er seine Bemühungen auch wegen der anderen Geisel, des Hoechst-Managers Rudolf Cordes, fortsetzen werde.«

FJS wollte nichts dem Zufall überlassen und schickte Dieter Holzer auf Nahostmissionen. Es traf sich günstig, daß der

In Syrien geschieht nichts ohne seinen Willen: Staatspräsident und Strauß-Freund Hafis al-Assad.

Honorarkonsul auch noch dem BND verpflichtet war; von dort hatte er den Decknamen »Baumholder« mitbekommen. So schloß sich der Kreis, und jeder arbeitete kräftig zugunsten des verschwundenen Cordes.

Am 26. September 1987, beispielsweise, weilte Baumholder alias Holzer wieder in Damaskus. Am Abend traf er im Luxushotel »Cham Palace« mit seinen Freunden Tlass und Khouli zusammen. Gleich zu Beginn erwähnte der Mittelsmann, daß Auftraggeber FJS großes Interesse habe, nach Damaskus zu kommen und Cordes in Empfang zu nehmen. Verteidigungsminister Tlass und Geheimdienstchef Khouli berichteten von ersten Vorbereitungen, den Hoechst-Mann an der Botschaft und an den Medien vorbei ihrem Freund FJS auszuhändigen. Präsident Assad habe angeordnet, Cordes nach seiner Freilassung nicht nach Damaskus zu bringen. Er werde von den Syrern in Al Boukein an der libanesischen Grenze übernommen und im Ferienort Bludan bis zur Ankunft des Bayernfürsten untergebracht.

Die beiden hochrangigen Syrer wollten sich terminlich nicht festlegen. Man verhandle täglich mit den Kidnappern. Deren Forderungen seien aber derzeit unerfüllbar. Auf Nachfrage von Holzer erklärte Tlass, daß die Entführer Waffenlieferungen an den Iran verlangen würden. Der Assad-Vertraute wiederholte in jener Nacht seine These, daß Siemens fünf Millionen Mark für die Freilassung von Schmidt bezahlt habe.

Nachdem Holzer beim BND-Residenten Blome Meldung erstattet hatte, telexte dieser aufgeregt in die Zentrale: »Bitte mir mitteilen, ob Abholung durch FJS (die ja wohl entsprechenden gleichen Wünschen Genschers zuvorkommen soll) mit PR (Präsident, d. A.) abgestimmt und unsere Zustimmung findet... Kommt Präsident, Vizepräsident oder wer sonst mit nach hier? Welches Flugzeug? Bitte sobald wie möglich Daten für Abholung übermitteln, damit ich Vorbereitungen treffen kann. Wir müssen unbedingt Botschafter gegenüber als die besseren Organisatoren und Planer erscheinen (dient auch Prestigegewinn der Residentur, auch wenn ich zum Erfüllungsgehilfen von FJS werde).«

Zwei Tage später trafen sich Holzer, Geheimdienst-Chef Ali Duba, General Hassan Sulaiman und ein Verbindungsmann mit Namen Ali, der sein Handwerk in der DDR gelernt hatte. Letzteres ist der Grund, daß ihm Holzer nie vertraute und stets den langen Arm der Stasi in ihm vermutete. Freudig erregt teilten die Syrer ihrem Besucher mit, daß die Freilassung von Cordes »in den nächsten vier bis fünf Tagen wahrscheinlich, in sechs bis sieben Tagen anzunehmen« sei.

Erneut wurden die Modalitäten der Übergabe an FJS bestätigt. 24 Stunden vor der Freilassung werde die bayerische Staatskanzlei durch Telex verständigt. Botschafter Schlingensiepen werde zu keiner Zeit eingeschaltet. Die syrischen Geheimdienstchefs kündigten bei dieser Gelegenheit Reisen nach Deutschland an und baten »um gebührenden Empfang«. Holzer kehrte im Anschluß an diese Besprechung nach München zurück.

Es dauerte nur 24 Stunden, und schon war die Verschwörung zwischen Strauß und den Syrern nach Bonn durchgesickert. Der dem Bundeskanzleramt unterstellte BND bekam von seinem Dienstherrn klare Anweisungen. Präsident Wieck sandte dem Partnerdienst Silberfuchs unverzüglich eine Nachricht:

»Das Verfahren bei der bevorstehenden Freilassung von Cordes ist in Bonn besprochen worden. Danach wird es als beste Lösung erachtet, wenn bei der Übergabe von Cordes die Öffentlichkeit ausgeschlossen bliebe, ansonsten aber so verfahren wird wie im Fall Schmidt, nämlich Abholung durch BMI-Staatssekretär Neusel und verantwortliche BND-Mitarbeiter. Wenn es der syrischen Seite angenehm sein sollte, könnte die Abholung auch durch den Chef des Bundeskanzleramtes und engsten Berater des Bundeskanzlers, Bundesminister Schäuble, erfolgen... Der deutsche Botschafter ist über das vorgeschlagene Verfahren unterrichtet... Dem Bundeskanzler, dem AA und den übrigen Ressorts sind Bemühungen bekannt, wonach sich auch Ministerpräsident Strauß in die Abholung einschalten will.« Botschafter Schlingensiepen soll in dieser Angelegenheit beim syrischen Außenministerium tätig geworden sein. Wenn Cordes an Strauß übergeben würde, so seine mutmaßliche, undiplomatische Drohung, dann werde dies Einfluß auf die Beziehungen zu Bonn haben.

Resident Klaus Blome überbrachte die neue Entwicklung seinem ständigen Gesprächspartner General Hassan Sulaiman. Im Bericht an die Zentrale erwähnte er später die Verwunderung der Syrer über die Zusammensetzung der Delegation. Hassan »unterbrach sofort das Gespräch mit der Frage, ob FJS unerwünscht sei«. Der BND-Mann gebrauchte die Ausrede, daß Strauß derzeit unabkömmlich sei. Das klang nicht sehr überzeugend. Der Syrer blieb dabei, FJS werde, wie vereinbart, 24 Stunden vor der Freilassung von Cordes verständigt.

In dem Treffbericht heißt es wörtlich, »daß PD Abholung durch FJS gerne sehen würde«. »Hassan erinnerte daran, daß FJS die Kontakte PD-BND hergestellt und daß er ein Recht darauf habe, an einer so bedeutenden Aktion der Dienste beteiligt zu werden.« Die Syrer schienen sicher zu sein, daß die Freilassung unmittelbar bevorstand. Assad-Vize Tlass organisierte die Anreise von FJS nacheinander für den 11. September, für den 23. und 26. September 1987.

Anmerkung der BND-Residentur Damaskus: »Ich bitte unbedingt sicherzustellen, daß nicht zwei Flugzeuge mit verschiedenen Delegationen zur Abholung von Cordes erscheinen. Diese Blamage muß vermieden werden. Da PD unbedingt FJS in die Aktion einschalten will, bleibt nichts übrig, als die Delegation um FJS zu erweitern.«

Diese Überlegungen erübrigten sich schon nach wenigen Tagen, da es keine neuen Anzeichen für eine Freilassung von Rudolf Cordes mehr gab. Die Syrer wurden unsicher und sprachen verärgert von einer »unberechenbaren Hisbollah«. Als Strauß-Vertrauter Holzer am 5. Oktober 1987 wieder mit

Verteidigungsminister Tlass zusammentraf, war die Rede von zwei bis drei weiteren Wochen. Hinter den Kulissen, so Tlass, gebe es umfangreiche Verhandlungen zwischen Syrien-USA und Syrien-Hisbollah. Delegationen würden hin- und herreisen. Das verzögere alles.

Der syrische Geheimdienst entschuldigte sich im nachhinein bei den deutschen Partnern für den Ablauf der Schmidt-Übergabe. Die Staatssicherheit habe nicht gewußt, daß Vizepräsident Abdul Halim Khaddam dem deutschen Botschafter die Geisel Schmidt versprochen habe. Hätte General Hassan davon erfahren, dann hätte er dies ganz bestimmt verhindert. Die Geiselfrage sei eine Angelegenheit der Dienste. Das gehe weder den deutschen Botschafter noch das syrische Außenministerium etwas an. Schmidt hätte ausschließlich an den BND übergeben werden sollen, nicht einmal an Neusel. Bei der Freilassung von Cordes werde man solche Fehler vermeiden.

Am Ende entschied, wie immer, Assad: Der befreite Cordes werde auf dem schnellsten Wege der deutschen Regierung übergeben. FJS werde ihn nicht bekommen und an jenem Tag auch nicht als zufälliger Staatsgast in Damaskus sein, wie der operettenhafte General Tlass in einem letzten Anlauf vorgeschlagen hatte. Syrien handle als Staat und verkehre dabei mit einem anderen Staat. Soweit Hafis Assad.

Der BND glaubte in jener Phase an die Macht der Syrer und setzte deshalb auf deren Dienste. Ex-BND-Präsident Wieck: »Unsere Auffassung war, daß die Syrer die Territorialherrschaft haben und daher handlungsfähig sind. Aber auch, daß sie bei der Wahrnehmung dieser Handlungsfähigkeit nicht ganz frei sind. Daß sie iranische Interessen berücksichtigen müssen, weil der Iran mit dem Erzfeind, dem Irak, im Krieg war. Daß sie aber auf der anderen Seite Respektabilität im Westen erzielen und deshalb kooperativ sein wollen. Dazu kamen die Verwicklungen der lokalen Macher, beispielsweise des Generals Ghazi Kanaan, zu den verschiedenen Organisationen im Bekaa-Tal. Da gab es noch frühere Leichen im Keller und dadurch Abhängigkeiten. Wir haben immer angenommen, daß der syrische Druck letzten Endes entscheidend sein würde. Ich bin sicher, die Syrer waren instrumental bei der Freilassung von Cordes und Schmidt.«

Deshalb wurden ihre Reisen nach Deutschland auch wie Staatsbesuche organisiert. Von seiner herzlichsten Seite zeigte sich der BND, als General Ali Duba, ein berüchtigter Akteur in der Grauzone arabischer Agenten, Waffenschieber, Terroristen und Drogenbarone, im Frühjahr 1987 erstmals an die Isar kam.

Der Auslandsnachrichtendienst wollte spendabel sein und besorgte für Ali Duba und seine Begleiter Tickets in der 1. Klasse der Lufthansa. Präsident Wieck eilte selbst zum Flughafen München-Riem und stand da, mit Pelzmütze, in der Winterkälte. Ali Duba hatte wichtige Neuigkeiten über die Anwesenheit deutscher Terroristen in Damaskus angekündigt. Man munkelte sogar, er werde möglicherweise frisch eingefangene RAF-Aktivisten als Gastgeschenk mitbringen. Die zuständigen BKA-Fahnder warteten bereits ungeduldig und voller Spannung.

Es landete nicht die Lufthansa, sondern eine syrische Sondermaschine. Dem Flugzeug entstiegen – BND-Referatsleiter Karl Hagemann und dahinter ein grinsender General Ali Duba. Von deutschen Terroristen keine Spur, dafür gab es aber markige Duba-Sprüche zur Situation von Cordes und Schmidt: »Ich habe die ganze Familie Hamadi nach Damaskus zitiert und denen gesagt, wenn den Deutschen etwas passiert, dann lasse ich euch alle erschießen.«

Eine weitere denkwürdige Visite des damals zweitstärksten Mannes in Damaskus folgte Anfang 1988. Die Syrer beschlossen, oppositionelle Landsleute aus Paris auf neutralem deutschen Boden streng geheim zu treffen. Der BND übernahm die Organisation und den Personenschutz und quartierte alle Beteiligten im legendären Hotel Bachmayr am Tegernsee ein. Die Münchner Luxusherbergen waren wegen einer internationalen Messe völlig ausgebucht.

Die Gespräche mit den Dissidenten verliefen erfolglos, weil sie sich aus begreiflichen Gründen weigerten, schutzlos nach Damaskus zurückzukehren und Frieden mit einem Regime zu schließen, dem sie nur durch glückliche Umstände entronnen waren. Ali Duba und seine Begleiter mußten sich andere Erfolgserlebnisse suchen. Mit Hilfe eines in München ansässigen Syrers durchkämmten sie Nachtklubs und Diskotheken. Der Konfident sorgte zuverlässig für ein größeres Kontingent verständnisvoller Damen.

Natürlich wurde auch gearbeitet. Der Mächtige aus Damaskus besuchte den BND-Präsidenten Wieck und die Abteilung »Auswertung«. Als ihn Wieck jedoch zu einem seiner anspruchsvollen Kamin-Gespräche laden wollte, meldete sich Ali Duba krank. Am selben Abend tauchte er zu später Stunde in der Spielbank von Bad Wiessee auf, an seiner Seite General Hassan Sulaiman mit einem kleinen Alukoffer. Darin befanden sich 500 000 Mark, angeblich ein Präsent von Ali Dubas »Ziehsohn« Monzer al-Kassar, einem bekannten Waffen- und Drogenhändler. Diese Nacht endete unglücklich für die syrischen Staatsdiener und überaus erfolgreich für den bayerischen Fiskus. Die Zocker aus Damaskus verloren nämlich 480 000 Mark.

Der BND linderte den Schmerz anderntags durch ein Abschiedsgeschenk, das seinen Möglichkeiten entsprach. Ali Duba durfte ein komplettes Farblabor mit nach Hause nehmen. Es stand gerade bereit, weil es eigentlich an einen afrikanischen Partnerdienst gehen sollte. Darüber hinaus nahm Ali Duba die Zusage der Pullacher mit, seine gelehrigen Schlapphüte zur Weiterbildung in den Fächern Technik, Taktik und ND-Verhalten vorbeischicken zu dürfen.

Bei Hoechst war man in jenen Tagen enttäuscht über die bevorzugte Freilassung von Alfred Schmidt. Die Zeitungen stellten jeden Tag eine rasche Rückkehr von Cordes in Aussicht. Das belastete die Familie des Hoechst-Managers. Marlene Cordes:

»Es gab ... besondere Höhepunkte oder Anlässe in der Familie, wo jeder dachte, vielleicht geschieht ein Wunder und mein Mann kommt zur Konfirmation, zur Taufe frei. Dann kam Herr Schmidt frei. Warum nicht mein Mann?

Trotzdem, die Herren von Hoechst unterrichteten mich laufend über das, was unternommen wurde. Ich konnte außerdem den Arbeitsstab Libanon der Bundesregierung ansprechen, zu jeder Tages- und Nachtzeit. Kanzleramtsminister Schäuble besuchte uns in Fischbach. Jeder machte uns Mut. Natürlich haben wir, vor allem unser Ältester, mit unseren Freunden überlegt, was wir, die Familie und die Freunde, unternehmen könnten, um die Freilassung zu erreichen oder meinem Mann Mut zum Durchhalten zu vermitteln.«

Ein Konzept kam von der renommierten Londoner Sicherheitsfirma »Control Risks Ltd.«. Karl-Gerhard Seifert vom Hoechst-Vorstand sprach es mit den Nachbarn und Freunden von Rudolf Cordes durch. Sie schrieben Hunderte sehr persönlicher Briefe an ihren Freund, die dann durch Hoechst nach Beirut geschafft wurden. Seifert: »Wenn es klappt, dann baut es die Geiseln mächtig auf. Leider kam kein einziger Brief an. Auf Anraten von Control Risks haben wir auch Anzeigen in großen amerikanischen und englischen Zeitungen geschaltet. Wir hofften, er würde sie sehen. Da ließen ihm beispielsweise die Skatbrüder ausrichten, sie würden sich schon auf das nächste Spiel mit ihm freuen. Als weitere Maßnahme spielten internationale Radiosender, die man im Libanon empfangen konnte, Lieder, die Rudolf Cordes gerne hört.«

Das Opfer der Hamadi-Familie durfte exakt fünf Briefe empfangen, drei davon im Jahr 1987. Im Herbst bekam er, zusammen mit dem Schreiben, Vitamintabletten, ein Buch und fünf Fotos von der Konfirmation seines jüngsten Sohnes. Umgekehrt trafen ebenfalls fünf Briefe des Gefangenen bei seiner Familie ein. Den ersten sollte er sofort nach der Entführung schreiben, den nächsten Ende August, zwei weitere im September und

Oktober 1987. Es waren eindeutige Lebenszeichen, da Cordes in den Briefen auch ganz persönliche Fragen beantwortete.

Cordes erinnert sich: »In regelmäßigen Abständen mußte ich schreiben. (...) Das Briefeschreiben war immer sehr unangenehm. In dem Raum gab es keinen Tisch und keinen Stuhl. Plötzlich kam jemand herein, und es hieß: Schnell, schnell einen Brief schreiben! Inzwischen war ich nicht mehr in der besten Verfassung, zitterte, brauchte eine Beruhigungstablette. Das wirkte jedoch erst nach zirka einer Viertelstunde, der Brief sollte aber sofort geschrieben werden. Meistens wurde mir gesagt, was ich zu schreiben hätte, in groben Zügen. In den Briefen an die Söhne etwa sollte drinstehen, was nur sie alleine wissen konnten. So erwähnte ich meinem Ältesten gegenüber den Dreikampf, und dem Jüngsten schrieb ich etwas über Handball. Dieser Brief ist tatsächlich angekommen. Es war praktisch nur ein Fragebogen, mit dem man beweisen wollte, daß der Brief wirklich vom Vater kam.«

Rudolf Cordes war in einer deutlich schlechteren Verfassung als sein Zellengefährte für 230 Tage, Alfred Schmidt, der sich mit Yoga, Meditation und Gymnastik fit hielt. Die körperlichen Gebrechen, einmal ein geschwollenes Ohr, waren mit Medikamenten zu heilen. Für die Seele gab es vom Arzt verschriebene Beruhigungsmittel. »Nach einer Tablette wurde ich ruhiger und konnte schlafen. Anfangs bekam ich eine Tablette, später zeitweise zwei pro Tag. An manchen Tagen bat ich um eine dritte, die ich aber nicht erhielt mit dem Hinweis, der Doktor meine, ich solle mich nicht daran gewöhnen.«

Manchmal versuchte auch der unsportliche Cordes, mit körperlicher Anstrengung gegenzusteuern: »Ich habe versucht, etwas Sport zu treiben wie Kniebeugen, Liegestützen. Ich habe auch einmal einen Stuhl verlangt, aber nach einer Viertel- oder halben Stunde kam ich vom Stuhl nicht mehr hoch. Ich verzichtete darauf und legte mich wieder auf meine Matratze. Auch nach meiner Freilassung hatte ich Probleme mit dem Sitzen. Die

Ärzte haben mir bestätigt, daß das normal sei, durch das monatelange Liegen seien die Muskeln atrophiert.«

Während alles auf Syrien blickte, peilte das Auswärtige Amt immer stärker die Iraner an. Für sie empfand Hans-Dietrich Genscher, wie gesagt, ohnehin starke Sympathie. Bereits Anfang Juli 1987 traf der Nah- und Mittelostbeauftragte Fiedler bei der 25-Jahr-Feier der algerischen Revolution auf den Teheraner Vertreter Hussein Sheikholislam. Dieser Mann stammte aus dem Urgrund der Mullahkratie. Er gehörte während der letzten Jahre des Schahs einer militanten Widerstandsorganisation namens »Saf« an und war später einer der Anführer der Studenten in der besetzten US-Botschaft. Danach begann seine Karriere im Außenministerium. Mit seinem typisch stechenden Blick musterte er die deutsche Delegation, ließ sich aber zu den Geiseln nicht festlegen.

Vom 27. bis 30. November 1987 reiste Fiedler nach Teheran. Er traf dort Außenminister Ali Akbar Velajati, seine Untergebenen Hussein Sheikholislam und Mahmud Vaezi sowie Seyed Hossein Mousavian, der später Botschafter in Bonn werden sollte. Fiedler bat die Iraner, auf die Entführer von Rudolf Cordes Einfluß zu nehmen. Die Gastgeber rieten dagegen zu direkten Verhandlungen mit dem Hamadi-Clan und hielten sich selbst bedeckt. Ihre Zeit war noch nicht gekommen.

Der nunmehr exklusiv vom Chemieriesen Hoechst beauftragte Super-Agent Werner Mauss war aktiver denn je. In einem BND-Fernschreiben mit der bezeichnenden Nummer 008 hieß es über ihn: »Vermutlich lief über ihn die Lösegeldzahlung von Siemens für Schmidt. Jetzt ist er mit dem Fall Cordes befaßt.« Leise tüftelte Mauss an einem neuen Plan, der viel Sachkunde über die verwinkelte Welt der Orientalen erforderte.

»Bis Oktober hatten wir umfangreiche Erkenntnisse gesammelt, daß um Hamadi durch die Entführung der TWA-Maschine und der durch ihn erreichten Freipressung von über 600 Gefangenen in Israel bei der Hisbollah und seinen Glaubensbrüdern in

Teheran ein Heldenmythos entstand. Die Freilassung von Cordes schien deshalb ohne Freilassung des Hamadi nur schwer erreichbar. Dies ließ uns zwei Wege verfolgenswert erscheinen:

1. Finanzielle Befriedigung der Bewacher mit formeller Legendenabdeckung einer angeblichen späteren Freilassung zum Schutz der Gruppe, die für die Geiselnahme des Cordes gegenüber Hisbollah und Teheran verantwortlich war;

2. Zerstörung des Hamadi-Mythos, wodurch zwangsläufig die Freilassung von Cordes erleichtert würde; lediglich hätte eine solche Freilassung den Interessen der Familie Hamadi entgegengestanden.

Beide Wege versuchten wir mit Akribie voranzutreiben.«

Anfang Dezember 1987 ließ Mauss eine größere Geldsumme nach Beirut bringen und bei einem zuverlässigen Mann deponie-

Ein wichtiger Ansprechpartner der Deutschen: Ali Akbar Velajati (mit Ausweis an der Anzugjacke), der iranische Außenminister.

ren. Damit sollten die Bewacher von Cordes gekauft werden. Wenn der Plan durchgeführt worden wäre, dann hätten die Milizionäre ihren Häftling direkt zum Flughafen gebracht und dort eine startbereite Maschine vorgefunden. Damit hätte man Cordes nach Deutschland ausgeflogen. Politisches Asyl wäre den Wachleuten sicher gewesen.

Die Aktion scheiterte, weil sich der Arbeitsstab Libanon mit diesem Konzept wegen der Gefahr späterer Anschläge gegen deutsche Ziele nicht anfreunden konnte und weil Abdul Hadi Hamadi Cordes mit Hilfe iranischer Revolutionswächter ohne vorherige Ankündigung verlegte und damit seine Befreiung verhinderte.

Nun wurde der zweite Weg aktuell. Mauss und seine vermeintliche Hilfsorganisation mit Sitz in Genf und Larnaka erweckten den Eindruck, als hätten sie einen wahren Wunderanwalt parat, der Mohammed Hamadi problemlos herauspauken könnte. Beide Seiten trafen sich zu nächtlicher Stunde im Athener Hotel Astir. Als Drohgebärde zeigten die Vertreter des Hamadi-Clans mitgebrachte Handgranaten.

Beide Seiten kamen überein, die Eltern Ali und Fatima Hamadi wieder einmal nach Deutschland reisen zu lassen. Sie sollten ihrem Sohn Mohammed die neuen Anwälte präsentieren. Die Reise kostete nichts, und als Sonderbelohnung durfte sich Vater Hamadi im Dezember 1987 die immer schwächer werdenden Augen gratis operieren lassen. Mutter Hamadi erhielt eine neue Zahnprothese.

Bei den Juristen handelte es sich um Matthias und Lothar Mahlberg aus Bad Godesberg, Vater und Sohn. Für die Frankfurter Justiz waren sie »seltsame Leute«. Für Gabriele Steck-Bromme und ihren Ehemann Hans-Burkhardt, die eigentlichen Pflichtverteidiger Mohammed Hamadis, stellten sie ganz einfach ein Ärgernis dar. Die junge, engagierte Anwältin hatte an der Universität von Miami studiert und war Mitte 1986 nach Frankfurt am Main zurückgekehrt. Da sie in amerikanischem

Recht bewandert war, bekam sie den Fall Hamadi. Die Stecks wurde am 29. September 1987 als Verteidiger bestellt, Matthias und Lothar Mahlberg am 2. Oktober.

An diesem Tag trafen die Eltern Hamadi ihren Sohn Mohammed in Anwesenheit der Mauss-Anwälte in einem Freizeitraum der Haftanstalt Preungesheim. Im Protokoll des BKA heißt es: »Nach der Begrüßung legten die Rechtsanwälte Mohammed Hamadi zwei Prozeßvollmachten vor, die er ohne Zögern unterschrieb. In diesem Zusammenhang erklärte Dr. Lothar Mahlberg, sie, die Rechtsanwälte, hätten sich nicht um seine Vertretung bemüht, sondern seien vielmehr durch Freunde beauftragt worden. Die Eltern seien bereits über diese Vorgehensweise informiert und erfreut.« Bei einer Zusammenarbeit mit ihnen könne Mohammed die »Dauer seines Prozesses bestimmen«.

Am 5. Oktober teilte Mohammed Hamadi der Frankfurter Staatsanwaltschaft in ungelenker Schrift und deutscher Sprache mit, er werde der Kanzlei Steck-Bromme das Mandat entziehen und es den Mahlbergs übertragen. »Diese Anwälte wurden von meinen Eltern an mich vermittelt. Sie sind meine Wahlverteidiger.« Matthias Mahlberg war Fachmann für Verkehrsrecht, Spezialität Alkoholsünder. Als ADAC-Mitglied kann man bei den Mahlbergs kostenlose Rechtsberatung erhalten.

Werner Mauss faßte in seinem Geheimdossier für Hoechst zusammen: »Unsere Anwälte empfingen und betreuten die Eltern. Die Anwälte erhielten von uns den Auftrag, Hamadi in Zusammenhang mit der Entführung der TWA-Maschine zu vernehmen. In der entscheidenden Phase seiner Vernehmung verweigerte Hamadi jegliche Auskunft und erklärte, er müsse hierzu erst durch seinen Kommandoführer autorisiert werden. Von uns verlangte er, daß ihm durch die Hisbollah ein sogenanntes ›Grünes-Licht-Papier‹ übermittelt wird, in dem ihm sein Kommandoführer durch einen nur ihnen beiden bekannten Code die Genehmigung erteilt, alles zu erzählen.

15 Tage nach Weitergabe dieser Mitteilung trafen wir einen Kurier des Kommandoführers im Transitbereich des Frankfurter Flughafens. Der Kommandoführer wußte bei der Weiterleitung der Mitteilung an uns nicht, daß Hamadi nach Erhalt die entscheidenden Zusammenhänge vor, während und nach der Entführung der TWA-Maschine berichten sollte.

Im Besitz des ›Grünen-Licht-Papiers‹ fühlte sich Hamadi autorisiert, unseren Anwälten alles zu erzählen und jede Frage zu beantworten. Nach einer über 50seitigen Aussage wollten wir Hamadi in Abstimmung mit der Staatsanwaltschaft und den Anwälten veranlassen, diese vor einem Richter zu wiederholen. Obwohl Hamadi dazu bereit war, wurde die Vernehmung nach Intervention der Pflichtverteidigerin Steck-Bromme abgebrochen.«

Für die Anwältin war damals schon klar: »Der Fall Mahlberg ist einmalig und entspricht nicht den Regeln der juristischen Kunst.«

Arglos berichtete der bislang schweigsame Mohammed Hamadi in mehr als 50 Sitzungen über die Entführung der TWA 847, beschuldigte allerdings seinen Komplizen Hassan Essedine, den Marinetaucher Stethem ermordet zu haben.

In seinen Ausführungen präsentierte er sich als Dummkopf. Textprobe: »Bis jetzt wußte ich auch noch nicht, daß der Chef (Essedine, d. A.) eine Pistole bei sich hatte... Im Transitraum (von Athen, d. A.) erklärte uns der Chef übrigens auch das erste Mal, daß der Flug ab Athen nach Italien gehen sollte, und zwar, wenn ich mich jetzt richtig erinnere, nach Rom... Ich bin manchmal durch das Flugzeug gegangen, habe Essen rundgebracht, die Passagiere zur Toilette begleitet, die Passagiere auch die Plätze wechseln lassen, aber alles nur auf Anweisung des Chefs.« Keine Rede von sinnloser, fanatischer, kopfloser Brutalität.

Ähnlich lief es mit den Sprengstofftransporten. Mohammed Hamadi: »Ich ging nie davon aus, der Sprengstoff sei für ein Vorhaben bestimmt, bei dem unschuldige Menschen in Gefahr hätten gebracht werden sollen. Ich wiederhole nochmals, daß unsere Religion das verbietet. Deshalb halte ich dies von den Angehörigen unserer Religion, denen ein solches Verhalten untersagt ist, für nicht vorstellbar.«

Die Mahlbergs stellten in ihrem Schriftsatz für den mittlerweile prominenten Mandanten lediglich teilweise Schuldfähigkeit fest. Einmal sei eine Bürgerkriegs-Rakete in seiner Nähe explodiert. Dabei habe er sich andauernde, schwere Kopfverletzungen zugezogen. Seine Taten seien in einer »religiös motivierten psychischen Zwangslage« passiert. Das Anwalts-Duo schreckte in diesem Zusammenhang nicht davor zurück, von einer »dauernden sozial-ethischen Fehlbeurteilung seines Handelns« zu sprechen, ja sogar von einer »psychischen Bewußtseinsstörung«.

Sinn und Zweck dieser juristischen Übung sollte es sein, mit Hilfe eines umfassenden Geständnisses dem Terroristen Hamadi einen kurzen Prozeß zu bereiten. Auch sein Mythos als Volksheld sollte demontiert werden. Denn Verräter sind keine Vorbilder für die Hisbollah-Mitläufer.

Eine weitere Überlegung: Wenn ein Gericht der Argumentation zur begrenzten Zurechnungsfähigkeit des Angeklagten gefolgt wäre, dann hätte die Justiz, nach einer gewissen Anstandsfrist, seine vorzeitige Freilassung unterstützen können. Der Weg zum Austausch mit Rudolf Cordes wäre frei gewesen. Ein fataler Schönheitsfehler: Nicht der inhaftierte Hamadi unterzeichnete sein fragwürdiges Geständnis, sondern seine Bad Godesberger Anwälte.

Die Mahlbergs waren höchst ungewöhnliche Strafverteidiger. Sie boten dem BKA an, ausnahmslos alle Gespräche zwischen ihnen und Mohammed Hamadi zu überwachen. Davon wurde letztlich aber kein Gebrauch gemacht. Sie überreichten der ermittelnden Staatsanwaltschaft am Landgericht Frankfurt/Main die kompletten Aussagen ihres Mandanten. Das ging sogar den Anklägern zu weit, und deshalb lehnten sie es ab, das Mahlberg-

Papier in das Verfahren einzuführen. Sie hielten es zu Recht für einen Revisionsgrund.

Da Mohammed Hamadi mißlicherweise am Tag vor der Flugzeugentführung 21 Jahre alt geworden ist, konnte man für ihn kein Jugendstrafrecht in Anspruch nehmen. Also mußte er verjüngt werden. Bezeichnend dafür ist eine Begegnung zwischen Mohammed und seinen Eltern am 8. Oktober 1987 in der Haftanstalt Preungesheim. Im Protokoll des BKA heißt es: »Als Mohammed seine Eltern offensichtlich gezielt darauf hinweisen wollte, daß er erst 22 Jahre alt ist, verbesserte ihn seine Mutter und meinte, er sei doch 24 Jahre alt. In diesem Augenblick mischte sich der Vater mit den Worten ein, er müsse sich um die Korrektur der Falscheintragung in Beirut kümmern. Mohammed bestand eindringlich auf Berichtigung.«

Lothar und Matthias Mahlberg kannten das Problem. Sie wollten es beseitigen, indem sie beim Geburtsregister im Libanon einen günstigeren Auszug besorgen ließen. Urplötzlich war Mohammed Hamadi am 15. Juli 1968 geboren. Er selbst nahm die plumpe Fälschung freudig an und berief sich darauf, bis der gesamte Vorgang mehr und mehr zur Posse wurde.

Im späteren Gerichtsverfahren gereichte ihm das eindeutig zum Nachteil. So heißt es im Urteil wörtlich: »Obwohl ihn die falsche Geburtsurkunde immerhin mehr als vier Jahre jünger macht, versuchte der Angeklagte zunächst, sich die Urkunde zunutze zu machen. In dem Strafverfahren vor dem Oberlandesgericht Düsseldorf gegen seinen Bruder Abbas Hamadi sagte er im Januar 1988 als Zeuge zu seiner Person wider besseres Wissen aus, er sei 19 Jahre alt...

In der Hauptverhandlung äußerte der Angeklagte seine Einlassung zur Altersfrage. Offenbar unter dem Eindruck, daß die Fälschung der Geburtsurkunde nicht zu verbergen war und die Behauptung eines Geburtsjahres 1968 durch eine Fülle von Gegenbeweisen widerlegt werden würde, ließ er diese Behauptung fallen. Er erklärte nunmehr, er sei gegenüber dem registrierten Geburtsdatum vom 13.6.1964 ›ein bis zwei Jahre jünger‹.«

Die Tatsache, daß Matthias und Lothar Mahlberg im Auftrag ihres persönlichen Bekannten Werner Mauss handelten und dies gegenüber ihrem Mandanten Mohammed Hamadi verschwiegen, wurde beim späteren Revisionsverfahren als »Einmischung Privater in staatliche Belange in massivster Form« bezeichnet, als »untragbare und mit rechtsstaatlichen Grundsätzen unvereinbare Einmischung in ein Ermittlungsverfahren«.

Im Januar 1988 konnte sich Pflichtverteidigerin Gabriele Steck-Bromme – ihr Mandat bestand noch, weil Mohammed Hamadi mittellos war – wieder durchsetzen und den in Preungesheim einsitzenden Flugzeugentführer überreden, die undurchschaubare Mahlberg-Connection abzubrechen. Diese aber hatte längst ihre Aufgabe erfüllt und war entbehrlich geworden.

Werner Mauss über sein weiteres Vorgehen an die Firma Hoechst: »Nachdem zum Jahreswechsel im Januar 1988 der erste Weg (Befreiung durch finanzielle Mittel) nach Einmischung des Iran gescheitert war, übergaben wir das Protokoll über Hamadis Aussagen dem damals durch uns verpflichteten Chef des iranischen Geheimdienstes mit Sitz in Genf und zuständig für Westeuropa, Talar. Dieser wollte in Absprache mit uns den Bericht direkt Rafsandschani vorlegen.

Wir wußten, daß Hamadi durch die Bekanntgabe der in der Vernehmung offengelegten Einzelheiten seines Kommandos entscheidend gegen fundamentale Grundsätze einer von Allah befehligten Aktion im Rahmen des Heiligen Krieges verstoßen hatte. Somit hatte er selbst seinen Heldenplatz in der Vorstellungswelt der Moslems (Schia) im Himmel verwirkt. Unsere Aktivitäten mit Talar, der sich später von Juni bis zum September 1988 zur Freilassung des Cordes in der iranischen Botschaft in Beirut aufhielt, setzten wir bis zu diesem Zeitpunkt fort. Wir erfuhren Ende 1988 von Talar, daß das Vernehmungsprotokoll der iranischen Regierung die Freilassung von Cordes im Einverständnis mit der Hisbollah und gegen den Willen der Familie Hamadi ermöglicht habe und in bezug auf die Freilassung Hamadi keine neue Intervention erfolgen würde; vielmehr sollte dieser in Vergessenheit geraten.«

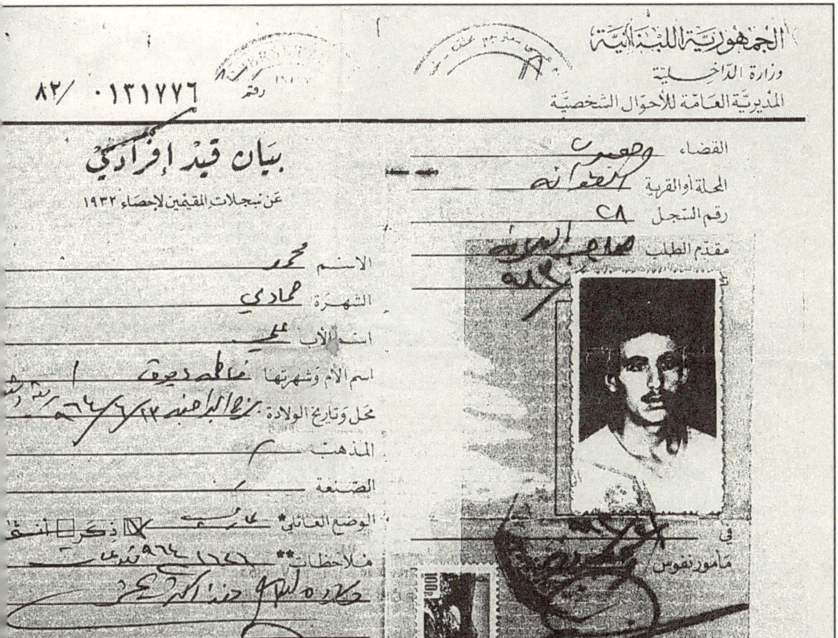
الجمهورية اللبنانية
وزارة الداخلية
المديرية العامة للأحوال الشخصية

٨٢/ ٠١٣١٧٧٦ رقم

بيان قيد إفرادي
عن سجلات المقيمين لإحصاء ١٩٣٢

القضاء
المحلة أو القرية
رقم السجل
مقدم الطلب

الاسم محمد
الشهرة حمادي
اسم الأب
اسم الأم وشهرتها
محل وتاريخ الولادة
المذهب
الصنعة
الوضع العائلي*
ملاحظات**

في
مأمور نفوس
التوقيع

Die echte Geburtsurkunde von Mohammed Hamadi. Aus ihr geht zweifelsfrei hervor, daß der Flugzeugentführer am 13. Juni 1964 geboren wurde, folglich am Tag der Tat 21 Jahre alt war.

12 Irrtümliche Entführung

Nach dem Verschwinden von Cordes und Schmidt wurden die Deutschen in Westbeirut durch ihre Botschaft eindringlich gebeten, den schiitischen Einflußbereich zu verlassen. Im Prinzip ging es dabei aber nur um die deutschen Männer, da Islamisten keine Frauen verschleppen. Es verstößt gegen moralische Werte und bringt Probleme bei der Bewachung. Kidnapping ist ein Männergeschäft. Außerdem haben Frauen einen viel niedrigeren Tauschwert als Männer. Deshalb waren die zahlreichen deutschen Frauen, zumeist verheiratet mit Libanesen, niemals gefährdet. Die Männer verließen das muslimische Beirut. Auch die Botschaft zog in das sicherere Ostbeirut und igelte sich dort mit aufwendigen Sicherheitsmaßnahmen ein.

Als letzter bekannter Deutscher packte der Journalist Marcel Pott seine Koffer. Er hatte sich auf den Schutz der Drusen verlassen und rasch gemerkt, wie riskant das war. Auch der britische Geisel-Unterhändler Terry Waite war von den Drusen beschützt worden. Bei einem Treffen am 20. Januar 1987 mit den Entführern westlicher Journalisten und Lehrer wie Terry Anderson, Thomas Sutherland, Brian Keenan oder John McCarthy verschwand auch er und sollte erst nach 1763 Tagen wieder freigelassen werden.

Abdul Hadi Hamadi, Imad Mugniyah, Ibrahim Zayn Aqil, Hassan Essedine und die anderen aus der Kidnapper-Gang, die sich für die beiden Hamadi-Brüder einsetzte, suchten systematisch nach weiteren menschlichen Handelsobjekten. In ersten

Warnmeldungen an das Bundeskriminalamt hieß es, der Hamadi-Clan observiere gemischte deutsch-libanesische Verbindungen mit Söhnen. Die Aufmerksamkeit konzentrierte sich auf eine Familie, deren Sohn gerade seinen Dienst bei der Bundeswehr ableistete. Die Mutter arbeitete in verantwortlicher Position am Goethe-Institut. Sofort wurde für den Schutz des Jungen gesorgt.

Es schien alles unter Kontrolle zu sein. Bis zum 27. Januar 1988: An diesem Tag sollte Mohammed Hamadi als Zeuge beim Prozeß seines Bruders Abbas aussagen – er hatte am 5. Januar vor dem Oberlandesgericht Düsseldorf begonnen; an diesem Tag wurde der dreißigjährige Ingenieur Ralph Rudolf Schray von den Menschenjägern der Hamadis verschleppt.

An ihn hatte niemand gedacht, weil er nicht zur deutschen Gemeinde gehörte. Sein Vater war Deutscher, die Mutter Palästinenserin. Er selbst besaß ausschließlich die deutsche Staatsbürgerschaft und den Paß der Bundesrepublik. Schray arbeitete bei der Firma ISACO Klimaanlagenbau und erfüllte zeitweise einen Lehrauftrag für Statistik am Beirut University College (BUC).

Die dramatischen Ereignisse des 27. Januar begannen mit zwei jungen Männern, die frühmorgens bei Schray klingelten und ihm Zeitungen anboten. Das war nicht normal, und doch schöpfte der junge Mann keinen Verdacht. Gegen 10.30 Uhr verließ er die Wohnung in der Nähe des Hotels Bristol und spazierte zu seinem nahegelegenen Büro. Nach etwa 50 Metern kam ihm ein beiger Mercedes ohne Nummernschilder entgegen. Als der Wagen stoppte, bemerkte er vier Männer, die sich für ihn zu interessieren schienen. Sie sprangen aus dem Auto und kamen näher; einer von ihnen hielt einen Revolver in der Hand. »Du bist Ralph«, rief ein anderer.

Schray wurde gepackt und auf die Rückbank des Mercedes gestoßen, von innen auch gezogen. Er wehrte sich aus Leibeskräften. Daraufhin schlugen sie ihm ins Gesicht und auf den

Hinterkopf. Der verletzte Schray gab nach. Der Mercedes und ein ihn begleitender roter Renault 18 nahmen Kurs auf die südlichen Vororte. Um den dichten Verkehr zu bewältigen, soll einer der Entführer mit einer Kalaschnikow vor den Fahrzeugen hergelaufen sein und sogar Verkehrspolizisten bedroht haben. Augenzeugen wollen gesehen haben, daß die Kidnapper Polizeiuniformen trugen, eine Taktik, die schon einmal bei der Entführung von vier amerikanischen College-Professoren mit Erfolg angewandt wurde. Nach kurzer Fahrt stoppten die beiden Autos. Die Terroristen zerrten den blutenden Schray aus dem Innenraum und drückten ihn in den Kofferraum. Unmittelbar nach dem erneuten Anfahren, konnte er sich daraus befreien. Er versuchte wegzulaufen, stolperte, wurde nach wenigen Metern wieder eingeholt und zurückgebracht. Einer seiner Entführer kletterte mit ihm in den Kofferraum. Wenige Meter entfernt soll sich ein syrischer Kontrollpunkt befunden haben.

Der Deutsch-Libanese Ralph Rudolf Schray wurde am 27. Januar 1988 im moslemischen Westen Beiruts entführt; am selben Tag sollte Mohammed Hamadi im Prozeß gegen seinen Bruder Abbas aussagen.

Beim nächsten Stopp wurde der junge Deutsch-Libanese wieder auf die Rückbank gesetzt. Er befand sich in einer Auto-Werkstatt. Man gab ihm Tee und Sandwiches. Gegen

Abend kam ein Arzt und versorgte seine Wunden. Er verpaßte ihm zwei Injektionen in den linken Arm. Schray mußte zwei Tabletten schlucken und verlor das Bewußtsein. 24 Stunden später kam er in einem Wohnraum zu sich. Flugzeuglärm und die Geräusche einer nahen Moschee waren zu hören. Schray saß vier Tage lang im Dunkeln. In dieser Zeit wurde er mißhandelt. Er mußte eine rote Augenbinde tragen, war angekettet und gefesselt. Die Bewacher trugen Kapuzen mit Sehschlitzen.

Das syrische Oberkommando im Libanon forderte die Entführer ultimativ auf, Ralph Rudolf Schray innerhalb von 48 Stunden wieder freizulassen. Die Militärs ließen Hisbollah wissen, daß der Fall Schray für Damaskus von »größter Bedeutung« sei. Unverzüglich begannen sie mit Straßensperren, Hausdurchsuchungen und Festnahmen zahlreicher bekannter Hisbollah-Aktivisten.

Daraufhin meldete sich ein anonymer Anrufer beim Sender »*Stimme des Libanon*«. Er gab sich als Sprecher der »Revolutionären Gerechtigkeitsorganisation« aus und warnte die Syrer. Truppen, die nach Schray suchen würden, sollten »keine Torheit« begehen, denn man werde gegebenenfalls zurückschlagen. In Bonn tagte der Arbeitsstab Libanon und sammelte alle Erkenntnisse zu dem neuen Fall. Der BND wurde eingeschaltet und begann seine »Operation Bristol«.

Schray stellte fest, daß die Bewacher schiitischen Dialekt sprachen und sehr religiös waren. Mehrmals durfte er Nachrichten hören. Dabei bekam er mit, daß sich die Syrer um seine Freilassung bemühten. Das beruhigte ihn. Die Bewacher fotografierten ihn und verlangten, er möge Briefe in deutscher Sprache schreiben. Das klappte nicht, weil Schray keineswegs eine ideale Geisel war. Er konnte nicht einmal Deutsch. Also schrieb er in englischer Sprache – an Kohl, Genscher, seine libanesische Frau Rana Mounla, mit der er gerade fünf Monate verheiratet war, und an seinen Vater, der in Frechen bei Köln wohnte.

Lieber Vater Erich Schray
Obwohl die Familie auseinander ist, bin ich aber
noch Dein Sohn und der Sohn des geliebten Deutschland.
Ich bitte Dich sehr, Dein Äußerstes zu tun, um die
deutsche Regierung zu drängen, die Forderungen derer,
die mich gefangenhalten, ernst zu nehmen. Anderenfalls
wäre es schwierig, sich wieder zu sehen.
Dein Sohn
Ralph

In der vierten Nacht wurde er wieder verlegt, zwei Fahrminuten weiter. An dem neuen Ort mußte er 32 Tage bleiben. Der Raum war ebenerdig und grenzte anscheinend an andere Zimmer, in denen eine Familie mit Kindern lebte. Schray lag auf einer Schaumgummi-Matratze und sah über sich ein kleines, vergittertes Fenster, daß nur wenige Lichtstrahlen in den Raum ließ. Die Wachposten waren vermummt. Kamen andere Besucher, mußte Schray seine Augenbinde anlegen. Er durfte englischsprachige Bücher lesen, Hamburger und Produkte von »Kentucky Fried Chicken« essen.

Gelegentlich kam es zu politischen Gesprächen mit den offenbar gelangweilten Bewachern. Sie wollten vor allem seine persönlichen Ansichten erfahren. Er mußte Fragen zu seinem Lebenslauf und zu seiner politischen Grundhaltung schriftlich beantworten. Immer wieder wurde er nach anderen männlichen Deutschen in Beirut befragt.

Partnerdienst Silberfuchs traf sich mit dem BND und analysierte den Fall Schray. Der Hamadi-Clan wolle durch diese neue Entführung Druck auf den Düsseldorfer Prozeß ausüben. Schray sei entführt worden, weil sich Cordes mittlerweile in iranischem Gewahrsam befinde und Abdul Hadi Hamadi, der sich vorübergehend in den Südlibanon abgesetzt habe, eine neue Geisel zu seiner Verfügung haben wollte. Die Syrer, verärgert über die Anarchie in ihrem libanesischen Herrschaftsbereich, kündigten harte Reaktionen an, falls Schray nicht umgehend wieder freikomme. Die Iraner schickten einen Vertreter der Revolutionsgarden nach Beirut, um die Entwicklung aus nächster Nähe zu beobachten.

Am 19. Februar meldeten sich die »Freunde von Mohammed Hamadi« mit einem langen und hysterischen Erpresserschreiben in arabischer Sprache beim stellvertretenden syrischen Kommandeur in Beirut, Amir Talleh. Darin hieß es:

Die sehr verehrten Verantwortlichen in der syrischen Führung werden um Prüfung der folgenden Fragen gebeten:

1. Wir sind Freunde des inhaftierten Mohammed Hamadi. Wir haben den Deutschen Schray in unsere Gewalt gebracht, um den Fall Hamadi voranzubringen, einige der vernünftigen Forderungen verwirklicht zu sehen und den eingetretenen Stillstand zu überwinden; denn wir suchen unablässig nach Mitteln und Wegen, diese Angelegenheit zu einem positiven Abschluß zu bringen. Darum wenden wir uns an die syrischen Verantwortlichen mit der Bitte um Hilfe in dieser Sache.

2. Im vorherigen Brief haben wir darauf hingewiesen, daß diese Entführung nicht gegen den Sicherheitsplan gerichtet ist und die Glaubwürdigkeit der Syrer nicht erschüttern soll. Wir wiederholen bei dieser Gelegenheit, daß wir uns für die Operation entschuldigen. Es ist uns aber unmöglich, völlig untätig zu bleiben, insbesondere, nachdem sich die Informationen bestätigt haben, wonach Mohammed Hamadi mißhandelt und gefoltert und der Fall Cordes mit internationalem Kalkül und regionalen Interessen verknüpft worden ist.

3. Die Antwort, die die Deutschen auf die barbarische Behandlung Mohammed Hamadis verdient hätten, wären Liquidation, Mord, Bombenanschläge und noch Schlimmeres als die bloße Entführung von Schray gewesen. Aber aus Rücksicht auf Syrien, und um die syrische Politik nicht zu stören, haben wir uns ruhig verhalten und haben im letzten Augenblick Hamadis

Freunde zurückgehalten. Und so hat die Operation die bekannte Dimension behalten: Wir haben ihn am Leben erhalten, und wir haben ihn lebendig entführt bzw. ihn nicht umgebracht in der Absicht, Syrien nicht zu irritieren. Aber der niederträchtige Prozeßverlauf gegen Abbas, die physische und psychische Folter von Mohammed und die gemein und heimtückisch erfolgte Nichteinhaltung der Vereinbarung, beide freizulassen, haben unsere Entschlossenheit verstärkt, Rache zu üben und Deutschland den Preis zahlen zu lassen.

4. Wir bitten die syrische Führung, diesen Fall mit Aufgeschlossenheit zu behandeln, darauf hinzuarbeiten, daß die Lage Hamadis im Gefängnis verbessert wird, und mit den Deutschen Kontakt aufzunehmen, um eine Lösung für die ganze Angelegenheit zu vereinbaren. Wir unterstreichen, daß der Schlüssel zur Lösung dieser Angelegenheit einzig und allein in syrischer Hand liegt; denn wir wollen den Fall Schray loslösen von der äußerst komplizierten Geiselproblematik mit ihrer internationalen Dimension.

5. Wir sind bereit, Schray so bald wie möglich auf freien Fuß zu setzen und ihn den syrischen Truppen zu übergeben. Dies könnte in jeder Weise geschehen, die die Interessen, die Glaubwürdigkeit und das internationale Ansehen Syriens unbeeinträchtigt läßt, unabhängig von der Art der Präsentation in den Medien. Was wir fordern, ist nun, daß Syrien Vermittlungsbemühungen mit Deutschland mit dem Ziel aufnimmt, die Lage Mohammed Hamadis im Gefängnis zu verbessern, den Abbas-Prozeß von dem oberen Gericht auf eine niedrigere Instanz zu verlegen, um damit seine Freilassung einzuleiten, und einen geeigneten Ansatz für die Freilassung von Mohammed zu finden, all dies unter syrischer Garantie und mit der Gewähr, daß die Abmachungen nicht gebrochen werden.

6. Wir wollen mit Ihnen direkt Kontakt aufnehmen und die Lösung dieser Angelegenheit beschleunigen, da uns die Folgen eines Andauerns der Geiselhaft Schrays und der damit für Syrien verbundene Schaden bewußt sind. Daher hoffen wir auf den Beginn der Verhandlungen.

Wenn Sie der Presse die Meldung übermitteln, daß direkte Kontakte mit den Geiselnehmern aufgenommen wurden, um eine Vereinbarung bezüglich der Unversehrtheit und Freilassung Schrays zu treffen, so werden wir das als Zustimmung zu den Verhandlungen und als Zeichen für deren Beginn ansehen. Dies würde uns dazu veranlassen, Fotos und Dokumente betreffend Schray an das Hotel Beau Rivage zu senden, sobald Brigadegeneral Kanaan oder sein Beauftragter zurückkehren.

7. Der von uns bewiesene gute Wille dient einzig und allein dem Ziel, Fortschritte bei der Lösung der Fälle Mohammed und Abbas Hamadi zu erzielen. Sollte die Reaktion negativ sein, d. h., man mit uns nicht verhandeln und keine Fortschritte erzielen will, so sähen wir uns vor Optionen gestellt, von denen wir hoffen, daß wir sie nicht einmal in Erwägung ziehen müssen.

Freunde Mohammed Hamadis

In einer Analyse des neuen deutschen Botschafters in Beirut, Wolfgang Göttelmann, wird »die hier inzwischen mehrfach geäußerte Ansicht« hervorgehoben, »daß Cordes offenbar nicht mehr dem direkten Zugriff von Abdul Hadi Hamadi unterliegt«. Göttelmann zitierte seinen sowjetischen Kollegen, der ihm mitgeteilt hatte, daß sich auch Schray in der Hand der Iraner befände. Die Folge daraus: »Die Syrer hätten keine Möglichkeit des direkten Kontaktes zu den Hisbollah-Gruppen und seien sehr verbittert darüber, daß die Entführung Schrays unter ihren Augen in Westbeirut erfolgt sei.«

Göttelmann urteilte pessimistisch über die Besatzer: »Was die Rolle der Syrer in den Entführungsfällen betrifft, scheint die US-Ansicht bestätigt zu werden, wonach Damaskus gegenüber den westlichen Staaten den Eindruck erweckt, engagiert und hilfreich zu sein, letztlich aber in der Geiselfrage ›nichts tut‹. Ob die Syrer nichts tun ›können‹ oder nichts tun ›wollen‹ (und damit ein

Doppelspiel treiben), ist von hier aus nicht zu klären.« Auf alle Fälle würden die Syrer großen Wert darauf legen, den Iranern nicht »ins Gehege zu kommen«.

Auch die Auswerter des BND gingen ans Werk und faßten sämtliche Schlußfolgerungen der Schray-Entführung zusammen. Der im Herbst 1987 längere Zeit in Teheran lebende Abdul Hadi Hamadi sei, nach gesicherten Erkenntnissen der Syrer und der Amerikaner, wieder zurückgekehrt, »um die Schray-Entführung vorzubereiten und zu vollstrecken«. Es sei auch sicher, daß er »vor seinem neuerlichen Coup die Hisbollah-Führung nicht gefragt bzw. unterrichtet und somit verärgert hatte«.

Um syrischem Druck zu entgehen, sei er dann in den Südlibanon ausgewichen. In dem »mit großem Selbstbewußtsein« formulierten Erpresserschreiben würden die Syrer deutlich provoziert. Sie hätten die Chance, die Freilassung Schrays als eigenen Erfolg in den Medien feiern zu lassen. Doch vorher müßten sie Leistungen zugunsten der Entführer und der inhaftierten Hamadis erreichen.

Die Syrer fühlten sich stärker herausgefordert, als sie jemals zugeben wollten. Nach außen hin zeigten sie sich optimistisch und versicherten jedem, der es hören wollte, Schray werde »schon bald wieder frei« sein. Der syrische Statthalter im Libanon, General Ghazi Kanaan, bekam den dringlichen Befehl Assads, »eine Entscheidung herbeizuführen«.

Auch Schrays Familie bemühte sich. Sein Onkel George Abu-Nassar, ein wohlhabender und einflußreicher Unternehmer mit Beziehungen zur Amal und nach Damaskus: »Ralph sollte bald freikommen, vielleicht schon in dieser Minute.« Er verschätzte sich lediglich um vier Wochen.

Am 22. Februar ging den Syrern ein großer Fisch ins Netz. Der aktivste aller libanesischen Entführer, Imad Mugniyah, 27, kehrte von einer Reise nach Teheran zurück. Am Flughafen von Damaskus wurde er nicht erkannt, als er seinen echten iranischen Paß mit falschen Daten zeigte. Dafür wußten die geschulten Grenzer am syrischen Übergang zum Libanon sofort, wen sie vor sich hatten. »Babyface« Mugniyah wurde festgenommen und in einem Damaszener Gefängnis einquartiert. Niemand durfte ihn sehen, auch seine Familie nicht. Nach zehn Tagen waren die Weichen für einen Geiselaustausch gestellt.

Am 2. März kündigten die unter massiven Druck geratenen Kidnapper Ralph Schrays Freilassung an. »Infolge syrischer Vermittlung« sei dies »in den nächsten Stunden« zu erwarten.

Am 3. März, morgens gegen vier Uhr, wurde Ralph Schray zu einem wartenden Mercedes gebracht. Er mußte die Augen geschlossen halten. Zwischen zwei Bewachern auf der Rückbank sitzend, begann eine Fahrt von etwa fünf Minuten. Ein Teil der Begleiter verließ den Wagen, andere stiegen zu. Nun saß ein Mann auf dem Beifahrersitz, der erklärte, daß er zwischen den Entführern und den Syrern vermittelt habe und seine, Schrays, Freilassung bevorstehe. Gegen 5.45 Uhr wurde er im Hotel Beau Rivage, dem Hauptquartier der Syrer, an General Hammoud übergeben. Seine neuen Beschützer brachten ihn nach Damaskus, zu General Kanaan. Mittags wurde er vom syrischen Geheimdienst dem BND-Residenten Klaus Blome anvertraut. In der deutschen Botschaft erzählte er unter anderem, daß man ihn zwei Tage vor seiner Freilassung gezwungen hatte, sich schriftlich zu weiterer Zusammenarbeit zu verpflichten. Bei der Freilassung erklärte ihm einer der Bewacher, man werde wieder Kontakt aufnehmen. Ralph Schray war erkennbar eingeschüchtert.

Noch am selben Tag reagierte die Bundesregierung in einer offiziellen Erklärung: »Die syrische Regierung hat sich nachhaltig um die Freisetzung von Ralph Schray bemüht und diese schließlich durchgesetzt. Hierfür spricht die Bundesregierung der syrischen Regierung ihren aufrichtigen Dank aus. Zugleich gibt die Bundesregierung der Hoffnung Ausdruck, daß es der syrischen Regierung bald gelingen möge, auch die Freilassung von Rudolf Cordes durchzusetzen...«

Diplomatische Floskeln.

Auch Ali Duba, der Chef des BND-Partnerdienstes in Damaskus, sollte tags darauf ein freundliches Schreiben von Hans-Georg Wieck in seiner Post finden: »Mir ist voll bewußt, daß nur Ihre unablässigen und nachdrücklichen Anstrengungen zu diesem Erfolg geführt haben. Dabei habe ich mit besonderer Genugtuung zur Kenntnis genommen, daß Sie persönlich die Übergabe von Herrn Schray an den Vertreter des Bundesnachrichtendienstes veranlaßt haben. Meinen herzlichen Dank sage ich Ihnen für alle Ihre Bemühungen, die für mich ein erneuter und hervorragender Beweis für die guten Beziehungen zwischen unseren beiden Diensten und für Ihre freundschaftliche Gesinnung sind.«

Unterabteilungsleiter 16, Heinrich Hellmann, legte noch eins drauf. Er wandte sich an General Hassan Sulaiman und dankte auch ihm »besonders herzlich«:

»Mir ist stets bewußt, daß Sie seit mehr als einem Jahr ein Höchstmaß an Arbeit und Tatkraft auf eine glückliche Lösung dieser schwierigen Fälle verwenden. Mögen diese unablässigen Anstrengungen schließlich durch einen glücklichen Abschluß gekrönt werden!«

Ralph Schray präsentierte sich der Presse im Schwimmbad »Sporting« seines Onkels Abu-Nassar. Vollmundig versicherte er: »Ich habe mich entschlossen, im Libanon zu bleiben, weil dies meine Heimat ist. Ich bin kein Deutscher, nur mein Paß ist deutsch.« Zehn Tage später reisten er und seine Frau in die USA, um dort ein neues Leben zu beginnen.

13 Minister und bunte Paradiesvögel

Während der zweiten Hälfte von Cordes' Gefangenschaft gab es Bemühungen, deren Details heute gar nicht mehr überschaubar sind. Es wurden Leute eingeschaltet, mit denen man eigentlich nur in absoluten Krisenzeiten zu tun haben möchte. Parallel dazu liefen seriöse, diplomatische Aktionen, und auch die Politik mischte mit.

In den Tagen vor dem Weihnachtsfest reiste Hans Stercken, der Vorsitzende des außenpolitischen Ausschusses des Bundestages, nach Syrien und in den Libanon. Der gebürtige Aachener, damals 64 Jahre alt, kam zu einer »Sondierungsmission« (so Associated Press) und traf dabei unter anderem die Präsidenten beider Länder, Assad und Gemayel, den syrischen Außenminister Faruk al-Shara sowie den libanesischen Parlamentspräsidenten Hussein Husseini. Stercken wandte sich über das Beiruter Fernsehen an die Entführer und versicherte ihnen, daß sie mit kriminellen Aktionen nie an ihr Ziel kämen.

Nach seiner Rückkehr berichtete der CDU-Abgeordnete, Assad habe versprochen, sich verstärkt für die Freilassung von Rudolf Cordes einzusetzen. Bemerkungen ließen »auf einen intensiven Einsatz in den nächsten Tagen« schließen. Die Syrer könnten politisch und exekutiv einwirken, die Iraner religiös und organisatorisch. Diese individuelle Polit-Mission paßte dem Arbeitsstab Libanon gar nicht ins Konzept. Wolfgang Schäuble kommentierte sie unwirsch: Stercken habe dem entführten Cordes mit seinem »amateurhaften Eifer« eher geschadet als genützt.

Auch beim Bundesnachrichtendienst reagierte man säuerlich. Es gäbe derzeit keine Hoffnung auf ein Ende der Geiselnahme Cordes. Der syrische Partnerdienst komme mit dem Hamadi-Clan immer weniger zurecht. Das könne aber die syrische Regierung, der es um eine Verbesserung der angespannten Beziehungen zu Bonn gehe, in dieser Deutlichkeit ihren Staatsgästen nicht mitteilen. Wenn die Besucher dann mit vor Stolz geschwellter Brust nach Hause gingen und falsche Hoffnungen weckten, dann sei dies kontraproduktiv.

Das Resümee des BND: »Und da muß bei aller Hoffnung einerseits und Enttäuschung über immer wieder verstreichende, von wem auch immer in Umlauf gesetzte Termine andererseits gesagt werden, daß die syrischen Stellen selbst nur geringen Einfluß auf die Freilassung haben.« Diesen unerfreulichen Realismus mochte in Bonn nicht jeder teilen, denn schon sagte sich Genscher für den 15. und 16. Januar 1988 zu einem Damaskusbesuch an. Er wollte die außenpolitischen Zügel nicht aus der Hand geben.

Einen Tag, bevor der Prozeß am 5. Januar 1988 gegen Abbas Hamadi in Düsseldorf eröffnet wurde, meldeten sich die Entführer von Rudolf Cordes noch einmal mit einem aggressiven Schreiben zu Wort:

Trotz unserer positiven Haltung in der Geiselaffäre und der Freilassung von Alfred Schmidt scheint es, daß die deutsche Regierung die Tatsachen und unsere Fähigkeit verkennt, wirksam zu handeln, um die Angelegenheit in der einen oder anderen Weise voranzubringen. Die deutsche Regierung muß aufpassen, was sie tut. Sie muß letztendlich die Konsequenzen tragen, denn wir haben die Grenzen erreicht, über die wir nicht hinausgehen werden, gleichgültig, welche Druckmittel, Vermittler und Interessenten im Spiel sind.

Obwohl wir Cordes in der Hand haben, legt die deutsche Regierung eine Verkommenheit an den Tag, die der Achtung vor der

Menschenwürde Hohn spricht, indem sie den islamischen Kämpfer Mohammed Hamadi entgegen der Genfer Konvention und im Widerspruch zu den Menschenrechten behandelt. Die Rechte dieses Gefangenen sind durch internationale Verträge und das deutsche Regime anerkannt, doch die deutschen Verantwortlichen sind scheinbar Enkel der Nazis, die den Nazismus wieder aufleben lassen und ihn dem deutschen Volk erneut aufzuzwingen versuchen.

Wir werden das nicht zulassen und nicht dulden, daß die Dinge so weitergehen. Es scheint, daß die Gründe für die negative Entwicklung ausschließlich in der Nazi-Gesinnung liegen, mit der die deutsche Regierung handelt. Will sie mit den Mißhandlungen, die sie dem islamischen Kämpfer Mohammed Hamadi antut, die Affäre zu einem tragischen Ende bringen oder eine neue Eskalation auslösen? Sie hätte wissen müssen, daß die Geisel-Karte nicht unsere einzige und letzte ist. Wir haben noch viele andere Trümpfe, die dazu führen könnten, daß sie noch die verpaßten Gelegenheiten bedauert, die ihr geboten wurden.

Wir haben einen Brief des islamischen Kämpfers Mohammed Hamadi erhalten und daraus die neonazistischen Methoden erfahren, die uns unsere Illusionen über die lügnerischen Behauptungen genommen haben, zumindest, was die Behandlung der Gefangenen betrifft. Obwohl wir nicht die Mittel enthüllen wollen, die euch weh tun, so wie ihr uns mit der Behandlung des islamischen Kämpfers Mohammed Hamadi weh tut, versichern wir dennoch, daß wir in keinem Fall zu ähnlichen Methoden gegenüber Cordes greifen werden, denn damit würden wir unsere Menschlichkeit verlieren.

Wir haben in der Vergangenheit Alfred Schmidt freigelassen und bedauern das keineswegs, denn seine Freiheit hat uns gezeigt, wie wir uns künftig verhalten müssen. Sie hat uns zugleich die verräterischen und betrügerischen Tricks der deutschen Regierung enthüllt und hat uns von der Tatsache eures Nazitums überzeugt, obwohl wir bisher den Wahrheitsgehalt der Berichte über den Massenmord an den Juden angezweifelt haben.

Es ist eine Schande für einen Staat, der sich selbst achtet, einen Gefangenen auf diese Weise zu behandeln, gleichgültig, aus welchen Gründen. Mit den Beleidigungen und Erniedrigungen in der Ernährung, den Schlafmöglichkeiten und anderen geringfügigeren Einzelheiten, deren Opfer er ist, muß sofort Schluß sein. Morgen beginnt der Prozeß gegen Hamadi. Die deutsche Regierung muß sich überlegen, was an diesen Tagen geschieht, die Konsequenzen ziehen und wissen, daß alles seinen Preis hat. Sie muß begreifen, daß dieser Zustand nicht weiter andauern kann.

Der Brief des islamischen Kämpfers Mohammed Hamadi wird demnächst vollständig veröffentlicht, und unsere künftige Haltung wird vom morgigen Prozeß und der weiteren Behandlung der Gefangenen abhängen.

Für erneute Verwirrung, diesmal von deutscher Seite, sorgte die *Bild*-Zeitung, als sie Tage später eine Horror-Meldung über Cordes verbreitete. Unter der großformatigen Überschrift »Cordes flehte: ›Erschießt mich‹« folgte ein zweifelhafter Artikel von ausführlichen 28 Zeilen: »Einmal wollte sich Cordes mit einer Plastiktüte ersticken. Ein anderes Mal versuchte er, sich die Pulsadern aufzuschneiden. Beim dritten Selbstmord-Versuch wollte er aus dem Fenster seines Geiselverstecks in einem Hochhaus im zerschossenen West-Beirut springen. Schließlich bettelte er bei seinen Bewachern sogar um den Gnadentod. Die Kidnapper machten sich mit dem Verzweifelten einen grausamen Spaß: Sie schossen auf Cordes mit Platzpatronen.«

Die Kontakte der syrischen Geheimdienste zum harten Kern der Gottespartei verschlechterten sich von Tag zu Tag. Die schiitischen Brüder Hisbollah und Amal kämpften gegeneinander in den Straßen von Beirut, und Syrien war der traditionelle Verbündete der Amal. Von General Ghazi Kanaan angeregte Treffen fanden nicht mehr statt. Abdul Hadi Hamadi und Imad Mugniyah befanden sich für längere Zeit im Iran. In ihrer Umgebung wurde immer wieder auf Teheran als alleinigen Ansprechpartner in Sachen

Geiseln verwiesen. Zum Monatsende Januar empfahl sogar der syrische Militär-Geheimdienst den Partnern vom BND, die »iranische Karte zu spielen«. Damit habe auch Frankreich Erfolg gehabt und seine Geiseln freibekommen.

Am 8. Februar 1988 erhob die Frankfurter Staatsanwaltschaft Anklage gegen Mohammed Hamadi wegen der Entführung der TWA 847, der Ermordung des Passagiers Robert Stethem und des Transports von Sprengstoff.

Am 25. Februar versuchte die Firma Hoechst durch einen Beiruter Vermittler mit den Entführern von Rudolf Cordes in Verbindung zu treten. Ein Brief von Marlene Cordes an ihren Mann sollte übergeben werden. Der Text:

Mein lieber Rudi,

wieder einmal hoffen wir so sehr, daß Dich dieser Gruß erreicht. Wir alle denken und sprechen täglich von Dir. Ich vermisse Dich so sehr!!

Sei versichert, daß alles Erdenkliche für Deine Freilassung unternommen wird.

Volker und seine Familie sind z. Zt. in Spanien. Gernot packt seine Sachen für einen dreiwöchigen England-Sprachurlaub. Er ist sehr gewachsen und »männlicher« geworden.

Volker hat übrigens sein Diplom mit 5x »Eins« bestanden und ist für einen Sonder-Forschungsauftrag vorgeschlagen worden.

Wir haben noch reichlich Schnee. Mit Gartenarbeiten muß noch gewartet werden.

Im Haus mußte einiges renoviert werden. Ansonsten ist alles unter Kontrolle. Mache Dir bitte keine Sorgen. Wir schaffen's schon.

Den größten Wunsch, den wir haben, ist, daß Du bald nach Hause kommst bzw. daß wir einmal ein Lebenszeichen erhalten!!

Wir lieben Dich!

Deine Marli und Kinder

Unsere Freunde lassen Dich ebenfalls von Herzen grüßen!

Das Unternehmen endete, als man dem Abgesandten erklärte, Cordes sei bereits tot. Erschrocken fragte der Arbeitsstab Libanon alle Vertrauensleute in der Region, ob dies glaubhaft sei. Die Antwort wurde in der Sitzung vom 10. März durch BND-Präsident Wieck bekanntgegeben: »Cordes lebt. Er ist bei guter Gesundheit und erfährt eine bessere Betreuung als bisher.« Für die Richtigkeit dieser Information garantierte der syrische Partnerdienst. Niemand forderte Beweise.

Erneut lief die nahöstliche Gerüchtebörse zu Hochform auf. Bei einem Treffen mit General Kanaan behaupteten Hisbollah-Vertreter, die Bundesregierung habe dem Iran Waffen zugesagt. Jamil Nehme, der damalige Chef der libanesischen Sûreté Générale, hatte seinen Kollegen Wieck 1987 in Paris getroffen. Nun verbreitete er, mit Hinweis auf diese Begegnung, daß die Deutschen in Damaskus eine offizielle Erklärung hinterlegt hätten, wonach Mohammed Hamadi gegen Cordes ausgetauscht werde. Bei Hisbollah war man sofort bereit, die Falschmeldung zu glauben.

Reinhard Schlagintweit, Leiter der Politischen Abteilung im Auswärtigen Amt, reiste zum Monatswechsel März/April nach Teheran und Damaskus, der Nah- und Mittelostbeauftragte Heinz Fiedler Tage später ebenfalls nach Syrien. Beide übergaben Briefe des Bundeskanzlers Helmut Kohl und vermittelten politische Botschaften. Außenminister Hans-Dietrich Genscher kam gleichzeitig in Athen mit seinem iranischen Kollegen Velajati zusammen. Immer ging es um das Schicksal von Rudolf Cordes. Tage später traf der Bundesminister für wirtschaftliche Zusammenarbeit, Hans Klein, in Damaskus ein. Außenminister Shara versicherte ihm beruhigend: »Der Entführte befindet sich in guter Verfassung.«

Das hielt den Fernsehsender *SAT 1* nicht davon ab, zu berichten, Cordes habe einen Nervenzusammenbruch erlitten und werde ärztlich behandelt. Er sei völlig apathisch und nehme kaum Nahrung zu sich. Beweise? Keine.

Im Auftrag von Werner Mauss überreichte Mittelsmann Ali Hijazi aus Genf am 23. April 1988 einen neuen Brief von Marlene Cordes an die Entführer. Am 8. Mai gab er dasselbe Schreiben an den Privatdetektiv zurück. Nun befanden sich darauf mehrere Zeilen von Cordes mit Grüßen an seine Frau. Es war zweifelsfrei die Handschrift des Hoechst-Vertreters. Man hatte endlich ein Lebenszeichen.

Zufall oder nicht, am nächsten Tag meldete *Die Welt*, Cordes sei wieder bei bester Gesundheit. Er werde seit einigen Wochen mit der Sonderverpflegung des Küchenchefs der iranischen Botschaft in Beirut gestärkt.

In der »Tiefe des gegnerischen Raumes« liefen mehr Operationen, als der Arbeitsstab Libanon überblicken konnte. Seit Februar 1987 unterstützte ein bemerkenswerter Iraner namens Manuchehr Ghorbanifar den BND. In seiner CIA-Akte wurde er so beschrieben: »Mittelgroß, übergewichtig, dunkle Augen, dünnes, dunkles Haar, rundes Gesicht, gut gekleidet.« Unter »Benehmen« hieß es, er sei ansehnlich, überzeugend, würde zu viel reden und sei sehr schwer zu handhaben.

Ghorbanifars Vergangenheit liegt in dichtem Nebel. Geboren 1945 in Isfahan, soll er Offizier der kaiserlichen iranischen Armee gewesen sein, auch Informant des berüchtigten Geheimdienstes SAVAK. Nach der Revolution tauchte er im Export-Import-Geschäft unter und als Geschäftsführer der Star Line Shipping Company wieder auf – eine in den siebziger Jahren gegründete, iranisch-israelische Firma. Bis Mitte 1980 konnte er noch ungehindert zwischen Europa und dem Iran hin und her reisen. Dann ließ er sich in Frankreich nieder.

Der illustre Perser geriet im selben Jahr auf den Radarschirm der CIA. Die Amerikaner lernten ihn durch die Vermittlung eines europäischen Geheimdienstes kennen. Ihre Zusammenarbeit in den ersten beiden Jahren war nicht sehr erfolgreich, und deshalb nabelte er sich wieder ab. Da man ihn in Langley sowieso für einen Windhund hielt, weinte ihm niemand eine Träne nach.

In seiner persönlichen Beurteilung hieß es vorsorglich, Ghorbanifar habe besonderes Geschick, Ereignisse vorauszusagen, nachdem sie bereits passiert waren. Er würde zweifelhafte Gerüchte verbreiten, ihre Herkunft nicht belegen können und sei ganz wild auf Geld. Damit paßte er allerdings gut in die Branche. Manuchehr Ghorbanifar war eine Weile nicht mehr zu sehen, kam dafür am 20. November 1984 umso stärker wieder ins Geschäft. Damals trafen sich einige ernsthafte Herren im feinen Hamburger Hotel Vier Jahreszeiten. Sie waren auf Einladung eines früheren, leitenden CIA-Operateurs namens Theodore G. Shackley zusammengekommen. Da saßen ehemalige SAVAK-Offiziere und aktive Khomeini-Abgesandte. Ghorbanifar stellte sich als Inhaber der Bylex Trading Company in Paris vor. Der frühere Abwehrchef der SAVAK, General Manuchehr Hashemi, konnte seine Begeisterung nicht zurückhalten. Er rühmte Ghorbanifar als Mann mit »fantastischen Kontakten«.

Aus diesem Treffen in Hamburg entwickelte sich der umstrittene Irangate-Komplex. Es ging um die Frage, wie man die US-Geiseln aus dem Libanon heimholen konnte. Ghorbanifar schlug die Zahlung von Lösegeld vor. Er bot sich selbst als Mittelsmann an. Als dies auf lange Sicht nichts fruchtete, kam mit dem Datum 7. Juni 1985 ein neuer Ghorbanifar-Einfall: Man könne das Problem auch mit »anderen Mitteln als Geld« lösen.

Der zwielichtige Wanderer zwischen den Welten war gerne bereit, sich konkreter zu äußern. Im Iran, so sagte er, gäbe es wichtige Leute, die an weitreichenderen Beziehungen mit dem Westen und speziell mit den USA interessiert seien. Er könne die Tür öffnen, und diese Leute seien in der Lage, die Freilassung der amerikanischen Geiseln voranzutreiben. Als Gegenleistung würden sie allerdings 100 TOW-Panzerabwehr-Raketen verlangen. Am 30. August 1985 schickten die Amerikaner über ihren Ableger Israel 100 TOW-Raketen, um »die Ernsthaftigkeit ihrer Absichten« zu demonstrieren. Für 408 weitere Flugkörper erhielten sie eine erste Geisel zurück, Pfarrer Benjamin Weir.

Der Tauschhandel Waffen gegen Geiseln war angelaufen. Oberstleutnant Oliver North vom Nationalen Sicherheitsrat wollte Ende November 1985 allen Ernstes 3300 israelische TOW's und 50 israelische HAWK-Luftabwehr-Raketen gegen die Freilassung von fünf US-Bürgern und einem Franzosen bieten. Außenminister George Shultz und Pentagonchef Caspar Weinberger wandten sich gegen die dubiosen Geschäfte. Eine Sitzung des Nationalen Sicherheitsrates beschloß im Februar 1986, die Zusammenarbeit mit Ghorbanifar im Waffen- und Geiselsektor einzustellen. Auf Drängen der Israelis wurde das Iran-Projekt aber nicht aufgegeben, sondern auf Sparflamme gehalten. Die CIA unterzog Ghorbanifar einem Lügendetektortest. Das Ergebnis war katastrophal und wies ihn als notorischen Lügner aus.

Mit Erlaubnis von US-Präsident Ronald Reagan wurden weitere Waffenlieferungen und die Preisgabe von Geheimdienst-Informationen über den Irak organisiert. Noch immer war Ghorbanifar der geheime Mittelsmann zwischen Washington und Teheran. Im Februar 1986 organisierte er den Transport von 1 000 TOW-Raketen. In der Folge erhielt der fanatisch-feindselige Iran weitere HAWK-Ersatzteile und noch mal 500 TOW's.

Dafür kamen zwei Geiseln frei, gleichzeitig wurden aber wieder Ausländer verschleppt. Auf Vermittlung von Ghorbanifar reiste Reagans früherer Sicherheitsberater Robert McFarlane im Mai 1986 nach Teheran. Die Amerikaner blamierten und die Iraner amüsierten sich. Im November flog der gesamte Irandeal durch eine Veröffentlichung in der Beiruter Zeitung *Al-Shiraa* auf.

Hans-Georg Wieck, einst deutscher Botschafter in Teheran, lernte Manuchehr Ghorbanifar über einen alten Bekannten kennen, der seit der Revolution in Paris lebte: der ehemalige Handelsminister Mahdawi. Er war nun Bürochef von Ghorbanifar und legte ein Wort für seinen Arbeitgeber ein. So schloß sich der Kreis. Kaum hatte Wieck grünes Licht gegeben, kam Ghorbanifar mit einer Privatmaschine nach München. Der BND-Chef empfing den ungewöhnlichen Gast in Haus 37 des Pullacher Camps, wo Präsident und Leitungsstab sitzen. Dann übergab er ihn den Nahostexperten von Haus 48, also dem Referat von Karl Hagemann.

Ghorbanifar erzählte Geschichten aus Tausendundeiner Nacht. Vollmundig verkündete er: »Es ist nur eine Frage kurzer Zeit, ich werde euch die beiden Geiseln bringen.« Beim BND-Referat 16A war man aber nicht nur an Cordes und Schmidt, sondern auch an einem tragfähigen Kontakt mit dem Geheimdienst der Mullahs, genannt SAVAMA, interessiert. Ghorbanifar schien der Schlüssel zu sein.

Nach dem Jahreswechsel organisierte der Iraner im pakistanischen Islamabad ein Treffen mit seinen Landsleuten. Die beiden Nahostchefs des BND, Heinrich Hellmann und Karl Hagemann, traditionell gegeneinander ausgerichtet, flogen im Erste-Klasse-Abteil der PIA zum Treffort. Zwei Tage warteten sie im Holiday Inn auf die unpünktliche Teheraner Delegation. Dann stellte sich heraus, daß das halbe Dutzend iranischer Schlapphüte an einen falschen Ort gereist war. Schließlich fand man sich dann doch, speiste gut, tauschte Freundlichkeiten und Telefonnummern aus. Die Delegation wurde von Mohsen Kangarlu geleitet, einem Rafsandschani-Vertrauten im Geheimdienst. Er repräsentierte bedauerlicherweise nicht die Direktverbindung Teherans zu den Geiselnehmern. Außer Spesen nichts gewesen.

Dafür blieb Lebenskünstler Manuchehr Ghorbanifar den Pullachern erhalten. Die Kontakte intensivierten sich. Der Groß-Händler lieferte viele Berichte zur Entwicklung im Iran, sagte regelmäßig Putsche und Wahlergebnisse voraus. Zumeist war es pures Wunschdenken. Ghorbanifar versuchte auf geschickte Weise, die deutsche Iran-Politik zu beeinflussen. Erst unter Hagemanns Nachfolger Jürgen Tebs nahm die Liaison mit dem prominenten Iran-Contra-Strategen ein Ende. Tebs war zu sehr karrierebewußter Beamter, Ghorbanifar dagegen ein bunter Paradiesvogel. Die beiden hatten nicht viel gemeinsam.

Es kam übrigens doch noch zur ersten Anbahnung zwischen dem Bundesnachrichtendienst und den Iranern. Man verabredete sich der Einfachheit halber in Bonn. Die Geheimen aus Teheran wurden von ihren Kollegen am Flughafen abgeholt. Schon an der nächsten Autobahn-Auffahrt merkten die Bärtigen, daß das Zentrale Observationskommando (ZOK) des BND hinter ihnen her war. Sie nahmen es sportlich und setzten sich trotzdem mit dem Duo Hellmann/Hagemann in der Residenz des iranischen Botschafters zusammen. Das erste Grundsatzgespräch zur Geiselfrage konnte stattfinden. Die Standleitung zwischen den beiden extrem unterschiedlichen Diensten war eröffnet.

Ein Araber sollte im Auftrag der Firma Hoechst, parallel zum erfolgreichen Werner Mauss, tätig werden: Abdelkader Sahraoui. Er stammte aus Algerien, war dort 1935 geboren, mit 16 Jahren nach Frankreich in ein ungewisses Exil gegangen. Sahraoui war und ist ein Freigeist, ein Revolutionär im klassischen Sinne, ein Aufrührer. In Frankreich gehörte er zu den Mitbegründern der algerischen Befreiungsbewegung FLN. Er arbeitete mit den historischen Führern zusammen, mit Boudiaf und Ben Bella.

1959 flüchtete der junge, schmächtige Idealist nach Deutschland. Hier fand er seine neue und bislang endgültige Heimat. 1964 bestand er die Aufnahmeprüfung für das Hessenkolleg in Kassel. Drei Jahre später folgte das Abitur und dann ein Politikstudium, unter anderem bei Alfred Grosser. Sahraoui arbeitete schwer, um alles finanzieren zu können; auf dem Bau in Duisburg, bei Volkswagen in Baunatal.

Der Kosmopolit war durch und durch sozialdemokratisch geprägt. Er freundete sich mit der alten Garde an, mit Brandt und Kreisky, mit Koschnick und Eppler. Vor allem mit dem Querdenker Erhard Eppler, der ihm heute noch am nächsten steht. Der frühere Bundesminister und zeitweise linke Stichwortgeber seiner Partei kümmert sich um den Sponti Sahraoui wie um einen engen Verwandten. Er muß seinen Freund aus dem nahen

Orient immer wieder vor sich selbst und allzu energischen Aktionen beschützen.

Als die Affäre Hamadi begann, konnte sich Sahraoui aus eigenem Erleben sehr gut in den Horror der lebendig begrabenen Geiseln hineinversetzen. 1976 war er für eine Weile Berater des

Der gebürtige Algerier und Eppler-Freund Abdelkader Sahraoui vermittelte im Sommer 1988 im Auftrag der Firma Hoechst und erreichte, daß Familie Cordes und der Arbeitskreis Libanon jeweils ein Lebenszeichen des Entführten erhielten.

algerischen Präsidenten Boumedienne gewesen und 1977 für sieben Wochen unter übelsten Verhältnissen in einer Zelle des algerischen Geheimdienstes gesessen. Diese Haft überlebte er nur, weil ihm Hilfe aus Deutschland zuteil wurde. Danach arbeitete er als Nahostexperte, Journalist, Unternehmensberater.

»Es begann mit einem Anruf des Unternehmers Franz Josef Underberg. Er sagte, er habe einen Verwandten bei Hoechst, und Hoechst brauche Hilfe. Ich beriet mich mit Erhard Eppler und Ahmed Ben Bella. Wir sprachen mit den Iranern, mit Abolghassem Mesbahi, einem Mann, der Khomeini und auch dem Teheraner Geheimdienst nahestand. Mesbahi rief mich zurück. Er sagte, die Sache ist möglich. Underberg und ich fuhren nach Frankfurt. Wir trafen die Hoechst-Leute in der Lufthansa-Lounge, einigten uns rasch auf die Zusammenarbeit. Zwei Bedingungen habe ich gestellt: Kein Kopfgeld und keine Waffen.«

Abdelkader Sahraoui flog nach Damaskus, wo er einen anderen Freund, den libyschen Botschafter Hamid Jalloud, traf. Unter dem Schutz der Drusen ging es mit einer Fahrzeugkolonne in das unsichere Beirut. In West- und Süd-Beirut hatten sich die Milizionäre von Amal und Hisbollah in heftige Kämpfe verbissen. Der dem Islam verpflichtete Sahraoui saß zwei Stunden lang mit Scheich Fadlallah zusammen. Es ging um beider Glauben, um Deutschland, Israel, um die Geisel Cordes. Der Mittelsmann kehrte zurück, berichtete Eppler und Koschnick.

Sein Verbindungsmann bei Hoechst, Vorstandsmitglied Günter Metz, schickte ihn zu Abteilungsleiter Schlagintweit ins Auswärtige Amt. Die beiden blieben sich fremd. Der inzwischen pensionierte Nahostexperte hielt Sahraoui für einen weiteren Trittbrettfahrer: »Wir kamen zu der Überzeugung, daß er nichts bringen konnte.« So sah es auch Heinz Fiedler. Eppler, sagt er, sei der Kontaktmann der SPD gewesen. Er habe immer wieder mit Schäuble über die Geiseln gesprochen. Sein Schützling Sahraoui habe stets als »unwesentlich« gegolten. Kanzleramtsminister

Wolfgang Schäuble blieb gleichfalls distanziert: »Ich habe von dieser schillernden Figur nichts gehalten. Ich hatte das Gefühl, er will sich nur ins Geschäft bringen, und habe ihn dann ferngehalten.«

Der Algerier spürte, daß ihn das politische Bonn ablehnte. Auch mit seinem Parteifreund Hans-Jürgen Wischnewski kam er nicht zurecht, da dieser immer noch auf eigene, große Erfolge und auf Hilfe von Sadegh Tabatabai hoffte. Ein Gespräch mit dem SPD-Fraktionschef Hans-Jochen Vogel fand am 29. Juli statt, war aber eher enttäuschend. »Ben Wisch« und der Iraner Mesbahi nahmen daran ebenfalls teil. Es folgten viele Telefonate zwischen Mesbahi und der Mullah-Führung. Dann war es soweit. Der SAVAMA-Mann Mesbahi ging zur iranischen Botschaft in Bonn, während Sahraoui auf ihn wartete. Er kehrte mit zwei Briefen von Rudolf Cordes zurück, einen für seine Frau und einen für den Arbeitsstab. Es sollte eigentlich auch ein Video ausgehändigt werden, aber das war nicht angekommen.

Am 3. August 1988 trafen sich Sahraoui und seine Partner von Hoechst erneut konspirativ in der Senator Lounge am Frankfurter Flughafen. Mit am Tisch: Marlene Cordes und Hans-Jürgen Wischnewski. »Frau Cordes, wir haben gearbeitet!« meldete sich ein stolzer Sahraoui und überreichte das lange ersehnte Schreiben des verschleppten Pharmavertreters.

Sahraoui ist heute noch empört: »Wischnewski ließ sich den Brief sofort kopieren und eilte damit zum Kanzleramt. Dann wurde ich am nächsten Tag zu Schäuble geladen, um den anderen Brief übergeben zu können. Das war's.«

Dies führte später zu einem öffentlichen Disput zwischen der SPD und der Bundesregierung. Erhard Eppler beklagte in der SPD-Zeitung *Vorwärts*, daß Sahraouis »aufopfernde Aktivitäten« nur ungenügend gewürdigt worden seien. Hier gehe es um Fairneß gegenüber einem Menschen, der sich den Brückenschlag zwischen der Bundesrepublik als seiner neuen Heimat und der islamischen Welt zu seiner Lebensaufgabe gemacht habe.

Der Text des Cordes-Briefes für den Arbeitsstab Libanon:

An die Regierung der Bundesrepublik Deutschland,
Schon über eineinhalb Jahre sind vergangen. Meine Gesundheit verschlechtert sich ständig. Schon mehrmals war bereits ein Arzt hier. Man ist sehr nett zu mir. Kann denn Mohammed nicht freigelassen werden? Was hat er denn gegen Deutschland unternommen?
Ein verzweifelter Bundesbürger

Die Schrift auf dem eng linierten, leicht vergilbten DIN-A-5-Heftblatt wirkte mühsam und zittrig. Der *Stern* legte diesen Brief dem Hamburger Graphologen Hans Ockelmann vor und bekam eine umfassende Analyse. Darin hieß es: »Es ist, als habe man die Schrift eines alten Mannes vor sich, der keine Reserven mehr hat und dessen Lebensgefühl und -mut in den Grundfesten erschüttert sind. Die ursprünglich vorhandene Fähigkeit elastischen Agierens und Reagierens flackert nur noch stellenweise auf.«

Der Graphologe kam zum folgenden Schluß: »Das Vermögen, Belastungen gleich welcher Art abzufedern, ist brüchig und kaum noch längeren Anspannungen gewachsen. Lediglich der orientierungs- und sinnbemühte Verstand hält letztlich noch zusammen, was die überforderte Physis eigentlich nicht mehr hergeben will.« Ein Schriftsachverständiger, der den Brief für die Bundesregierung analysierte: »Der Mann ist zwar deprimiert, aber dennoch voller Hoffnung.«

In einem Interview mit der Illustrierten *QUICK* erklärte Sahraoui, die Freilassung der Hamadi-Brüder gegen den entführten Hoechst-Manager sei keine Bedingung mehr. Die Hisbollah habe auch keine Lösegeldforderung gestellt. Auf zwei Punkte werde allerdings bestanden: Die Bonner Parteien sollten den Irak als Hauptschuldigen und Aggressor im Golfkrieg brandmarken. Bonn sollte den Einsatz von Giftgas gegen den Iran verurteilen. Diese Voraussetzungen waren aber, sehr zum Unwillen der Iraker, bereits Ende Juli 1987 erfüllt worden. Genscher hatte öffentlich erklärt: »Der Irak ist der Aggressor.« Bagdad reagierte entrüstet. Tage später reiste Genscher nach Paris, um sich mit dem irakischen Außenminister Tarek Aziz wieder zu treffen.

Nach den letzten Entwicklungen bei der Justiz schienen die Beiruter Entführer zur Vernunft gekommen zu sein. Abbas Hamadi war am 19. April 1988 wegen der Beteiligung an der Entführung von Cordes und Schmidt zu 13 Jahren Haft verurteilt worden. Das Verfahren gegen Mohammed lief seit dem 5. Juli. Am 9. August hatte der Angeklagte die Beteiligung an der Entführung der amerikanischen Verkehrsmaschine zugegeben, jedoch die Schuld an dem dabei verübten Mord bestritten.

Die Gespräche zwischen dem Bonner Auswärtigen Amt und den Iranern fanden nun in immer kürzeren Abständen statt. Am 3. Juni 1988 tauschten sich Genscher und sein Kollege Velajati in Bonn aus. Am 12. Juli reiste Irans Botschafter Mehdi Ahary Mostafavi nach Griechenland, wo sich Genscher auf einer Insel der Sporaden-Gruppe gerade erholte. Mostafavi übergab ihm einen Brief von Velajati. Beide saßen sich in einer Dienststelle der örtlichen Polizei gegenüber und diskutierten über den Weltsicherheitsrat und den Golfkrieg zwischen Iran und Irak. Der Bonner Minister beendete sofort seine Ferien. Am 18. Juli akzeptierte die iranische Regierung, nach monatelangen schweren Niederlagen und dem irrtümlichen Abschuß einer Maschine der Iran Air durch die US-Marine, Resolution 598 des UN-Sicherheitsrates, die Iran und Irak zum sofortigen Waffenstillstand aufforderte. Eine verspätete Reaktion, denn die Resolution lag bereits seit einem Jahr bereit.

Velajati-Vize Laridschani kündigte sich in Deutschland an. Er traf Genscher am 15. August auf dem Rhein-Main-Flughafen Frankfurt. Laridschani an Genscher: »Die Gruppe um Rafsandschani will eine Öffnung nach Westen.« Genscher an Laridschani: »Die Schlüssel für eine Öffnung nach Westen sind die Geiselfrage und die Genfer Verhandlungen zur Beendigung des

Golfkrieges.« Laridschani an Genscher: »Innerhalb der nächsten zehn Tage wird es eine positive Nachricht im Fall Cordes geben.«

Am 20. August kam es zu einer nicht geplanten Begegnung zwischen Genscher und Velajati – bei der Beerdigung des pakistanischen Despoten Zia ul-Haq in Islamabad. Die Iraner versicherten: »Die Entscheidung über eine Freilassung von Cordes liegt nicht in unseren Händen. Wir betrachten dies jedoch als humanitären Vorgang. Außerdem sind uns die deutsch-iranischen Beziehungen sehr wichtig. Deshalb werden wir unseren Einfluß in Beirut geltend machen.« Genscher erwiderte: »Es geht nicht

Hans-Dietrich Genscher und Irans stellvertretender Außenminister Mohammed Laridschani trafen sich im August und September 1988 mehrere Male, um über die mögliche Freilassung von Rudolf Cordes zu sprechen.

nur um Cordes, sondern um alle Geiseln.« An dieser Stelle hakten die Perser jeweils ein und erinnerten an die eigenen Geiseln.

Im Juli 1982 hatten vier Iraner, ein Diplomat, ein Kommandeur der Revolutionswächter, ein Journalist und ihr Fahrer, versucht, von der Bekaa-Ebene nach Beirut zu gelangen. Sie fuhren einen langen Umweg, um nicht den israelischen Invasionstruppen in die Arme zu laufen. Zu ihrem Unglück landeten sie aber bei der christlichen Miliz und wurden an einem Kontrollpunkt nördlich von Beirut verschleppt. Seither sind sie verschwunden. Augenzeugen berichteten später, daß das Quartett nach ausgiebigen Verhören erschossen worden war.

Am 24. August sprach Botschafter Mostafavi wieder bei Genscher vor. Seine Nachricht: »Rudolf Cordes wird am 12. September freikommen. Wir bitten um äußerste Diskretion, da diese Aktion sonst gefährdet sein könnte. Die Freilassung von Cordes ist für uns sehr wichtig.« Es wurde, entgegen den ehernen Gewohnheiten der Bonner Beamten, kein schriftlicher Vermerk formuliert. Zur neuen Entwicklung gab es vorläufig auch nur die Mitwisser Genscher, Kohl und Fiedler. Für einige Wochen blieb es das »bestgehütete Geheimnis Bonns« (Genscher).

Am 9. September trafen Genscher und Laridschani wieder zusammen. Der Vize-Außenminister bestätigte die bevorstehende Freilassung des deutschen Managers. Nun wuchs die Spannung ins Unerträgliche. Drei Tage später, am Stichtag, veröffentlichte die Beiruter Tageszeitung *An Nahar* einen Brief von Cordes:

An die Regierung der Bundesrepublik Deutschland.
Ich soll am Montag (12.9.88) freigelassen werden. Bitte informiert meine Familie, aber bitte tut alles hinsichtlich Mohammed, bitte helft, die Geiselnehmer erwarten etwas, jetzt besonders, da man mich freiläßt.

In einem Begleitschreiben kündigte eine Gruppe »Kämpfer für die Freiheit« die Freilassung Cordes' für die nächsten 48 Stunden an. In einer neuen Erklärung, am Montag abend, wurde die Frist auf zwölf Stunden verkürzt. Die Kidnapper schrieben, die Freilassung erfolge »auf Bitten des syrischen Staatspräsidenten Assad und der iranischen Regierung, die eine Lösung des Problems der Brüder Hamadi garantierten«. Man berücksichtige damit die »internationale Entspannung«. Eine Feindschaft mit der Bundesregierung sei nie beabsichtigt gewesen.

Die Freilassung von Cordes bedeute jedoch nicht, daß »wir mit dem Fall des Mudschahid Mohammed Ali Hamadi nichts mehr zu tun haben wollen. Er liegt uns weiter am Herzen.« Man werde versuchen, ihn auf legale Weise freizubekommen. »Sollte er aber nicht freigelassen werden, sehen wir uns gezwungen, wieder Gewalt anzuwenden.«

Wir möchten zur Befreiung Cordes anmerken, daß sie insbesondere in letzter Konsequenz nur durch die Intervention der Bundesregierung und des deutschen Außenministers ab Frühjahr 1988 ermöglicht wurde. Wir sind jedoch der Auffassung, daß dieser Erfolg durch unsere hier geschilderte Arbeit wesentlich erleichtert, wenn nicht sogar erst möglich wurde.«

Werner Mauss in seinem vertraulichen Dossier
für die Firma Hoechst

14 Rachejustiz oder Gerechtigkeit?

»Ich bin in der Untersuchungshaft in Deutschland niemals mißhandelt oder geschlagen worden. Ich werde so korrekt wie jeder andere Gefangene behandelt. Ich appelliere noch einmal an die Geiselnehmer in Beirut, Cordes im Namen der Menschlichkeit sofort in die Bundesrepublik freizulassen.«

Abbas Hamadi am zweiten Verhandlungstag

Das Strafverfahren gegen den Hamadi-Bruder, der an der Entführung von Cordes und Schmidt irgendwie beteiligt war und zusammen mit anderen die Bundesregierung nötigen wollte, begann mit einer Bombendrohung. Unbeeindruckt jedoch eröffnete der Vorsitzende Richter des 5. Düsseldorfer Strafsenats, Klaus Arend, am 5. Januar 1988 die Hauptverhandlung.

Das Oberlandesgericht durfte sich sicher fühlen, war es doch in der extra für Terroristenprozesse umgebauten, ehemaligen Turnhalle der Polizeikaserne an der Tannenstraße untergebracht. Um den Hochsicherheitstrakt patrouillierten schwer bewaffnete Posten. Jeder Besucher wurde genauestens durchsucht; das normale Geschäft bei deutschen Terroristen-Prozessen.

Ungewöhnlich war dagegen die Erklärung, mit der sich Arend am zweiten Tag an die Organisation von Abdul Hadi Hamadi, Hassan Essedine, Imad Mugniyah und den anderen wandte. »Im Interesse von Cordes erkläre ich, daß dieses Verfahren seinen rechtsstaatlichen Weg gehen wird. Es geht nur um die Wahrheitsfindung und um sonst nichts. Wenn Abbas Hamadi unschuldig ist, wird er freigesprochen. Wenn er schuldig ist, wird er verurteilt nach dem Maß dessen, was er verdient hat. Der Senat läßt sich von Drohungen nicht beeinflussen, weder in der Beweiserhebung noch im Richterspruch. Dies widerspricht seinem Selbstverständnis, seiner Pflicht und seinem gesetzlichen Auftrag. Das Gericht ist allein dem Gesetz und seinem Gewissen verpflichtet.«

Es könne keine Verbindung zwischen der Situation von Rudolf Cordes und dem Urteil über Abbas Hamadi geben. Niemand, auch nicht die Entführer, könnten während des laufenden Strafverfahrens auf den Düsseldorfer Senat Einfluß nehmen. Die Kidnapper würden die »rechtsstaatlichen Verhältnisse in der Bundesrepublik« völlig verkennen. Erst nach einem Schuldspruch könne die Exekutive wieder eingreifen. Der Strafvollzug sei ihre Sache.

Abbas Hamadi, 29, mit Vollbart und Geheimratsecken, gab sich wortkarg, gewitzt und durchaus freundlich. In fließendem Deutsch antwortete er dem Vorsitzenden. Der nannte ihn daraufhin beim Vornamen und sparte nicht mit Lobesworten. Das entspannte die Situation spürbar.

Erst, als die Beweislage immer eindeutiger wurde, zog sich der Libanese in seine privaten Nischen zurück. Irritiert mußte er schon nach einigen Tagen zur Kenntnis nehmen, daß sich auf einem Brief des Siemens-Technikers Alfred Schmidt an seine Mutter drei Fingerabdrücke von Abbas befunden hatten. Kein Zweifel möglich.

Genauso belastend waren die Telefongespräche des Angeklagten mit seinen Landsleuten im Saarland. Bekanntlich wurde er gefragt, ob »man den Deutschen habe«. Seine Antwort: »Ja, wir haben ihn.« Das ließ wenig Spielraum und erklärte den resignativen Satz von Abbas Hamadi anläßlich einer Vernehmung beim Bundeskriminalamt: »Bei Gott, wir sind alle Opfer unserer eigenen Dummheit.«

Vor den Prozeßbeteiligten entfaltete sich ein Mosaik mit unzähligen Komponenten aus Tausendundeiner Nacht. Man mußte die Hürden phantasiereicher Übersetzungen aus dem Arabischen überwinden. Auch die Kassiber, mit denen die in Deutschland inhaftierten Hamadis im Gefängnis Kontakt gehalten hatten, lagen dem Gericht vor. So hatte Mohammed seinem älteren Bruder geraten: »Sage nichts über unsere Kontakte mit dem Iran und bestreite auch unsere Kontakte zur Hisbollah.« Als dies verlesen wurde, blickte Abbas einen Moment lang verzweifelt und schüttelte nur den Kopf.

Im Laufe der Wochen kamen extrem unterschiedliche Zeugen zu Wort. Der Dolmetscher Fayek Riad, zum Beispiel, arbeitete für das Bundeskriminalamt. Regelmäßig wählte er die Beiruter Telefonnummer 313568 an. Die deutsche Behörde hatte sie von der CIA erhalten. Später wurde sie auch von den Hamadi-Eltern mitgeteilt. Am anderen Ende meldete sich Mona Hage (»Ich weiß nichts.«), die neue Ehefrau von Abbas Hamadi, aber auch andere Familienangehörige und diverse schüchterne Herren, die ihre Namen nicht nennen wollten. Leider fragten die Wiesbadener niemals direkt nach Abdul Hadi Hamadi. Auch auf lange Sicht brachte diese Telefonaktion nichts, da beide Seiten nur muffig in die Hörer lauschten und keiner den ersten Schritt machen wollte. Und Mona Hage versicherte stereotyp: »Die Brüder sind für längere Zeit weg.«

Im übrigen wurde der Aufklärungsapparat des Bundeskriminalamtes bei den Zeugenaussagen im ersten Hamadi-Prozeß regelmäßig zerzaust. Ein *F.A.Z.*-Gerichtsreporter faßte »die schlampige Vorarbeit des Bundeskriminalamts« zusammen: »Der Vermittler Mahroum wurde, als er noch von Deutschland aus mit den Terroristen in Beirut telefonierte, schon frühzeitig abgehört. Als Mahroum sich danach erkundigte, belogen ihn die Ermittlungsbeamten mit der Erklärung, sein Telefon werde nicht überwacht. Das macht solche Beweismittel jetzt in der Hauptverhandlung wertlos.

Etliche dieser Telefonüberwachungen sind auch ohne rechtzeitige richterliche Anordnung geschaltet worden, ein auch bei ›Gefahr in Verzug‹ nicht einwandfreies Verhalten. In Wiesbaden scheint auch im Fall Hamadi kein Spezialistenteam für Terroristenfahndung, sondern eher eine Beamtenbürokratie dritter Klasse gearbeitet zu haben. Kontinuität in den Voruntersuchungen ist kaum festzustellen. Wenn es um Wichtiges ging, hatten die zuständigen Kriminalbeamten stets ihre Ausrede: ›Da wurde ich gerade abgelöst, da war ich nicht mehr im Einsatz.‹«

Am 10. Februar 1988 trafen Täter und Opfer aufeinander. Alfred Schmidt war als Zeuge geladen. Er konnte Abbas Hamadi nicht als seinen Entführer identifizieren und auch nicht als einen der Männer, die ihn nach den Namen und Daten weiterer Deutscher in Beirut befragt hatten. Schmidts Ausführungen waren nüchtern, emotionslos, unterkühlt; ein wenig Farbe bekamen sie erst, als er das Gericht über die Spitznamen der Bewacher aufklärte, die Cordes und er erfunden hatten. Sie hießen »Fusselheini«, »Grünstich« oder »Frisör«.

Auch Raschid Mahroum mußte antreten. Für die Reise von seinem selbstgewählten Exil in Zypern zum Oberlandesgericht in Düsseldorf bekam er freies Geleit zugesichert. Schließlich lief bei der Bundesanwaltschaft in Karlsruhe gegen ihn seit dem 20. November 1987 ein Ermittlungsverfahren wegen des Verdachts der Beihilfe zur Entführung. Die Nachforschungen wurden am 5. Juni 1989 eingestellt, weil dem geschickten Orientalen nichts nachzuweisen war. Trotzdem denken die Bundesanwälte heute noch, daß er möglicherweise »von vornherein an der Sache beteiligt war«.

Mahroum kam als Zeuge nach Düsseldorf, nicht als Mitangeklagter. Sein Auftritt, den die Boulevardpresse völlig überbewertete, wurde von anderen Familienangehörigen spektakulär eingeleitet. Sohn Omar bezeichnete ihn als »geldgeil«, nannte ihn auch einen »Hasenfuß«. Neffe Bahaa Mahroum leuchtete das Chaos der verwickelten Clan-Beziehungen aus. Er schilderte die Fehden und Freundschaften zwischen der Ghosn-Familie, die sich auf Waffenhandel und gefälschte Pässe spezialisiert haben soll, den Mahroums und den Hamadis. Die Seele seines Onkels, gab er an, sei »bei den Entführern gewesen«.

Raschid Mahroum beschuldigte den Neffen, er habe aus Geldgier im Hause seiner Tante Yousra eine Bombe gelegt, seine Cousine vergewaltigen und vergiften wollen. Er habe einen Kollegen von der Amal angeschossen, in einem Amal-Stützpunkt eine Bombe versteckt.

Beiruter Familienalltag.

Treffend auch die Beobachtung von Marianne Quoirin im *Kölner Stadt-Anzeiger*: »Wer genau zuhört, kann sich die einzelnen Mitglieder der Ghosn-Sippe ganz gut vorstellen: den schielenden Ibrahim, der in der DDR Zahnmedizin studiert hat und vielleicht den Entführern als Übersetzer diente (Schmidt hat einen schwach sächselnden Araber beschrieben), das Kind von Hussein, das von ›Onkel Cordes‹ erzählte, und den Schwager Raschid Mahroum, der Hussein den Auftrag gegeben haben soll, einen anderen Menschen zu liquidieren, der sich als zweiter um eine Vermittlerstelle zur Bundesregierung beworben hatte.«

Dann, nach all dem Vorprogramm, kam er selber: Raschid Mahroum, 44. Da er sich »in hohem Maße an Leib und Leben gefährdet« (Richter Klaus Arend) fühlte, wurden im Verlauf der Vernehmung nicht nur die Öffentlichkeit, sondern auch Abbas Hamadi von der Verhandlung ausgeschlossen. Der elegante Handelsmann Mahroum lieferte seine Version der Abläufe, bei denen er durchaus eine tragende Rolle gespielt hatte. Sensationelles war nicht dabei. Selbstverständlich bestritt er, in die Entführungen verwickelt gewesen zu sein.

Enttäuschend auch der kurze Auftritt von Mohammed Hamadi. Der schmächtige, etwa 1,60 Meter große Flugzeugentführer hatte sich inzwischen einen religionskonformen Vollbart wachsen und die Haare ganz kurz scheren lassen. Er wurde von zwei Sicherheitsbeamten vorgeführt, verneigte sich kurz vor seinem Bruder und verweigerte dann die Aussage. Er benutzte das Düsseldorfer Forum lediglich, sein neues, falsches Geburtsdatum ein erstesmal zu verbreiten.

Nach einer halben Stunde wurde er wieder abgeführt und verabschiedete sich von Abbas mit einer zum Gruß erhobenen, geballten Faust. Der Mann auf der Anklagebank hatte sich Entlastendes erwartet. Verbittert blickte er dem prominenteren Bruder hinterher. Mohammed Hamadi habe geschwiegen, so die Analyse von Abbas' Verteidigern, weil er in Beirut nicht als Verräter gelten wolle. Seine Rolle sei die des Märtyrers und Helden, und das pflege er.

Auch Kanzleramtsminister Wolfgang Schäuble trat in den Zeugenstand. Seine Kernaussage: Die Bundesregierung habe sich bei ihrer Entscheidung, Mohammed Hamadi nicht in die USA auszuliefern, von den Morddrohungen der Cordes- und Schmidt-Entführer beeinflussen lassen. Es sei darum gegangen, das Risiko für die Geiseln so gering wie möglich zu halten. Viel mehr war aus ihm nicht herauszuholen. *Spiegel*-Gerichtsreporter Gerhard Mauz über Schäuble: »Mit dem abweisenden Charme des verstorbenen Schauspielers Steve McQueen weist er Versuche der Verteidigung zurück, ihn über seine Aussagegenehmigung hinauszudrängen.«

Am 6. April forderte die Bundesanwaltschaft wegen zweifacher Geiselnahme in Tateinheit mit Nötigung der Bundesregierung sowie Vergehen gegen das Sprengstoff- und Luftverkehrsgesetz eine Gesamtfreiheitsstrafe von elfeinhalb Jahren. Strafmildernd wurde gewertet, daß Abbas »nur über einen sehr kurzen Zeitraum an der Entführung mitgewirkt« und sich später in mehreren Briefen an die Kidnapper für die Freilassung der Geiseln eingesetzt habe. Hamadi-Verteidiger Eckart Hild hielt einen Freispruch für angemessen, seinen Mandanten für unschuldig: »Nichts kann als erwiesen angesehen werden, was für sich allein oder im Zusammenhang mit anderem eine Verurteilung des Angeklagten erlauben würde.«

Mit zweifelsfrei saarländischem Einschlag, korrekten deutschen Formulierungen und einer seltsam dünnen Fistelstimme verteidigte sich Abbas Hamadi ein letztes Mal. Das BKA habe ihn nie auf seine Rechte hingewiesen. Sein Verfahren sei »ein System von Rechtsbrüchen« gewesen. Abbas grundsätzlich: »Ich habe keinen Anteil an der Entführung der Herren Cordes und Schmidt, weder direkt noch indirekt.« Er appellierte erneut an die Entführer, Cordes freizulassen, »unabhängig vom Ausgang des Verfahrens«.

7. August 1993: Fest zur Rückkehr von Abbas Hamadi aus deutscher Haft. Rechts neben ihm sein Bruder Abdul Hadi Hamadi, der Entführer und Sicherheitschef von Hisbollah.

Am 19. April 1988, nach 31 Verhandlungstagen, wurde das Urteil gesprochen. Der Staatsschutzsenat des Oberlandesgerichts ging völlig überraschend über den Antrag der Anklage hinaus. Abbas Hamadi wurde zu 13 Jahren Haft verurteilt. Der bereits durch seine mächtige Gestalt beeindruckende Richter Klaus Arend begründete das Urteil mit der Unmenschlichkeit der Entführungen im gesetzlosen Libanon. »Aus dem Verhalten des Angeklagten spricht grob rechtsfeindliche Gesinnung, Rücksichtslosigkeit und Brutalität.« Die Haftbedingungen für die verschleppten Deutschen seien »in höchstem Maße brutal und nur mit Kerkerverhältnissen im Mittelalter vergleichbar«.

Abbas Hamadi ließ für einige Sekunden den Kopf hängen. Dann fing er sich, schüttelte ungläubig den Kopf und rief einen Dolmetscher heran. Er dachte, er hätte sich trotz seiner guten Deutschkenntnisse verhört. Plötzlich klatschte er Beifall und scherzte demonstrativ mit seinen Bewachern.

Je nach politischer Ausrichtung applaudierten auch die Medien (*Die Welt*: »Es war mehr als ein Urteil im Prozeß Hamadi: es war eine Kampfansage an den internationalen Terrorismus.«) oder kritisierten den Beschluß als »drakonisch« (*Abendzeitung* in München). Die Berliner *Tageszeitung* sprach von »politischer Rachejustiz« und glaubte einen »wackligen Indizienprozeß« zu erkennen.

Ähnlich der *Kölner Stadt-Anzeiger*: »Das Urteil erinnert in seiner Beweisführung an einen gewagten Drahtseilakt: Es gibt nur zwei dürftige Sachbeweise und viele widersprüchliche Zeugenaussagen. Daß durch das Urteil der umstrittene Vermittler Raschid Mahroum quasi aus Beweisnot rehabilitiert wurde, zeigt die Probleme dieses Verfahrens. Das Wort zum Sonntag, das der Jurist Arend der Urteilsbegründung voranschickte, konnte dieses Manko nicht verdecken.«

An anderer Stelle schrieb Marianne Quoirin in einem Kommentar mit dem Titel »Bittere Lektion«: »Das Oberlandesgericht in Düsseldorf wollte mit der hohen Strafe für Abbas Hamadi ein klares Zeichen setzen im Dschungel von Terror, Familienfehden und dem sie überdeckenden, religiösen Fanatismus. Es hatte keine andere Wahl, auch wenn sein Urteil nicht ganz überzeugt. Das Gericht konnte nur Teile von Wahrheiten zutage fördern über die terroristischen Verstrickungen des Angeklagten im fernen, für das Gericht unerreichbaren Libanon. Das Bekenntnis des Richters zu Beginn des Verfahrens, ›Wir lassen uns nicht erpressen‹, klang wie ein Appell an sich selbst: Nur nicht bange machen lassen von Menschen, denen es auf ein Menschenleben nicht ankommt.«

Am 24. Januar 1989 fiel der letzte Vorhang im Verfahren gegen Abbas Hamadi. Der 3. Strafsenat des Bundesgerichtshofes wies die Revision des Libanesen ohne mündliche Verhandlung als unbegründet zurück.

Wenn sie glauben, jetzt haben wir die Hamadis eingesperrt und so werden wir den Terrorismus von Grund auf vernichten, so
ist das lachhaft. Ich wünsche mir, ehrlich gesagt, 1000 Jahre Gefängnis und nicht für fünf Minuten in der Hölle. Es soll geschehen, was geschehen soll. Das Volk wird dadurch nicht ausgerottet werden, im Gegenteil. Ich und mein Bruder und alle, die den Ruf ›Es gibt keinen Gott außer Allah‹ rufen, werden denjenigen, die im Namen Gottes kämpfen, als Brücken dienen.

Abbas Hamadi in einem Kassiber

15 Vor Mitternacht die Freiheit

Es war im Winter 1987/88, wahrscheinlich im Januar. Die vermummten Bewacher kamen und brachten ihrer Geisel Rudolf Cordes eine neue Hose, ein Hemd und Socken. Schuhe gehörten nicht dazu. Der labile, durch die Monate der Einzelhaft entnervte Mann sollte sie sofort anziehen. Er wußte nicht, ob er wieder einmal verlegt oder gar freigelassen werden sollte. Am Abend kamen die Täter zurück und befreiten ihr Opfer von den neuen Kleidungsstücken. Cordes bekam sie nicht mehr zu sehen.

Daran erinnert er sich am Morgen des 11. September 1988. Die Bewacher kommen und starten das Ritual des alltäglichen Psychoterrors: »Tomorrow you get free!« Sie nehmen Maß, um die Konfektionsgrößen des abgemagerten Cordes, er wiegt noch 60 von ursprünglich 82 Kilo, zu ermitteln. Zum erstenmal sind auch Schuhe vorgesehen. Der Mann aus Hoechst verfolgt die Mechanismen seiner Peiniger mit großer Skepsis. Er glaubt nicht an Freilassung. Mehr als einmal hatte man ihn schon hereingelegt. Dann wird die Kleidung gebracht. Jetzt kommt ihm eine erneute Verlegung, die zehnte, in den Sinn. »No, no«, sagen die Kapuzenmänner, »tomorrow you free.«

»Nachdem mir kontinuierlich versichert wurde, daß ich entweder in zwei Tagen, dann in einer Woche, dann in einem Monat freigelassen werde, und nachdem man mir versprach, daß ich nach der Freilassung von Herrn Schmidt höchstens noch drei Tage dort bleiben müßte, und nichts geschah, glaubte ich nicht mehr den Aussagen der Wärter.«

Wieder vergeht der Tag mit sinnlosem, geisttötendem Warten. Die Bewacher kommen immer wieder und sprechen dann in ihrer zeitlosen, arabischen Art von »two hours«, von »seven o'clock«, dann von »eight o'clock«. Gewöhnlich denkt keiner daran, solche Vorgaben ernst zu nehmen. Sie scheinen auf ein Auto zu warten, das einfach nicht kommen will. Plötzlich, gegen Abend, geht es doch los. Von irgendwo in Südlibanon, möglicherweise am Rande einer Kriegszone, wird Cordes in etwa 45 Minuten nach Beirut gebracht. Zwei der Aufpasser fahren mit ihm.

Das neue Quartier löst einen Schock aus. Cordes glaubt nicht an Freilassung. Deshalb löst der häßliche Kellerraum bei ihm Panik und Angst aus. Der Fußboden ist teilweise mit Wasser bedeckt. Kakerlaken wuseln herum. In der Ecke liegt eine dreckige Matratze. Die Luft ist schmutzig, feucht und verpestet. Es gibt keine Möbel und kein Fenster, nur eine kleine, runde Öffnung mit einem Ventilator. Cordes kann keine Ketten entdecken. Doch das beruhigt ihn nicht. Er weiß, daß er diesen Abstellraum nicht lange überleben würde. So beginnt der 12. September. Die anonymen Bewacher sprechen immer wieder von Freilassung und von der Rückkehr Mohammed Hamadis. Cordes kann es nicht glauben.

Wenn er nach der Uhrzeit der für ihn immer noch zweifelhaften Freilassung fragt, dann wird er stets vertröstet. Das kommt ihm bekannt vor. Plötzlich, es ist bereits wieder Abend, wird der dünne Mann hastig aufgefordert, den Raum zu verlassen. Mit anderen zwängt er sich in einen Wagen. Die Terroristen sagen ihm, er werde in Westbeirut vom deutschen Botschafter und von Vertretern der iranischen und syrischen Regierung erwartet. Noch einmal begehrt Cordes auf. Der deutsche Botschafter sei ja wohl in Ostbeirut und nicht im Westen. Die Bewacher lassen sich nicht beirren. Man habe das so arrangiert. Cordes weiß nicht, daß die letzte Nachricht der Entführer den Botschafter Wolfgang Göttelmann in das Hotel Beau Rivage bestellt hat.

Nach kurzer Fahrt stoppen sie in der Nähe eines hell erleuchteten Wohnhauses. Sie verwechseln es anscheinend mit dem Hotel, wo sie sich von Cordes trennen sollten. Hier werde er die Syrer treffen, sagen sie ihm. Sie rufen »Raus, raus, raus«, setzen ihn auf die Straße und rasen davon. »Der Wagen war weg, und ich stand irgendwo auf einem Platz in Beirut. Vor mir ein erleuchtetes Haus, von einem deutschen Botschafter nichts zu sehen. Ich ging auf das Gebäude zu, klingelte. Es war das Haus des früheren Bildungsministers, der von meiner Freilassung zwar gehört hatte, mich aber nicht in seinem Haus erwartet hatte. Der Minister führte einige Telefonate. Kurze Zeit später kam ein Jeep mit vier bewaffneten libanesischen Polizisten und einem Polizeioffizier.«

Die Polizisten wollen den Überraschungsgast zu seiner Botschaft in Ostbeirut bringen. Als sie mit ihrer wertvollen Fracht an die »Grüne Linie« kommen, die damals noch Ost- und Westbeirut trennt, werden sie von schwerbewaffneten und ziemlich unfreundlichen Milizionären gestoppt. Beide Seiten stehen sich mit entsicherten Kalaschnikows und heftigen Argumenten gegenüber. Cordes wird aufgefordert, den Jeep zu verlassen. Die Angst, noch einmal verschleppt zu werden, steigt in ihm hoch.

Zur selben Zeit kommt es zu Tumult-Szenen vor dem Hotel Beau Rivage in Westbeirut. Botschafter Göttelmann fährt tatsächlich mit seinem Konvoi vor. Der Chef der deutschen Personenschützer steigt als erster aus. Er trägt einen Bart und ist ungefähr gleichaltrig mit Cordes. Die Syrer nehmen ihn sofort in den Sicherungsgriff und wollen ihn wegschleppen. Sie verwechseln ihn mit Cordes. Er kann nicht einmal seine Pistole ziehen. Nach einigem Herumschreien klärt sich der Irrtum auf. Der Botschafter wird in das syrische Hauptquartier eingeladen, aber sofort wieder vor die Tür gesetzt. Er begibt sich mit seiner Begleitmannschaft in das Strand-Hotel Summerland, um dem Geschehen nahe zu sein. Inzwischen verprügeln die Syrer mehrere lokale Journalisten, die vor dem Beau Rivage auf Cordes warten.

»Ich dachte: Jeden Moment geht die Schießerei los, und alles ist vorbei. Es passierte nichts. Der Jeep kam aber nicht über die Grenze. Er mußte wenden und fuhr zum Polizei-Hauptquartier. Dort nahm mich ein General in Empfang, der mich unter Begleitschutz zum Innenminister brachte. Die Weiterfahrt nach Damaskus wurde organisiert. An der Grenze übergab man mich dem syrischen Befehlshaber. ›Ich warte bereits den ganzen Tag auf Sie‹, erklärte er mir.« Der ›syrische Befehlshaber‹, von dem Cordes in seiner Erinnerung spricht, ist General Ghazi Kanaan höchstpersönlich. In seinem standesgemäßen Mercedes 500, mit Eskorte, brachte er ihn nach Damaskus. Es war mittlerweile 2.30 Uhr, der 13. September, ein Dienstag. Kanaan brachte Cordes ins Militär-Hauptquartier und übergab ihn einem anderen Offizier. Von dort ging es weiter nach Anjar in die Zentrale des syrischen Geheimdienstes.

Genau vier Stunden vorher war BND-Resident Klaus Blome vom syrischen Partnerdienst angerufen worden. Die syrischen Geheimen kündigten Cordes' Freilassung für die Nachtstunden an. Parallel kontaktierte der syrische Außenminister Shara seinen deutschen Kollegen Genscher, und dieser verständigte Botschafter Schlingensiepen. Der Diplomat meldete sich nachts um ein Uhr beim BND-Vertreter und gab den neuesten Stand weiter. Cordes, sagte Schlingensiepen, werde ihm am kommenden Vormittag übergeben.

Sogar im weit entfernten Teheran gab es Alarm. Der finstere Vize-Außenminister Hussein Sheikholislam, seit der Besetzung der US-Botschaft selbst ein erfahrener Menschenräuber, wählte gegen Mitternacht die Nummer der Residenz des deutschen Botschafters Achim Freitag. Cordes, sagte er knapp, werde gerade freigelassen.

Das Rennen um die Geisel hatte begonnen. Um 1.30 Uhr wurde Klaus Blome vom Verbindungsmann Ali abgeholt und zum Hotel Sheraton gebracht. Um 2.30 Uhr stellen sie fest, daß Cordes nicht in dem Fünf-Sterne-Haus am Omajaden-Platz, sondern in den eher bescheidenen Amtsstuben des Geheimdienstes wartet. Zehn Minuten später stehen sich Cordes, Blome, General Hassan und sein Gehilfe Ali gegenüber. Die Syrer reichen Tee. Man plaudert artig etwa eine halbe Stunde.

Cordes ist im ersten Moment noch unsicher und glaubt nicht an seine Freilassung, sondern an die Überstellung zu einer anderen Gruppe. Erst als sich sein Landsmann Blome in Deutsch an ihn wendet, taut er auf. Langsam läuft die Unterhaltung an. Cordes erzählt von den dramatischen Tagen seiner Geiselhaft. Dann fahren er und Blome in dessen Wohnung.

Die Nacht ist kurz und wird oftmals unterbrochen. Blomes Vorgesetzter, Unterabteilungsleiter Hellmann, ruft aus München an. Er avisiert eine Delegation unter der Leitung von Kanzleramtsminister Schäuble. Marlene Cordes meldet sich aus dem Hotel Steigenberger in Bonn, wo sie sich bereits mit Direktions-Assistent Karl-Gerhard Seifert und anderen Hoechst-Mitarbeitern befindet. Cordes erfährt, daß er Großvater geworden ist. Blome informiert die Syrer und, um 6.30 Uhr, auch Botschafter Schlingensiepen über die weitere Planung. Genschers Mann kommt gegen acht Uhr in die Wohnung des BND-Residenten. Gemeinsam rufen die beiden beim Bonner Außenminister an.

Genscher möchte mit Cordes sprechen, wird jedoch vertröstet. Cordes schläft tief und fest. Genscher zu Blome: »Lassen Sie ihn um Gotteswillen schlafen, so lange er will. Richten Sie ihm nur meine Grüße und Glückwünsche aus.« Der Außenamtschef erkundigt sich nach der Gesundheit des Freigelassenen und scheint zufrieden zu sein. Cordes wacht um 10.30 Uhr auf und lernt den Botschafter kennen. Die drei Männer frühstücken gemeinsam.

Gegen Mittag fährt Blome mit Cordes in die Residenz von Schlingensiepen. Die Syrer geben bekannt, daß sie Cordes offiziell und medienwirksam an die Deutschen übergeben wollen. Der Botschafter darf ihn also noch nicht kennen. Nach dem

Mittagessen kehren Cordes und Blome in die Wohnung des BND-Mannes zurück.

Um 14.45 Uhr trifft die deutsche Delegation mit einer zwölfsitzigen Bundeswehrmaschine in Damaskus ein. Sie besteht aus den beiden Chefs des Arbeitsstabes Libanon, Minister Wolfgang Schäuble und Staatssekretär Hans Neusel, dem leitenden Kriminaldirektor Hans-Jürgen Hessel vom Terrorismus-Referat im Bundeskriminalamt, Heinrich Hellmann, unter anderem verantwortlich für Nah- und Mittelost beim Bundesnachrichtendienst, Ministerialdirigent Heinz Fiedler vom Auswärtigen Amt, Arbeitsstab-Geschäftsführer Hans-Christian Ueberschaer vom Kanzleramt, Marlene Cordes, Karl-Gerhard Seifert und Hoechst-Werksarzt Fritz Schuckmann.

Die Gruppe wird zur Residenz des Botschafters chauffiert. Marlene Cordes und die beiden Hoechst-Vertreter begeben sich in die Wohnung von Klaus Blome. Nach 605 Tagen Trennung

13. September 1988, Wiedersehen nach 605 Tagen Trennung: Das Ehepaar Cordes in der Wohnung des BND-Residenten Klaus Blome.

sehen sich die Eheleute Cordes wieder. Der Hausherr serviert Sekt und Süßigkeiten. Cordes telefoniert mit einem seiner Söhne und der Firmenleitung.

In Hoechst hatte man an jenem Morgen bereits ein Extrablatt verteilt: »Rudolf Cordes ist frei! Nach mehr als 600 Tagen in den Händen von Geiselnehmern in Beirut konnte unser Kollege Rudolf Cordes jetzt endlich in die Heimat zurückkehren. Wir nehmen diese Nachricht mit großer Erleichterung auf und freuen uns mit ihm und seiner Familie über das Ende der langen Leidenszeit. Wir wünschen Rudolf Cordes eine baldige Erholung und alles erdenklich Gute!«

Der Werksarzt nimmt Cordes zur Seite und prüft die Gesundheit der Ex-Geisel mit einem tragbaren EKG-Gerät. Das Ergebnis fällt besser aus als erwartet. Der Mediziner stellt zwar schlaffe und welke Haut, Untergewicht und zu niedrigen Blutdruck fest, doch der hohe Käseanteil in Cordes' Ernährung habe segensreich Mangelerscheinungen gestoppt.

Der besorgte Kollege Seifert hat für Cordes einen Pilotenkoffer mit einer Flasche Whisky und einem warmen Pullover mitgebracht. Seifert: »Das war eine Empfehlung der Geiselexperten von Control Risks. Seit einem halben Jahr stand der Koffer bereits fertig gepackt in meinem Haus. Nun durfte ich ihn endlich einsetzen.«

Marlene Cordes und die beiden Hoechst-Vertreter begeben sich wieder in die Residenz des Botschafters. Cordes bleibt in Blomes Wohnung und muß geduldig auf die Übergabe-Show im syrischen Außenministerium warten.

Um 17 Uhr kommt ein Oberst des Geheimdienstes. Blome und die Ex-Geisel Cordes fahren zum Außenministerium, wo Shara vor zahlreichen Journalisten den Hoechst-Mann im viel zu großen, schrill gestreiften Hemd der Entführer an Minister Schäuble übergibt.

Der etwas verloren wirkende Cordes steht vor einem der obligatorischen Assad-Bilder und ringt nach Worten: »Ich bin glück-

»Ich bin glücklich, wieder ein freier Mann zu sein.« Rudolf Cordes vor der internationalen Presse im Außenministerium von Damaskus, wo er offiziell den Deutschen übergeben wird.

lich, wieder ein freier Mann zu sein. Ich fühle mich wie neugeboren. Es ist so, als ob man mir das Leben neu geschenkt hätte. Ich bin in einer sehr guten Verfassung. Es gab Momente, in denen ich mich furchtbar fühlte. Aber jetzt scheint alles weit zurückzuliegen. Ich weiß, daß meine Freilassung auf die Hilfe Syriens zurückzuführen ist. Ich bin überwältigt und glücklich.« Auch Schäuble dankt den Syrern. Der Journalisten-Pulk drängelt und schiebt. Ein Tisch bricht zusammen. Ende der Veranstaltung.

Die Kolonne von etwa zwei Dutzend Staatslimousinen fährt zurück zum Flughafen von Damaskus. Einer ist glücklich (Cordes: »Ich will nach Hause und freue mich auf mein eigenes Bett.«), ein anderer völlig am Boden zerstört. Der beim BND flächendeckend unpopuläre Heinrich Hellmann war vorher in der Residenz von Botschafter Schlingensiepen »vergessen« worden. Die Delegation hatte ihn im Garten sitzen lassen und war zur Übergabe von Cordes gefahren. Am Ende hatte er große Mühe, noch den Heimflug zu erreichen. Einer seiner Kollegen: »Hellmann ist ein von Ehrgeiz getriebener Mann, der fast alle seine Untergebenen schlecht behandelt. Da kann es schon passieren, daß man ihn mal übersieht.«

Die »Challenger« hebt um 18.20 Uhr ab. Cordes ist bester Laune und will erzählen. Die Geheimdiplomaten und Geiselbefreier lassen Sekt servieren und wollen mit ihm auf den Erfolg anstoßen. Cordes nippt ein bißchen und läßt das Glas dann stehen. In der Geiselhaft hat er sich Rauchen und Trinken abgewöhnt. Er bevorzugt jetzt Mineralwasser.

Alles drängelt sich um den Befreiten und lauscht atemlos seinen Erzählungen. Die Entführer, so sagt er, hätten sich fast ausnahmslos fair, freundlich und zuvorkommend verhalten. Diese jungen Leute würden selbst auch nur Befehlen gehorchen. Sie seien Soldaten, mit der Waffe in der Hand groß geworden. Sie hätten in dem vom Bürgerkrieg verwüsteten Libanon nie ein besseres Leben kennengelernt. Er könne sie nicht hassen. Im Grunde genommen seien auch die Bewacher Geiseln gewesen, da sie auf alten Matratzen schlafen mußten, dasselbe Essen bekommen hätten und sehr häufig frustriert gewesen seien.

»Unter den Wärtern gab es zwei, drei negative Ausnahmen, einer von ihnen war besonders brutal. Ich nehme an, er hatte den Bürgerkrieg ... nicht ganz verkraftet. Es machte ihm Spaß, seine Kraft zu beweisen und mit der Pistole herumzuspielen. Er hat dann mal eine Schreckschußpistole an mein Ohr gehalten und abgedrückt. Lange Zeit hatte ich Hör-Probleme auf diesem Ohr. Zum Glück hat das keine ernsthaften Schäden hinterlassen. Diesen Vorgang nahm man außerhalb Beiruts zum Anlaß, zu melden, ich hätte um einen ›Todesschuß‹ gebeten.

Der erwähnte Wärter hat sich übrigens über seinen ›Spaß‹ köstlich amüsiert. Ein anderes Mal schlug er mir ein Auge blau, als ich einmal meine Brille abgesetzt hatte. Er wollte mit seinen Muskeln protzen und zeigen, wie gut er boxen könne.«

Er, Cordes, habe niemals Gesichter gesehen, da die Wärter nur maskiert aufgetreten seien. Nur an Größe, Gang, Verhalten und Stimme habe er sie unterscheiden können. In eher seltenen Gesprächen sei es nie um spannende Themen gegangen; meist habe man über Fußballergebnisse gesprochen, nie über Politik. So habe er nicht erfahren können, was in der Welt draußen vorgegangen sei. Immer wieder hätten sie ihm erklärt, sie seien keine Terroristen, würden Entführungen und Anschläge ablehnen.

Dunkler, wirrer Orient.

Cordes berichtet, daß er in zehn verschiedenen Verstecken festgehalten wurde, in den letzten drei alleine. Die kürzeste Aufenthaltsdauer war 14 Tage, die längste sieben Monate. Verlegt wurde er stets nachts. Zweimal mußte er die Fahrt im Kofferraum verbringen. In den Geiselverstecken hätten zumeist auch noch Familien gewohnt. Er sei in Kellern, Zwischengeschossen und in Dachkammern untergebracht gewesen. Manchmal hätten die Zimmer keine Fenster, kein Licht, keine Möbel gehabt, nur eine Matratze.

In seinem späteren Gespräch mit der Hoechst-Hauspostille *Farben-Post* ging er ins Detail: »Ich nehme an, daß sich neun der zehn Plätze im Beiruter Raum befanden. Ich schließe das aus Flugzeuggeräuschen. Die Flugzeuge landen von der See her kommend, nicht von den Bergen her. Da ich die Maschinen aber sehr genau hören konnte, meine ich, daß die Räume in der Nähe des Flughafens waren

Ferner hörte ich Autos, Kinderstimmen. Einmal ... ging es in die Berge. Ich hörte fast keine Autos, keine Flugzeuge, ergo war ich weit entfernt von Beirut. Ich hatte einmal die Möglichkeit, einen Blick aus dem Fenster (ein Spalt war noch offen) zu werfen. Links vom Fenster im Hintergrund die schneebedeckten Berge, rechts die sandigen Hügel, die es meines Erachtens nur im Süden gibt. Daraus schloß ich, daß ich wohl in der Nähe von

Sidon war. Die letzten zweieinhalb Monate habe ich dort verbracht, also Juli, August bis zum 11. September. Hier sah ich zum erstenmal die Sonne wieder, zwar nur oben an den Wänden, aber ich freute mich.«

Er sei die meiste Zeit angekettet gewesen. Verletzungsgefahr habe nicht bestanden, weil die Halterungen sehr lose und mit Verbandsstoff umwickelt gewesen seien. Er habe jedoch nie ein Fenster erreichen können. Die ganze Zeit habe er barfuß im Pyjama verbracht. Er habe, von einer Ausnahme abgesehen, keine Zeitungen, kein Radio und kein Fernsehen bekommen, nur gelegentlich Gewaltvideos sehen oder englischsprachige Bücher lesen dürfen. Die Geiselnehmer hätten ihn auch medizinisch gut versorgt, einmal sogar ein EKG mit Blutentnahme durchgeführt. Medikamente habe er stets unter Aufsicht einnehmen müssen, da man das Horten der Tabletten für einen möglichen Selbstmordversuch habe verhindern wollen. Das Essen sei meistens gut gewesen. Nicht selten habe er jedoch die Nahrungsaufnahme verweigert. Es sei in ihm eine Art innere Abwehr entstanden.

Cordes konnte von keiner Begegnung mit anderen Geiseln, mit Ausnahme natürlich von Alfred Schmidt, berichten. Ein Bewacher habe lediglich erwähnt, daß der »britische Pfarrer ein Spion« sei. Cordes wußte über den Fall Schray Bescheid. Manchmal glaubte er aus dem Nachbarzimmer englische Sprachfetzen vernommen zu haben, wollte sich dazu aber nicht festlegen.

Aus vielen Bemerkungen seiner Peiniger konnte Cordes einen Zusammenhang zwischen seiner Entführung und der Haft von Mohammed Ali Hamadi erkennen. An Abbas Hamadi hätten die Libanesen wenig Interesse gezeigt. Ihr permanenter Slogan: »We want Mohammed!« Die Entführer, so Cordes tief beeindruckt, seien zu allem entschlossen, um ihr Ziel zu erreichen. Sie würden sicherlich vor weiteren Terrorakten gegen Deutsche und deutsche Einrichtungen nicht zurückschrecken.

Der Bundeswehr-Jet landet um 22.20 Uhr auf dem militärischen Teil des Köln-Bonner Regierungs-Flughafens. Cordes möchte nach Hause, wird aber zu seinem Wohl vom Gegenteil überzeugt. Er entscheidet sich gegen eine neuerliche Pressekonferenz und will lieber unsichtbar bleiben. Die *ARD*-Tagesthemen melden, Cordes werde in Kürze zum Bundeswehrkrankenhaus Koblenz geflogen. Das finden Cordes' Beschützer gut. Zur Bekräftigung der Falschmeldung lassen sie einen Bundeswehr-Hubschrauber aufsteigen und nach wenigen Minuten wieder zur Basis zurückkehren. Die aufgeregte Pressemeute rast nach Koblenz.

Auf dem Flughafen trennen sich die Wege der Reisenden. Ein BKA-Beamter heute: »Dort wurde uns Cordes entrissen. Wir hatten keine Möglichkeit, ihn sofort zu vernehmen. Der Mann bekam falsche BND-Papiere, und weg war er.« Cordes und seine Begleiter fliegen mit einer von Hoechst bereitgestellten Privatmaschine über Wien nach Linz. Unter falschem Namen wird Ex-Geisel Cordes für einige Wochen in einem Krankenhaus im oberösterreichischen Kirchdorf einquartiert und behandelt. Hoechst-Vorstandsmitglied Seifert: »Wir haben alles getan, um ihn abzuschirmen. Nach einiger Zeit wußte jeder, wie er wirklich hieß. In seiner Umgebung hielten aber alle dicht. Eines Tages, bei einem Ausflug zum Weißen Rößl am Wolfgangsee, wurde er wohl erkannt, jedenfalls glaubte er das.«

Die BKA-Sonderkommission Hamadi, die ab Juni 1988 in die Zuständigkeit des Referats TE 14 fiel, wurde nach der Freilassung von Rudolf Cordes aufgelöst. Was später noch passieren sollte in der Affäre Hamadi, ging dann an den regulären BKA-Arbeitsbetrieb über.

Der Arbeitsstab Libanon hatte in den Monaten vor der Rückkehr des Hoechst-Managers nur noch alle zwei bis drei Wochen getagt, zumeist im Lagezentrum des Kanzleramtes. Nun wurde er formell aufgelöst. Die Mitarbeiter feierten ihr erfolgreiches Wirken mit einem großen Abschiedsessen.

Die Geiselkrise Libanon schien Zeitgeschichte zu sein.

16 Ein Leben hinter Gittern

Mohammed Ali Hamadi war immer ein Problemfall für die deutsche Justiz. Er konnte sich nie daran gewöhnen, in einer weiß getünchten Zelle von 3,50 mal 2,50 Metern zu sitzen, weggesperrt und umgeben von Fremden, isoliert von seiner Welt, in der er als Freiheitskämpfer geachtet wird. Er wollte kein Verlierer sein und hatte doch keine Wahl.

Während der Untersuchungshaft in Preungesheim bewohnte er Zelle 1027. Als Mobiliar umgaben ihn Waschbecken und Toilette, ein graues Stahl-Etagenbett mit einer Dunlopillo-Matratze, dahinter ein Einbauschrank, gegenüber dem Bett ein Tisch, der fest in der Wand verankert war. Damit man ihn nicht herausreißen kann, ist er in der Nachbarzelle mit Eisen befestigt. Zum Tisch gehören zwei graue Stahlstühle.

Nummer 1027 ist eine Sicherheitszelle und besitzt eine Sicherheitstür, die nicht jeder Wärter öffnen kann, nur der sogenannte Bereichsbeamte. Ihre Klappe ist mit einem speziellen Sicherheitsverschluß versehen.

Der Flugzeugentführer und mutmaßliche Mörder mußte sich an folgenden Tagesablauf gewöhnen: Morgens um sechs ist in Preungesheim die Nacht zu Ende. In jeder Zelle ertönt ein Gong. Etwa eine halbe Stunde später kommt ein vertrauenswürdiger Häftling mit dem Essenswagen und verteilt das Frühstück.

Johannes Kindermann, der damals unter Mordverdacht in Zelle 1021 saß, erinnert sich: »Hamadi kam immer als letzter dran. Er brauchte sich das Essen auch nicht am Wagen abzuholen. Ich habe es ihm ans Bett gebracht. Meistens lag er zu dieser Zeit noch im Bett. Das Frühstück besteht gewöhnlich aus vier bis fünf Scheiben Graubrot, 20 Gramm Rama, ein Päckchen Marmelade. Ich habe ihm meistens zwei gegeben, weil er nie Wurst gegessen hat. Er sagte, die deutsche Wurst kann ich wegen meines Glaubens nicht essen. Er aß auch kein Fleisch.«

Mittags war es ähnlich. Mohammed Hamadi verweigerte die Annahme von Fleisch und Wurst und bekam dafür einen halben Liter Milch extra oder Obst. Er bevorzugte Fisch, Eier, Hähnchen und Joghurt. An Weihnachten gab es Pute mit Gemüse und Kartoffeln. Das sagte ihm zu. Bereits um 15.30 Uhr wurde das Abendessen verteilt. Auf dem Speisezettel standen Brathering, Käse, Quark mit Früchten. Gelegentlich kochte er in seiner Zelle mit einer primitiven, selbstgebastelten Vorrichtung. Das ist verboten und deshalb bei den Gefangenen populär.

Mohammed Ali Hamadi saß in strenger Einzelhaft, durfte jedoch eine Stunde pro Tag zum Freigang in den überdachten Innenhof. Mit den anderen 74 Mann im Sicherheitstrakt der zehnten Etage kam er kaum in Kontakt. Zu seinen Nachbarn zählten der Startbahn-West-Täter Andreas Eichler und der Frankfurter Opernhausbrandstifter.

Johannes Kindermann berichtete, daß der gläubige Libanese über einen Fernseher mit Radio-Empfangsteil verfügte, daß er Bücher und Zeitungen las. »Freitags ist immer Büchertausch. Er lieh sich immer drei neue aus und gab drei andere zurück. Meist waren es ausländische Titel. Wir anderen durften in der Haftanstalt immer zu Karstadt, der hat dort einen Laden. Hamadi durfte nicht hin. Er schrieb seine Bestellung auf einen Vordruck, und dann wurde es ihm von einem Justizbeamten gebracht.«

Der Rest ist Standard. Zweimal pro Woche wird frische Wäsche ausgeteilt. Hamadi geht, wie alle anderen, zum Duschen und kleidet sich neu ein. Alle vier Wochen bekommen die Gefangenen frische Bettwäsche. Alle drei Monate werden die Decken gereinigt. Hamadi hielt seine Zelle akribisch sauber. Das war ihm wichtig.

Häufig wirkte der prominente Häftling depressiv. Er verspürte Heimweh nach dem Libanon, nach seiner Familie. Immer wieder äußerte er Angst vor der Auslieferung in die USA. Da half auch nicht, daß ihn der Direktor besuchte und die Anstaltsärztin öfter als normal kam.

Die Gesellschaft eines Mithäftlings schien ihn eher mißtrauisch zu stimmen. Chronist Kindermann berichtet: »BKA-Beamte brachten einen Deutschen zu Hamadi in die Zelle. Nach ein paar Tagen holten sie ihn wieder ab. Es dauerte etwa eine Woche, bis sie ihn wieder zurückbrachten. Dann kam er wieder in die Zelle zu Hamadi. Nach ein paar Wochen holten sie ihn wieder ab, und dann brachten sie einen Landsmann. Wir haben in der JVA vermutet, daß es sich um einen Spitzel gehandelt hat.«

Immer wieder tauchten im Beiruter Hisbollah-Milieu Hamadis eigene, zu Propagandazwecken verfälschte Darstellungen des Haftalltags auf. Sie bewirkten heftige verbale Reaktionen der Familie und der Unterstützerszene. In den Stellungnahmen der Entführer gab es wiederholt Hinweise auf deutsche »Folterpraktiken«. Die Bundesregierung wurde gewarnt.

Ein Beispiel aus dem Januar 1988: Hamadis Freunde veröffentlichten einen Brief, in dem er das Essen in der Anstalt Preungesheim kritisierte. Es gebe nur zwei Mahlzeiten pro Tag, die überdies von schlechter Qualität seien. Er werde von den anderen Häftlingen isoliert gehalten. Nachts werde er fast stündlich von Aufsichtsbeamten geweckt, die ihm mit Taschenlampen ins Gesicht leuchteten und ihn zwingen würden, die Augen zu öffnen.

Der zuständige hessische Justiz-Staatssekretär Volker Bouffier, ein regelmäßiger Teilnehmer am Bonner Arbeitsstab Libanon, versicherte, weder Hamadi noch dessen Anwälte hätten sich je über die Haftbedingungen beschwert. Auch seine Eltern hätten nach einem Besuch bei ihrem Sohn keine Klagen geäußert. Bouffier wies die angebliche Beschwerde zurück, Mohammed Hamadi werde in Isolationshaft gehalten. Seit Mai 1987 sei er nicht mehr allein in einer Zelle. Sein derzeitiger Zellengenosse

leute von gestern

Ex-Geisel Strübig im Gefängnis bei Ex-Terrorist Mohammed Hamadi

Heinrich Strübig / Mohammed Hamadi

Die große Geste: Ex-Geisel trifft Ex-Peiniger

„Eine Geste der Verständigung" nannte die Ex-Geisel **Heinrich Strübig**, 55, das Treffen mit dem Terroristen **Mohammed Hamadi**, 32, im Gefängnis Schwalmstadt-Ziegenhain. Obwohl er wegen des Libanesen ein dreijähriges Martyrium durchlitten hatte. Rückblick: Hamadi führte ein Terrorkommando, das '85 eine TWA-Maschine mit 145 Menschen entführte und einen Passagier ermordete. Hamadi bekam lebenslang. Um ihn freizupressen, verschleppten Hamadis Freunde die Deutschen Heinrich Strübig und Thomas Kemptner in Beirut, ketteten sie in finsteren Kellern an, folterten sie. Jetzt trafen sich die beiden, – Strübig frei, Hamadi hinter Gittern. „Ich möchte Sie um Verzeihung bitten für die Leiden, die mit Ihrer dreijährigen Geiselhaft verbunden waren", sagte Hamadi. „Sie müssen wissen, daß ich damals einen Brief an die Entführer gerichtet, mich für Ihre Freilassung eingesetzt habe. Geiselnahme konnte kein Mittel sein, um mir zu helfen." Strübig nickte: Ja, er habe davon erfahren, auch dies sei ein Grund für seinen Besuch. Hamadi weiter: „Heute sehe ich auch die Flugzeugentführung mit anderen Augen – eine Jugendtat, nicht mehr nachvollziehbar." Er zeigt Strübig Familienfotos: „Nach acht Jahren vermisse ich besonders meine Mutter. Sie ist herzkrank, und ich hoffe rechtzeitig freizukommen, um s noch sehen zu können." Str big zum Abschied zu Ham di: „Ich lebe heute in Friede mit den schlimmen Erfa rungen meiner Vergange heit. Haß bringt mir kei Minute der Haftzeit zurück Das Gnadengesuch Hamad will Strübig unterstützen.

Hamadi in Action: '85 (mit Pilot) in der entführten TWA-Maschine

Beirut '92: Strübig (l.) kommt nach drei Jahren frei

Fotos: Guido Schmidt (2), dpa (2)

12 BUNTE

stamme ebenfalls aus einem arabischen Land. Auch der Vorwurf, er dürfe keine Zeitungen lesen, kein Radio hören und keinen Sport treiben, seien falsch.

Im ersten Halbjahr 1988 entstand innerhalb der JVA Preungesheim ein stark gesicherter Gerichtssaal, in dem das Strafverfahren gegen Hamadi stattfinden sollte. Das Justizministerium ließ einen Teil des Freigängerhauses für 13 Millionen Mark umbauen. 125 Zeugen wurden geladen, Termine für ein halbes Jahr im voraus bestimmt. Um absolut korrekt zu verfahren, gab die 22. Kammer den Fall an die Dritte Große Jugendstrafkammer ab, da Hamadi mittlerweile »verjüngt« worden war. Im Zweifel für den Angeklagten.

Am 5. Juli 1988 war es soweit. Der schmächtige Mohammed Hamadi erschien so, wie er seinen Opfern bei der Entführung der TWA 847 und den Zeugen im Bundeskriminalamt gegenübergetreten war – mit kurzgeschnittenem, vollen Haar und glattrasiertem Gesicht. Eine dicke Panzerglasscheibe trennte ihn von allen anderen Beteiligten: vom Vorsitzenden Richter Heiner Mückenberger und seinen Beisitzern, aber auch von den Eltern des ermordeten Robert Stethem, von Vertretern der US-Botschaft in Bonn und rund 80 Journalisten. Die Zuschauer hatten sich strengsten Kontrollen unterziehen müssen. Nun saßen sie in dem Prozeß, der in jenen Tagen weltweites Aufsehen erregte.

Am dritten Verhandlungstag gestand der Angeklagte, Sprengstoff in die Bundesrepublik geschmuggelt zu haben. Gleichzeitig gab er sich naiv: »Ich weiß nicht, weshalb ich den Sprengstoff transportieren sollte.« Niemand habe es ihm gesagt.

← Die *Bunte* vom 28.11.1996 berichtet über einen Besuch der ehemaligen Geisel Heinrich Strübig bei Mohammed Hamadi im Gefängnis. Der Mann mit Pistole im Flugzeug neben dem Flugkapitän ist allerdings – wie schon lange bekannt – nicht Mohammed Hamadi, wie die Bildlegende behauptet, sondern ein Mitglied der Amal-Miliz, die das Flugzeug von den Entführern übernommen hatte.

Und wieder sprach Hamadi von seiner mutmaßlichen »Folterhaft«. Er sei von anderen Gefangenen isoliert worden, habe keine Zeitungen erhalten, seine Religion nicht ordnungsgemäß ausüben dürfen. Von den Vernehmungsbeamten des BKA sei er ständig unter Druck gesetzt worden. Deshalb dürfe man den früheren Aussagen keine Bedeutung beimessen. Ein Beispiel sei die Frage der Zugehörigkeit zur Hisbollah. Selbstverständlich gehöre er der Partei Gottes nicht an. Wie zur Bestätigung für eine unsichtbare, ferne, höhere Instanz präsentierte er sich als gehorsamer Glaubenssoldat. Als Muslim müsse er denen gehorchen, »die für mich maßgebend sind«. Sein unbekannter Auftraggeber für den Sprengstoff-Transport sei eine derartige Person. »Wenn ich mich solch einer Aufforderung widersetze, habe ich Angst, eine Sünde zu begehen.« Eine Erklärung des Täters, ein Schlüssel zum Opfer Mohammed Hamadi.

Zum Bereich des »Übersinnlichen« zählten auch verschiedene Eintragungen im Notizbuch des Angeklagten. Da fand sich unter anderen Fuad Ali Salah, genannt »Ali, der Tunesier«, ein Hisbollah-Resident in Paris. Auch Salah, der im März 1987 von den Franzosen festgenommen worden war, hatte Flaschen mit dem Flüssigsprengstoff Methylnitrat besessen. Er war 1986 an einer Serie von zehn Anschlägen beteiligt gewesen. Dabei starben zehn Menschen, 270 weitere wurden verletzt. Salah gehörte offiziell der PSPPA an, einem Pariser »Unterstützerkomitee der nahöstlichen politischen Gefangenen«.

Mohammed Hamadi gab sich erstaunt. Er habe das Adreßbuch vorübergehend bei einem Bekannten liegengelassen. Da müsse ein Unbekannter diese ominösen Telefonnummern notiert haben. Der Vorsitzende zeigte Humor: »Wenn Sie es hier liegen lassen würden, wir würden uns wahrscheinlich nie eintragen.«

Hier drang sie wieder durch, die taktische Verstellung der Schiiten. Hamadi an Gericht und Öffentlichkeit: »Ich verurteile Anschläge, die in Frankreich stattgefunden haben und deren Opfer unschuldige Menschen waren.«

Am 9. August, dem letzten Tag vor der Sommerpause des Frankfurter Landgerichts, kam es zu einer überraschenden Wende. Mohammed Hamadi gestand, an der Entführung der amerikanischen Verkehrsmaschine TWA 847 im Juni 1985 nach Beirut beteiligt gewesen zu sein. Er bestritt allerdings, den Marinetaucher Robert Stethem ermordet zu haben. Mit dieser Tat habe er die Freilassung von 700 Schiiten aus israelischen Gefängnissen erreichen wollen. Das sei »ein uns aufgezwungener Krieg« gewesen. »Wenn die Tat rechtswidrig war, dann war sie die Folge des völkerrechtswidrigen Verhaltens von Israel und den USA.« In solchen Augenblicken bewies er, daß er sich ausdrücken konnte und politische Zusammenhänge zu erkennen vermochte.

Mohammed Hamadi wußte, daß er keine Wahl hatte. Die Kraft der Beweise und das Erinnerungsvermögen der entführten TWA-Passagiere veranlaßten ihn zum überraschenden Sinneswandel. Richter Mückenberger dankte es ihm mit einem Kompliment. Er habe seinen Standpunkt sehr intelligent dargestellt. Also wurden die Karten nach dem 11. Sitzungstag neu gemischt.

Nach und nach kamen die unangenehmen Zeugen. Passagier Peter Hill versicherte am 13. Verhandlungstag, Mohammed Hamadi habe ihm die Pistole gezeigt, »die den Soldaten getötet hat«. Er sei sichtlich stolz gewesen, habe mit der Tat geprahlt. Bordingenieur Benjamin Zimmermann erinnerte sich an eine ähnliche Situation. Der Angeklagte habe mit der Pistole in der Hand auf die Blutspuren des ermordeten Stethem gewiesen und gesagt, er sei sehr stolz auf seine Pistole und auf sich selbst. Zimmermann: »Es war so, als ob er wolle, daß ich ihm gratuliere.«

Auch TWA-Captain John Testrake beschrieb Hamadi als den gewalttätigeren der beiden Kidnapper. Der damals bereits pensionierte, 60jährige Testrake, ein Baptistenprediger aus religiöser Leidenschaft, deutete auf den Angeklagten: »Das ist der Mann, der Stethem erschossen hat!« Am Tag der Testrake-Aussage wurde Rudolf Cordes in Beirut freigelassen.

Das Hamadi-Statement, er sei nur ein Mitläufer, sein Komplize dagegen der Anführer gewesen, wurde bald in seinen Grundfesten erschüttert. Chefstewardeß Ulrike Dericksen versicherte am 17. Verhandlungstag mit einem Blick auf den Angeklagten: »Sie haben immer alle Aktionen gemeinsam besprochen, sich geeinigt, was geschehen sollte. Ich habe nicht einen als Anführer oder Boß erkennen können.«

Hamadi habe ihr erzählt, berichtete die Zeugin, er habe eine deutsche Frau und mit ihr ein gemeinsames Kind. Deutschland sei seine zweite Heimat. Die deutschstämmige Ulrike Dericksen: »Hamadi bat mich dann, das deutsche Kinderlied ›Backe, backe Kuchen‹ zu singen. Und dann sollte ich einen deutschen Schlager singen. Ich versuchte Hamadi zu manipulieren und sang Freddy Quinns Lied ›Heimatlos‹. Das hat ihn sehr ergriffen.«

Rätselhafter, dunkler Orient.

Absurd wurde es, als sich die Amerikaner weigerten, wichtiges Beweismaterial zur Verfügung zu stellen. Es handelte sich um die Mitschnitte der Funkgespräche zwischen den beiden Entführern der TWA-Maschine und dem Tower am Beiruter Flughafen. FBI-Vertreter Gary Noessner, der beim Hamadi-Verfahren dreimal vernommen wurde, sprach von geheimen Beweisstücken, die man zwar dem Gericht, nicht aber der Verteidigung geben könne. Da die Verteidigung einen »anerkannten Terroristen« vertrete, werde das FBI niemals das Risiko eingehen, »daß eine Terroristengruppe auf diesem Wege geheime Informationen erhält«, versicherte Noessner allen Ernstes.

Bei dem fraglichen Material handelte es sich um Dialoge, die über jeden handelsüblichen Scanner zu empfangen und deshalb auch von Journalisten mitgeschnitten worden waren. Das den US-Behörden zugängliche Band stammte von den israelischen Geheimdiensten. Jerusalem hatte es an den geheimsten Nachrichtendienst der USA weitergegeben, der »National Security Agency« (NSA). Ihre Aufgabe ist es, mit mehr als 70000 Mitarbeitern weltweite Kommunikation abzuhören und auszuwerten.

Dem amerikanischen Geheimdienst war es unangenehm, Material der israelischen Kollegen an unkontrollierbare Deutsche weiterzugeben, die nicht einmal derselben Gilde angehörten. Also verkündete NSA-Direktor Generalleutnant William E. Odom ein kategorisches Nein. Warum die Unterlagen plötzlich doch zur Verfügung standen, ist bis heute ein striktes Geheimnis des Washingtoner Verwaltungsapparates.

Die Hamadi-Ankläger bei der zuständigen Staatsanwaltschaft (United States Attorney für den Distrikt Columbia) beobachteten das Frankfurter Verfahren mit Argusaugen. Sie erkannten rasch, daß das Problem bei William E. Odom lag. Erst als der NSA-Chef im Jahr des Hamadi-Verfahrens sein Ruhestandsalter erreichte, gab es eine vielversprechende Chance. Admiral Bill Studeman wurde neuer NSA-Direktor. Die Staatsanwaltschaft sprach wieder vor und erinnerte Studeman an die Waffengattung des vom Hamadi und Essedine getöteten Robert Stethem – die Marine. Nach kurzem Überlegen gab der hochrangige Seemann die Bänder frei.

Am 28. April 1989 forderten die Frankfurter Staatsanwälte Achim Thiel und Peter Korneck lebenslange Haft für Mohammed Hamadi. Sie hielten ihn für schuldig, eine Verkehrsmaschine mit 143 Passagieren und acht Besatzungsmitgliedern entführt, Robert Stethem ermordet und hochbrisanten Sprengstoff nach Deutschland gebracht zu haben. Ein interessantes Detail aus den mühsam beschafften NSA-Tonbändern diente Thiel als Indiz, daß Hamadi geschossen hatte. Komplize Essedine habe zum Mordzeitpunkt mit dem Tower verhandelt, sei also selbst beschäftigt gewesen.

Die Staatsanwaltschaft hielt es auch für erwiesen, daß der Angeklagte einen Tag vor der Tat 21 Jahre alt geworden sei. Bei seiner Verhaftung im Januar 1987 habe er den 13. Juni 1964 als Geburtstag angegeben. Damals sei er sich über die strafrechtlichen Folgen nicht im klaren gewesen. Hamadi müsse nach Erwachsenenrecht verurteilt werden.

Die Jugendstrafkammer orientierte sich an der Forderung der beiden Staatsanwälte. Am 17. Mai 1989, knapp vier Jahre nach der Flugzeugentführung, verurteilte sie Mohammed Hamadi nach 60 Verhandlungstagen, der Anhörung von mehr als 100 Zeugen und zehn Sachverständigen, zu lebenslanger Haft. Hamadi sei, so Richter Mückenberger, mitschuldig an der Tötung Robert Stethems, »ob er nun selbst geschossen hat oder nicht«. Er habe als Mittäter und nicht etwa nur als Gehilfe »bewußt und gewollt an der Tötung mitgewirkt«.

Der »insgesamt erwachsene« Mohammed Hamadi sei keineswegs in seiner Entwicklung zurückgeblieben und könne deshalb nicht als Jugendlicher beurteilt werden. Er sei ein Mann, der Geltung und Erfolg »in kriegerischer Betätigung« suche. Für eine bürgerliche Tätigkeit habe er weder Lust noch Ausdauer gehabt. Hamadi sei so radikalisiert, daß er erneut für die Hisbollah kämpfen würde, wenn er denn frei käme.

Hamadi nahm das Urteil ohne sichtbare Regung entgegen. Während der zweistündigen Begründung versuchte er sich zu konzentrieren, konnte aber ein gelegentliches Gähnen nicht unterdrücken.

Am 12. November 1989 reichten seine Anwälte eine 700seitige Revisionsschrift ein. Dabei ging es nicht um die Kernpunkte der terroristischen Taten, sondern um Verfahrensfragen, beispielsweise abgelehnte Beweisanträge, und um grundsätzliche Argumente, wie der möglicherweise verminderten Schuldfähigkeit ihres Mandanten. Der Bundesgerichtshof lehnte die Revision am 17. Mai 1990 ab.

Da saßen Heinrich Strübig und Thomas Kemptner, Mitarbeiter der deutschen Hilfsorganisation ASME-Humanitas, bereits seit einem Jahr in libanesischer Geiselhaft. Sie waren am Vortag des Frankfurter Urteils gegen Mohammed Hamadi in der Nähe von Sidon verschleppt worden. Eine neue Runde der Staatsaffäre Hamadi hatte begonnen. Sie sollte diesmal nicht weniger als 1128 Tage dauern.

17 Neue Geiseln: Strübig und Kemptner

Es war der 4. Mai 1989, kurz vor 22 Uhr. Drei Deutsche verließen das palästinensische Flüchtlingslager Miye-Miye und lenkten ihren Geländewagen auf die Küstenstraße. Sie befanden sich südlich von Beirut, unweit der Hafenstadt Sidon. Das Trio trug uniformartige Kleidung – als Emblem ein weißes Kreuz auf rotem Grund, im senkrechten Balken des Kreuzes eine stilisierte Kornähre. Die Deutschen waren in den Libanon gekommen, um humanitäre Arbeit zu leisten, den leidgeprüften Menschen zu helfen. Ihre Namen: Heinrich Strübig, Petra Schnitzler und Markus Quint. Zu jenem Zeitpunkt waren sie der breiteren Öffentlichkeit, sowohl im Zedernstaat als auch in der fernen Heimat, unbekannt. Das sollte sich schlagartig ändern.

Kaum hatten die beiden Männer und ihre Begleiterin das Camp verlassen, tauchte hinter ihnen ein silbergrauer BMW 525 auf. Wenige hundert Meter vor einem Kontrollpunkt der im Raum Sidon dominierenden »Nasseristischen Volksorganisation« (OPN) des Mustafa Saad stoppten die fünf bewaffneten Insassen des BMW das Auto der Deutschen. Der 47jährige Strübig wurde gezwungen, in den Kofferraum des BMW zu steigen. Die beiden anderen, 26 und 21 Jahre alt, mußten auf den Rücksitz.

Das Fahrzeug der Libanesen durchfuhr in hohem Tempo den Checkpoint der lokalen Milizionäre. Es wurde sofort beschossen, jedoch nicht getroffen. 700 Meter weiter befand sich eine Kontrollstelle der schiitischen Amal-Miliz. Da beide Stellungen keine Funkverbindung hatten, entstand eine Verwirrung, die von den Kidnappern genutzt wurde. Die Amal-Kämpfer ließen den BMW, der sich ihnen mit lautem Hupen und Lichtsignalen näherte, durch. Sie dachten, es würde sich um Zivilisten handeln, die irgendwelchen gerade ausgebrochenen Kämpfen durch hohe Geschwindigkeit entkommen wollten. Kein ungewöhnlicher Vorgang im damaligen Libanon. In Beirut und Umgebung tobten zeitgleich heftige Kämpfe zwischen dem Regime des christlichen Generals Michel Aoun und den Syrern sowie ihren muslimischen Verbündeten.

Die Entführer verließen die Küstenstraße bei Gaziye und bogen in östlicher Richtung ab. Sie verschwanden in der Plantagenregion von Sidon. Nun befanden sie sich im Hisbollah-Einflußgebiet. Fünf Monate zuvor hatte es hier ein von Iran und Syrien vermitteltes Abkommen zwischen Amal und Hisbollah gegeben. In der Folge waren die Straßen geöffnet, die militärischen Kontrollstellen geschlossen worden.

Heinrich Strübig: »Wir gelangten nach kurzer Fahrt in einen Raum, der anscheinend nur für eine Person vorbereitet worden war. In dem ehemaligen Badezimmer, aus dem die Badewanne herausgerissen worden war, lag nur eine Matratze. Einen weiteren Raum für die Aufnahme von Geiseln gab es offensichtlich nicht. Die Geiselgangster wollten wohl nur einen entführen und vermutlich den Leiter, also mich, behalten. Sie erkannten aber nicht, wer das sein könnte, und entschieden sich dann für den Jüngsten und Kräftigsten. Daß sie Petra laufenlassen würden, war klar. Denn Frauen spielen bei solchen politischen ›Geschäften‹ keine Rolle, mit ihnen können sie nichts anfangen. Morgens um vier setzten die Entführer deshalb Petra und mich an einer einsamen Stelle ab. Wir liefen zur Hauptstraße, wo wir ein Taxi anhalten konnten, das uns mitnahm.«

Markus Quint blieb in den Händen der Entführer. Der 21jährige aus dem fränkischen Tauberbischofsheim hatte den Wehrdienst verweigert und sich per Ersatzdienst beim Roten Kreuz verpflichtet. Seine Freizeit verbrachte er mit Vorliebe mit seinen

Motorrad-Freunden und in einer katholischen Jugendgruppe. Vor dem Jurastudium wollte er einige Wochen lang Kanada entdecken. Also beschloß er, für den Nordamerika-Trip Geld zu verdienen. Sein Freund Peter Link entdeckte in einer Fachzeitschrift die Anzeige der Hilfsorganisation »Arbeitsgemeinschaft für Soziale und Medizinische Entwicklung«, kurz ASME Humanitas.

Heinrich Strübig und Petra Schnitzler in Sidon.

Friedensdienst im Südlibanon
Für unsere beiden Friedenscamps im Südlibanon suchen wir Helfer/Helferinnen.
Krankenschwestern, Krankenpfleger (auch Medizinstudentinnen und -studenten, Techniker und Personen, die humanitäre Hilfe sowie aktiven Friedensdienst leisten wollen und nicht gerade ›zwei linke Hände‹ haben, sind aufgerufen, sich zu melden bei

ASME-HUMANITAS e.V.
Einsatzleitung
Oderstraße 21-23
3570 Stadtallendorf
Telefon (0 64 28) 30 78 (Tagruf)
(0 64 22) 52 77 (Nachtruf)

Mindesteinsatz: sechs Wochen
Unterkunft, Verpflegung, Hin- und Rückreise sowie ein kleines Taschengeld werden geboten.
Wenn Sie an einem längerfristigen Einsatz interessiert sind, dann informieren Sie sich.
Wir arbeiten seit mehr als dreizehn Monaten mit wachsendem Erfolg im Südlibanon und werden von der libanesischen Regierung in unserem Vorhaben unterstützt. Mehr als 25 Helfer und Helferinnen haben bisher mitgewirkt und sind sicher hin- und zurückgereist.
Können Sie Zeit für Frieden und Humanität aufbringen? Unsere Teams im Südlibanon heißen Sie herzlich willkommen.

Markus Quint meldete sich bei der ASME-Geschäftsführerin Dagmar Nackunstz in Stadtallendorf und wurde genommen. Er mußte einen Fragebogen ausfüllen. Darin ging es um Fremdsprachen, Schulbildung, Lebensumstände. Ein Merkblatt klärte den Bewerber auf, daß er maximal 25 Kilogramm Gepäck mitnehmen durfte. Weiter: »Treffen Sie vor Ihrer Abreise schriftliche Verfügungen für den Fall einer schweren Erkrankung oder eines tödlichen Unfalls und hinterlegen Sie diese bei der Einsatzleitung in Stadtallendorf. Geben Sie dort auch die Anschrift Ihrer nächsten Angehörigen bekannt, die in einem solchen Fall zu benachrichtigen sind.«

Quint reiste am 17. April über Ostberlin und Damaskus in den Libanon. Nun gehörte er zur Truppe des nicht selten ruppigen Heinrich Strübig. Kaum jemand wußte, daß Strübig und seine Vertreterin Petra Schnitzler ein Jahr zuvor, am 6. und 7. April 1988, bereits einmal vorübergehend in die Hände von Hisbollah geraten waren. In der Nähe der südlibanesischen Stadt Tyros, unweit der israelischen Grenze, waren sie festgehalten worden, konnten jedoch fliehen. Später stellte ASME fest, daß es sich um eine reine Schutzhaft im Umfeld von Gefechten gehandelt habe. Die deutsche Botschaft in Beirut hatte die zivilen Helfer trotzdem aufgefordert, den Libanon zu verlassen. In der Chronologie des Auswärtigen Amtes handelte es sich bereits um die sechste Warnung gegenüber ASME Humanitas.

Nachdem Markus Quint verschwunden war, setzte sich Botschafter Wolfgang Göttelmann mit Amal-Chef Nabih Berri und dem Staatspräsidenten Selim Hoss in Verbindung. Göttelmann traf mit Hoss und einem Beauftragten von Berri zusammen. Dabei erfuhr er von einer mündlichen Botschaft, die Strübig und Schnitzler an Berri, Hoss und Saad übermitteln sollten: Die libanesischen Behörden und Milizen dürften nichts unternehmen, um Markus Quint zu befreien. Es sei ihnen auch verboten, die Bedingungen seiner späteren Freilassung den Medien mitzuteilen. Die Entführer verlangten einen Kontakt zur deutschen

Regierung. Das Problem, so ließen sie ausrichten, könne nicht mit Gewalt, sondern nur mit Diplomatie gelöst werden.

Darüber hinaus forderten sie, daß Mohammed Ali Hamadi nur eine Gefängnisstrafe von fünf Jahren bekommen dürfe. Wenn die Bundesregierung in diesem Punkt nicht bis zum 15. Mai antworte, dann werde Quint getötet. Die Entführer verlangten auch die Freilassung eines in Zypern inhaftierten Terroristen namens Amin Sahrour. Er war in Larnaka mit 18 Handgranaten und zwei Kilo Sprengstoff im Reisegepäck erwischt worden.

Nabih Berri und Mustafa Saad versprachen den Deutschen, die Iraner und ihre libanesischen Konfidenten massiv unter Druck zu setzen, um Quint wieder freizubekommen. Die palästinensischen Kräfte im Raum Sidon wurden gleichfalls in Alarmbereitschaft versetzt. Das Auswärtige Amt reagierte mit dem Hinweis, daß diese neue Entführung von deutschen Staatsbürgern »ein bißchen merkwürdig« sei, richtete aber dennoch einen neuen Arbeitsstab ein.

Die *Deutsche Presse-Agentur* wollte erfahren haben, daß es sich bei den Entführern Quints um schiitische Extremisten und palästinensische Fedajin handelte. Die Gruppe würde von Abdul Hadi Hamadi angeführt.

In Frankfurt begannen die Plädoyers im Verfahren gegen Mohammed Hamadi, und plötzlich schwenkte das Auswärtige Amt um. Genschers Sprecher und Vertrauter Jürgen Chrobog versicherte der deutschen Öffentlichkeit, man nehme das Schicksal von Markus Quint doch ernst und behandle die Angelegenheit als Entführungsfall. Der Außenminister bat seinen tunesischen Kollegen Abdelhamid Escheikh um Amtshilfe.

Beim BND legte man sich auf ein Codewort für den Fall Quint fest: Operation Comeback. Reihum stellten die im Nahen Osten ansässigen Residenten erste Nachforschungen an, und Präsident Wieck wandte sich an seinen Partner in Damaskus, General Ali Duba:

Exzellenz,

die Entführung des deutschen Staatsbürgers Markus Quint am 4. Mai 1989 ist für die Bundesregierung ein Problem von Bedeutung. Wir haben Deutsche gewarnt, sich in den Libanon zu begeben. Gleichwohl sind die deutschen Behörden verpflichtet, sich mit allen Kräften um die unversehrte Rückkehr des Entführten zu bemühen. Im Hinblick auf Ihre hervorragende Kenntnis der Verhältnisse und Ihren großen Einfluß sowie in Erinnerung an die erfolgreichen Anstrengungen, die Sie in den früheren Entführungsfällen unternommen hatten, wende ich mich an Sie mit der dringenden Bitte, dem Bundesnachrichtendienst alle Ihnen zugänglichen Informationen über den Hergang der Entführung und den weiteren Verlauf sowie über die Entführer zukommen zu lassen. Wichtig ist insbesondere die Frage, ob auch diese Entführung auf die Familie Hamadi zurückgeht oder ob andere Gruppen, die möglicherweise miteinander rivalisieren, verantwortlich sind. Es ist auch notwendig zu wissen, mit wem man sprechen könnte. Falls Sie darüber hinaus die Möglichkeit haben sollten, auf eine rasche, friedliche und erfolgreiche Lösung hinzuwirken, bitte ich Sie um Ihre Hilfe, für die ich Ihnen stets dankbar sein werde.

In der Bonifatiuskirche des 12000-Seelen-Städtchens Tauberbischofsheim wurden zahlreiche Kerzen für Markus Quint angezündet. Die Freunde des Entführten errichteten ein metergroßes Transparent. Seine Motorradclique rief zur friedlichen Fahrt nach Bonn auf.

Bei der deutschen Botschaft in Ostbeirut traf ein Brief der Entführer ein. Die Forderungen: telefonische Kontakte zu Abbas und Mohammed Hamadi, Zusammenlegung der beiden in einem deutschen Gefängnis, die Zahlung von 5000 Mark pro Häftling zur Erleichterung der Haftbedingungen. Damit könnten sie sich Essen kaufen, das ihrem islamischen Glauben entspreche. Und als Ziel aller Aktivitäten: Freilassung der beiden Hamadis.

Dann geschah eine Art Wunder: Plötzlich und unerwartet lieferte Amal-Chef Nabih Berri den verschwundenen Markus Quint am 14. Mai, einem Sonntag, im Büro von ASME in Zahrani ab. Berri erklärte in einer improvisierten Pressekonferenz, daß für den jungen Sanitäter keine Zugeständnisse gemacht worden seien, daß man auch kein Lösegeld bezahlt habe. Quint fügte hinzu, er sei von seinen Entführern gut behandelt worden. Der modisch stets korrekte Berri setzte sich in seinen weißen, gepanzerten BMW und verschwand so rasch, wie er erschienen war. Quint kehrte neun Tage später in das freundliche Taubertal zurück. Er war mit dem Schrecken davongekommen.

Später wurde intern bekannt, daß die Amal einen gewissen Abu Abdou Slim als Entführer ermittelt und zur Freilassung seines Opfers veranlaßt hatte. Slim soll ein ehemaliger Hisbollah-Kämpfer gewesen sein, inzwischen aber der Amal nahestehen. In politischen Kreisen Beiruts munkelte man, daß die Syrer die Entführung Quints begrüßten, weil die Tat zeigte, daß der Libanon noch immer von Terrorismus regiert war und deshalb eine starke Schutzmacht benötigte.

Der Deutsche wurde freigelassen, da der Zweck der Syrer erfüllt war und weil Arafats Suchtrupps seinem Versteck zu nahe gekommen waren. Nabih Berri durfte ihn »befreien«, um in einer Zeit mit mageren Erfolgen einen raschen politischen Sieg auf seinem Konto verbuchen zu können. Damit war für die Libanesen der Fall Quint erledigt. Die Interessen Abdul Hadi Hamadis blieben diesmal auf der Strecke.

ASME wurde im Frühjahr 1973 in der Universitätsstadt Marburg von gemeinnützigen Aktivisten, unter ihnen der gelernte Bergmann und Ex-Küster Heinrich Strübig aus Lüneburg, gegründet. Man wollte einem ehemaligen Kommilitonen, der nach seinem Studium nach Sierra Leone zurückgekehrt war, mit Medikamenten und Geräten unterstützen. HUMANITAS entstand im Juli 1974 unter ähnlichen Vorzeichen in Freiburg. Beide Vereine schlossen sich ein halbes Jahr später zusammen. Sie eröffneten ein gemeinsames Büro in Marburg und setzten Heinrich Strübig als Geschäftsführer ein.

Im Sommer 1975 wurde die Zentrale liquidiert. Wegen zu hoher Verwaltungskosten war ihr die Gemeinnützigkeit entzogen worden. Bald wurde eine »Humanitäre Gesellschaft für soziale und medizinische Hilfe ASME Humanitas e.V.« eingetragen. Ihr Geschäftsführer: Heinrich Strübig. 1978 zog die Organisation von Kirchhain nach Iphofen/Unterfranken um und 1986 nach Wiesentheid bei Würzburg. Die Gemeinde Iphofen hatte ihre Unterstützung aufgekündigt, da der Verdacht der Veruntreuung von Spendengeldern bestand.

Ein Gerichtsverfahren vor dem Landgericht Würzburg gegen Heinrich Strübig und Dagmar Nackunstz wegen Veruntreuung von Spendengeldern und betrügerischen Konkurses endete mit Freispruch. Das wurde später auch vom Bundesgerichtshof bestätigt. Einmal in den Schlagzeilen, mußte Strübig mit einem negativen Image weiterleben. Die Münchner *Abendzeitung:* »Strübig war zuvor bei der Hilfsorganisation ›Medico International‹. Dort fiel er in Ungnade. Es gab sogar einen Prozeß wegen ›Verletzung der Dienstaufsichtspflicht‹. Strübig wurde 1976 zur Zurückzahlung von ›mehreren zehntausend Mark‹ verurteilt.«

Seit Ende 1986 unterhielt ASME Humanitas enge Verbindungen zu Jassir Arafats PLO. Nach stationärem Einsatz in Uganda und im Sudan startete ASME die neue Aktion im Libanon. Heinrich Strübig erinnert sich: »Wir waren mit der palästinensischen Führung übereingekommen, in der Nähe der beiden palästinensischen Flüchtlingslager bei der Stadt Saida (frz. Sidon) einen humanitären Stützpunkt einzurichten. In dieser Region waren zu der Zeit keine deutschen Hilfsorganisationen mehr tätig. Allen war der Boden dort entschieden zu heiß geworden, und man ließ die Menschen in ihrem Elend allein. Der PLO war es darum nicht nur aus humanitären Gründen sehr willkommen, gerade eine deutsche Hilfsorganisation unter ihren ›Schutz‹ zu nehmen.«

Ab Januar 1987 bereitete Strübig den Einsatz im Libanon vor. Ein Hilfskonvoi startete im Sommer. Er sollte Libanesen und Palästinensern helfen. Zu jener Zeit begann auch der Dauerzwist zwischen der Hilfsorganisation und dem Bonner Auswärtigen Amt. In der Chronik des Arbeitsstabes Libanon heißt es unter dem 16. Juli 1987: »ASME Humanitas unterrichtet AA über Pläne, medizinisches Personal im Libanon einzusetzen. AA weist auf die bestehende Warnung vor Reisen in den Libanon hin, insbesondere auf die Gefahr von Entführungen und Terroranschlägen... (1. Warnung an ASME).«

Am 27. Juli wurde Strübig erneut gewarnt, am 3. September noch einmal durch die deutsche Botschaft in Zypern. Unter dem 23. September findet sich: »AA weist ASME darauf hin, daß im Falle von Entführungen unsere Möglichkeiten zu helfen sehr beschränkt sind (4. Warnung).« Am 12. Februar und am 25. März 1988 gehen weitere Schreiben vom Nah- und Mittelostreferat des Auswärtigen Amtes an ASME (5. Warnung).

Darauf eine Antwort von ASME Humanitas: »Wir danken für Ihr Schreiben vom 25.3.1988, in welchem Sie uns darüber informieren, daß die Bundesregierung keine Möglichkeit hat, unser Team im Libanon bei Sidon zu schützen. Wir weisen darauf hin, daß wir uns von Anfang der Hilfsaktion an über diese Tatsache bewußt waren oder sind... Wir stimmen Ihnen zu, daß die deutsche Botschaft oder die Bundesregierung unsere Freiwilligen im Libanon nicht schützen kann.«

In den folgenden Monaten wurde Rudolf Cordes freigelassen, kamen Heinrich Strübig und Petra Schnitzler kurze Zeit abhanden. Strübig am 28. Oktober 1988 an das Auswärtige Amt: »Es ist uns bekannt, daß die deutsche Botschaft und auch das Auswärtige Amt pauschal deutschen Staatsbürgern abrät, in den Libanon zu gehen wegen der möglichen Entführungsgefahr... So muß doch festgehalten werden, daß die pauschale Aussage hinsichtlich der Entführungsgefahr falsch ist. Es stellt sich die Frage, ob diese Behauptung seitens des Auswärtigen Amtes aufrechterhalten wird, damit sich die Bundesregierung im Libanon und Südlibanon nicht stärker engagieren muß.« Das Referat 310 warnte ASME erneut am 27. Februar 1989. Am 4. Mai folgte die Entführung von Strübig, Quint und Petra Schnitzler.

Der von 15 000 Spendern getragene Verein verfügte damals über jährliche Einnahmen in Höhe von 1,2 Millionen Mark. Zwischen September 1987 und Mai 1988 brachte ASME drei Container mit Babynahrung, Kleidung, Decken, Medikamenten und Hygieneartikeln im Wert von 800 000 Mark in die levantinische Kriegsregion. In den beiden Stützpunkten »Camp Ariane-Contessa« und später »Ariane-Regina« arbeiteten gemeinhin sechs Helfer. Insgesamt durchliefen in dieser Zeit 30 Freiwillige die ASME-Einrichtungen auf dem Gelände einer ehemaligen Olivenplantage »mit einem wunderbaren Blick auf das kaum fünf Kilometer entfernte Meer« (Strübig), südlich von Sidon.

Heinrich Strübig in seinen Memoiren über »Ariane-Contessa«: »In dem umzäunten Gelände standen zunächst nur Zelte unserer Organisation, die nach und nach durch kleine Häuser ersetzt wurden. Von Anfang an gab es in einem Zelt, später in einem Haus, eine Sanitätsstation, in der Kranke und Verletzte behandelt wurden. Außerdem versorgten wir von hier aus die Sanitätsstationen und Krankenhäuser in Saida und den Dörfern im Hinterland mit Medikamenten.

Der Patientenzustrom war anfangs sehr groß und reduzierte sich spürbar, als die Leute merkten, daß sie nicht größere Mengen von Medikamenten ohne Indikation ›abstauben‹ konnten. Gerade führende und einflußreiche Palästinenser hätten gerne kofferraumweise Arzneimittel für sich und angeblich kranke Angehörige mitgenommen. Im Laufe der Zeit pendelte sich die Zahl der täglich behandelten Patienten zwischen 20 und 100 ein. Krankenpfleger aus unserem Team arbeiteten auch regelmäßig in Kliniken oder Sanitätsstationen der Libanesen und Palästinenser. Als aber weibliche Teammitglieder wiederholt in palästinensischen Einrichtungen belästigt wurden, mußte die Arbeit dort eingestellt werden. Das trübte die Beziehungen zu der örtlichen palästinensischen Führung.«

Ein junger Mann aus Hamburg traf am 7. Mai auf dem Weg über Damaskus ein, zwei Tage nach der Freilassung von Strübig und Schnitzler. Sein Name: Thomas Kemptner. Sein Beruf: Krankenpfleger.

Der Arbeitsstab Libanon des Auswärtigen Amtes wurde am 10. Mai wieder aktiv. Geschäftsführerin Dagmar Nackunstz erhielt einen Anruf aus Bonn. Sie wurde gebeten, sämtliche ASME-Mitarbeiter aus dem Libanon abzuziehen. Warnung Nummer 8. Ein weiterer Vorstoß des AA folgte am 12. Mai während eines persönlichen Gespräches von Referatsleiter Fiedler mit der ASME-Mitarbeiterin.

Heinrich Strübig versucht das widerspenstige Verhalten von ASME Humanitas in seinen Erinnerungen zu erklären: »Durchaus ernst nahmen wir die Warnungen vor einem Aufenthalt im Libanon, mit denen uns das Auswärtige Amt reichlich bedachte. Wir wußten wohl, daß in der weltweiten Auseinandersetzung, in die sich der Islam mit der gesamten westlichen Welt gebracht hatte, vor allem die Verbündeten der Vereinigten Staaten gefährdet waren. Aber die Not der Menschen erlaubte es uns nicht, ihnen auch noch das wenige, was wir ihnen an Hilfe bieten konnten, zu entziehen. Wir vertrauten darauf, daß wir letztlich für Entführer zu unbedeutend sein würden; daß sie sich für ihre Erpressungsversuche, wenn sie sich schon an Deutschen vergreifen wollten, an Größen wie den Hoechst-Manager Cordes oder den Siemens-Ingenieur Schmidt halten würden.«

In jenen Maitagen verschlechterten sich auch die Beziehungen zwischen den ASME-Leuten und ihren PLO-Gastgebern. Strübig über die Hintergründe: »Die PLO mißbrauchte unseren Namen und das Zeichen unserer Organisation für den Schmuggel von

Waffen und militärischen Gütern, wogegen wir beim Bonner Büro der PLO in Deutschland scharfen Protest einlegten. Sie nahmen es uns übel, daß wir uns wiederholt sowohl im Libanon als auch in Deutschland öffentlich über ihre Verstöße gegen die Genfer Konvention beklagten...

Ganz besonders wütend wurden sie aber, als wir nach gut einem Jahr (im August 1988) südlich von Saida in der ›Villa Nahouli‹ einen zweiten Stützpunkt, ›Ariane-Regina‹, aufbauten. Denn dieses Gebiet ist fest in der Hand der libanesischen Amal-Miliz, die sich dort für unseren Schutz verantwortlich fühlte. Palästinenser waren hier nicht erwünscht. Doch die PLO betrachtete uns als ausschließlich für sie tätige Organisation. Es paßte nicht in ihr Konzept, daß wir auch den Menschen im Süden des Landes, die genauso unter den Folgen des Bürgerkrieges litten wie die Palästinenser, helfen wollten.«

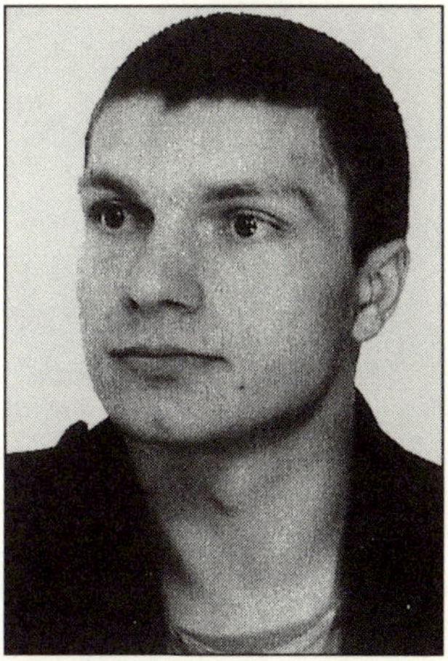
Elf Tage befand sich Markus Quint im Mai 1989 in der Hand seiner Entführer.

An anderer Stelle erklärte Strübig, daß sie der PLO nicht verpflichtet gewesen seien. Sie hätten für die Aktion Libanon nur einen einmaligen Zuschuß der Palästinenser erhalten. Das sei durch die geleistete Arbeit längst ausgeglichen.

Am 14. Mai wurde Markus Quint wieder freigelassen. Neun Tage später kehrte er an Bord einer Lufthansa-Maschine nach Deutschland zurück. In der Zwischenzeit sollte allerdings noch viel passieren.

Strübig und seine Mannschaft befanden sich an jenem Tag im Camp »Ariane-Contessa«. Die deutschen Helfer wollten zur Villa Nahouli, zögerten jedoch, diese Strecke ohne den seit der Entführung von Markus Quint üblichen Personenschutz zu befahren. In Gesprächen ging es darum, Flugtickets für die männlichen Mitarbeiter zur Rückreise nach Deutschland zu besorgen. Auch der Neuling Thomas Kemptner sollte sofort wieder umkehren. Nun verlor sogar der rauhbeinige Profi Strübig die Übersicht. Die Frauen wurden in ein Reisebüro geschickt und kehrten mit der Kunde zurück, daß bis zum 29. Mai alle Flüge voll waren.

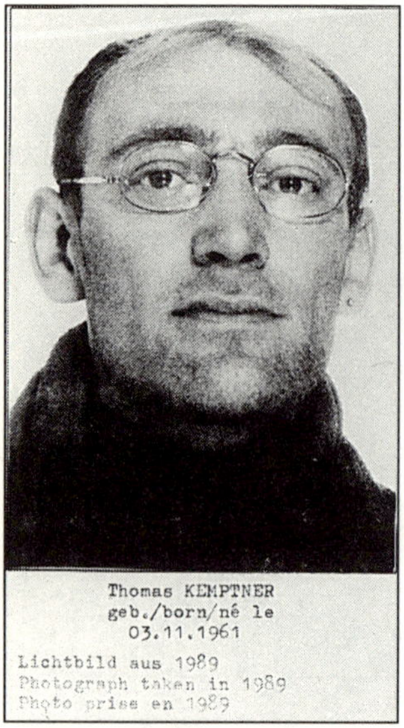

Ermittlungsfoto des BKA

Als die Fahrt zum Stützpunkt »Ariane-Regina« heranrückte, weigerten sich die Palästinenser, eine Begleitmannschaft zu stellen. Die Deutschen grübelten vergeblich über die Gründe nach. War dies die angedrohte Konsequenz für die medizinische Behandlung von libanesischen Schiiten? Nein, das Ultimatum der PLO zur Aufgabe der Villa Nahouli lief noch. Am Ende beschloß man, die Strecke in den Süden Sidons ungeschützt zurückzulegen. Schließlich hatte man sich in der Vergangenheit auch immer alleine bewegt. Und im übrigen sei Markus Quint wahrscheinlich nur aus Versehen verschleppt worden.

Mit zwei Fahrzeugen verließen die ASME-Aktivisten das Camp. Petra Schnitzler und Thomas Kemptner im Peugeot-Bus, Heinrich Strübig im Landrover. Strübigs überaus optimistische Theorie: »Geschieht dem ersten Wagen etwas, kann immer noch der Fahrer oder die Mannschaft des zweiten Autos eingreifen und Hilfe holen. Außerdem beschlossen wir, mit aufgeblendeten Scheinwerfern und hoher Geschwindigkeit möglichst nur auf der linken Fahrspur zu fahren. Die Scheinwerfer waren für die Libanesen ein Zeichen, daß es sich um eine Einsatzfahrt handelte und man Platz machen sollte.«

Schnitzler/Kemptner fuhren etwa 50 Meter vor Strübig. Sie passierten den gut bewachten Wohnsitz des lokalen Warlords von Sidon, Mustafa Saad. Alles schien ruhig zu sein. Der entscheidende Kontrollpunkt der Nasseristen kam näher. Die Strecke war frei. Nur am rechten Straßenrand parkte ein großer Lastwagen.

Heinrich Strübig erinnert sich an die dramatischen Minuten: »Als Thomas und Petra auf der Höhe dieses Lkw sind, geschieht es. Ich vermute zunächst noch eine Panne beim Peugeot-Bus, als der Wagen plötzlich scharf bremst und nach rechts ausschert. Instinktiv bremse ich auch und sehe zu, daß ich so weit wie möglich rechts ranfahren kann, um den beiden vor mir zu helfen. Kaum stehe ich, überholt mich ein Mercedes und rammt offenbar mit Absicht den Bus von hinten, so daß er nun eingekeilt ist. Wie ich jetzt erkennen kann, ist zuvor ein weißer amerikanischer Straßenkreuzer rückwärts hinter dem Lkw auf die Straße gefahren und hat Petra zu ihrem Bremsmanöver gezwungen. Plötzlich sind mindestens 15 bis 20 Männer auf der Straße. Sie haben grüne Mützen über das Gesicht gezogen, mit kleinen Schlitzen für Augen, Nase und Mund. Sie umringen den Bus. Auch aus dem Mercedes springen vier schwerbewaffnete, maskierte Männer. Einer stellt sich hinter den Mercedes, in dem sich noch der Fahrer befindet, stellt sein Maschinengewehr zwischen seine Beine auf den Straßenbelag und beginnt, wie wild in die Luft zu feuern.

Automatisch greife ich als erstes zum Funk und melde: ›Unfall, Unfall – Korrektur: Überfall, Überfall. Dringend! Querab Mustafa Saad.‹ Mir ist sofort klar, was hier geschieht. Die maskierten Männer, das sehe ich mit einem Blick, sind strategisch gut postiert. Hier läuft ein minutiös geplanter Überfall ab.«

Im Rückspiegel sieht der ASME-Chef, wie sich ein Stau bildet und die Insassen der anderen Autos verängstigt ihre Köpfe senken. Da gibt es auch eine freie, linke Fahrspur. Der Angriff eines einzelnen auf zwei Dutzend hochnervöse und wild gestikulierende Milizionäre ist reiner Selbstmord. Also die Flucht nach hinten? Nein, auch das geht nicht. »Ich muß bei Petra und Thomas bleiben und ihnen helfen. Ich bin für sie verantwortlich!«

Strübig tut das, was er nach seinem moralischen Weltbild für richtig hält, obwohl es höchst unlogisch ist. »Ich steige aus und gehe nach vorn. Es ist ein tief in mir verwurzeltes Pflichtgefühl, das mich hinaustreibt, meinen Mitarbeitern beizustehen, auch wenn ich mich dabei selbst in Gefahr begebe. Der MG-Schütze sieht mich kommen und zögert nicht lange. Er packt mich, ballert weiter in die Luft – ein ohrenbetäubender Krach – und schreit aufgeregt, bis andere angerannt kommen, mich packen und zum Kofferraum der großen Limousine zerren. Ich weiß schon, wohin ich jetzt soll und wehre mich nicht. Dennoch wird mein Kopf unsanft heruntergedrückt, und ich lande im Kofferraum. Sekunden später wird Thomas hineingestoßen. Der Deckel knallt zu, und in rasender Fahrt machen sich die Entführer mit ihrer Beute auf und davon.«

Die beiden Deutschen lagen in dem dunklen, engen Blechgefängnis. Es stank penetrant nach einer Mischung von Benzin und Pulverdampf. Die Entführer benutzten eine kleine Nebenstraße. Schlaglöcher machten die Fahrt unerträglich. Die Köpfe von Strübig und Kemptner schlugen zusammen und immer wieder an die Innenwand des Mercedes. Nach mehr als einer halben Stunde hielten die Kidnapper an. Der Wagen rollte rückwärts in eine Garage. Der Deckel öffnete sich, und die beiden Entführten sahen zuerst nur die unverkennbare Mündung einer Kalaschnikow. Die aufgeregten Terroristen drängten ihre Opfer in die Toilette.

Strübig: »Zum Glück war sie längere Zeit nicht benutzt worden, vielleicht sogar noch nie, denn es war zwar dreckig, aber trocken. In die flache Vertiefung mußten wir uns hocken, die Arme hinter dem Kopf verschränken und mit dem Gesicht zwischen den hochgestellten Knien nach unten schauen. Ruhig sollten wir sein, kein Wort reden, uns nicht rühren. Dabei hatten wir große Mühe, unsere Beine in dem engen Loch einigermaßen zu ordnen.«

Das Auto fuhr wieder weg. Ein bewaffneter Posten mit dem Finger am Abzug blieb zurück. Gegenwehr zwecklos. Er erledigte sogleich das, was die hochmoralischen, tief religiösen Menschenräuber als erstes tun: Er plünderte seine wehrlosen Opfer wie ein ordinärer Straßenräuber aus.

Nach undefinierbar langer Zeit kam ein BMW rückwärts durch die Garageneinfahrt. Wieder mußte Strübig in den Kofferraum klettern. Ein zweites Auto nahm Kemptner auf. Erneut ging es etwa eine halbe Stunde durch die Nacht. Das erste Geiselversteck befand sich im fünften oder sechsten Stockwerk eines Neubaublocks am Rande von Sidon. Heinrich Strübig ist heute davon überzeugt, daß er und Kemptner nicht von der Hamadi-Familie verschleppt wurden, sondern von den Kämpfern des geheimnisvollen PLO-Abweichlers Abu Nidal. Erst später, so sagt er, seien sie an die Hamadis übergeben worden.

Dies spielte am ersten von 1128 Tagen in Geiselhaft keine Rolle und ist auch heute höchstens bei dem laufenden Ermittlungsverfahren der Bundesanwaltschaft von Bedeutung. Viel schwerer wiegen die geraubten Jahre der Geiseln Strübig und Kemptner und die Aktionen bundesdeutscher Behörden und Politiker zugunsten ihrer Freilassung. Die Staatsaffäre um die Hamadi-Brüder hatte einen neuen Höhepunkt erreicht.

18 Dialoge mit dem Entführer

Die Krankenschwester Petra Schnitzler, 26, wurde Stunden nach der Entführung von Heinrich Strübig und Thomas Kemptner durch Passanten im Kofferraum eines Autos gefunden und dem Chef der Nasseristen in Sidon, Mustafa Saad, übergeben. Am 17. Mai 1989 war sie wieder auf freiem Fuß. Am selben Tag forderte das Auswärtige Amt die Organisation ASME Humanitas noch einmal mit deutlichen Worten auf, ihre Tätigkeit im Libanon einzustellen – Warnung Nummer zehn. Zur selben Zeit wurde Mohammed Hamadi in Frankfurt zu lebenslanger Haft verurteilt.

In Bonn herrschte helle Aufregung. Die Botschaften in Damaskus, Beirut und Tunis wurden angewiesen, bei der syrischen und libanesischen Regierung sowie im Hauptquartier der Palästinensischen Befreiungsorganisation (PLO) vorzusprechen. Das Auswärtige Amt bestellte die Botschafter Syriens und des Libanon sowie den Vertreter der PLO, Abdallah Frangi, zum Krisengespräch ein. Teheran bevorzugte dagegen Funkstille, weil der deutsche Botschafter wegen der Rushdie-Affäre vorübergehend abgezogen war.

Arafats Leute reagierten rasch und forderten das Hilfswerk auf, ihr Lager Miye-Miye innerhalb von zehn Tagen zu räumen. Sie warfen den Deutschen vor, die Identität ihrer Entführer zu kennen, sie jedoch gegenüber den Palästinensern zu verschweigen. Ein PLO-Sprecher verbreitete Desinformation: »Sie haben mit dem Feuer gespielt. Sie haben das Lager verlassen, ohne uns

Bescheid zu sagen und um eine Eskorte zu bitten.« Es scheine fast so, als ob sie um die Entführung gebeten hätten. Daraus leiteten deutsche Zeitungen eine kühne Frage ab: »Entführung im Libanon selbst inszeniert?«

Diese Tendenz wurde sogar vom Außenministerium unterstützt, wie Ulrich Sahm später in der *Stuttgarter Zeitung* mit Zitaten belegte: »Beamte des Auswärtigen Amtes vermuten, daß die beiden sich ursprünglich, aus Solidarität mit ihren radikalen Freunden im Libanon, gar ›freiwillig‹ in Geiselhaft begeben hätten, um gemeinschaftlich Druck auf Bonn auszuüben und die Freilassung der abgeurteilten Hamadi-Brüder zu erzwingen. Sie hätten sich ›verrechnet‹, als ihre ›Freunde‹ die Geiselnahme dann doch zu ernst nahmen.«

Entnervt zog die völlig überforderte lokale Polizei von Sidon ihre eigenen Schlüsse: »Gott allein weiß, was zwischen den verrückten Milizen und den noch verrückteren Deutschen vor sich geht.« Die verbliebenen ASME-Mitarbeiter wurden von PLO-Aktivisten mit Gewalt vertrieben. Am 7. Juni erklärte ASME Humanitas in einem Telex nach Bonn die Operation Libanon für beendet.

Mittlerweile beim Bundesnachrichtendienst: Am 24. Juli 1989 traf ein Abgesandter von Präsident Hans-Georg Wieck in Damaskus mit den syrischen Partner-Generälen Hassan Sulaiman und Ghazi Kanaan zusammen. Die »Silberfüchse« gaben ihren Kenntnisstand zum Fall Strübig/Kemptner an den deutschen Kollegen weiter. Der Nasseristenführer Mustafa Saad, sagten sie, habe keinen Einfluß in Sachen ASME. Bei den Kidnappern handle es sich um die Gruppe »Revolutionäre Gerechtigkeit«, einem Ableger der Hisbollah. Diese Organisation sei dem Iran hörig. Der Mullahstaat sei aber nicht in die Entführung verwickelt.

Hinter der Tat stecke natürlich Abdul Hadi Hamadi. Er werde dabei von Imad Mugniyah, dem Strategen der spektakulärsten Geiselfälle, unterstützt. Syrien habe bereits zwei Brüder von

Mugniyah, zehn Angehörige des Hamadi-Clans und rund 40 Hisbollah-Angehörige inhaftiert – aber auch damit noch nicht genügend Druck ausüben können. Das Ziel der Aktivisten sei einzig und allein die Freipressung von Mohammed und Abbas Hamadi. Die Syrer boten an, zwischen der Bundesregierung und dem Hamadi-Clan zu vermitteln.

Nachdem die Mühlen im Nahen Osten überaus langsam mahlen, kam der syrische Dienst erst im September wieder auf die Besprechung vom Juli zurück. Was denn nun zu tun sei, wurde angefragt. Solle man vermitteln oder gar verhandeln. General Hassan teilte den Pullachern am 9. September mit, er könne ein Gespräch zwischen dem BND und den Hamadis organisieren. Der BND war sprachlos, und das blieb er – auf Bonner Weisung hin – noch eine ganze Weile. Und damit übertraf er sogar das großzügige Zeitverständnis der Syrer.

In den folgenden Wochen ging es immer wieder um die Frage, wo sich die Geiseln befinden. Mehrfach wurde in den Quellenmeldungen der Geheimdienste der Raum Sidon genannt, dann der Beiruter Vorort Dahiye. Die Syrer reagierten zunehmend ungeduldig. Am 3. Oktober ließ General Hassan in Pullach nachfragen, »in welchem Bereich sich PD im Kontakt zu den Entführern bewegen solle«. Die fehlende Antwort der Deutschen »erschwere die Arbeit von General Kanaan, der den Kontakt zu den Entführern aufrechterhalte, damit keine anderen, selbsternannten Vermittler sich einschalten könnten«. Abdul Hadi Hamadi reagiere sehr mißtrauisch auf jede Bewegung der syrischen Dienste.

Nun kündigte sich eine Delegation aus München an, geführt von BND-Unterabteilungsleiter 16, Heinrich Hellmann. Als Termin wurde der 1. November genannt. Am 24. Oktober trafen die Syrer mit Abdul Hadi Hamadi zusammen, um alles abzusprechen. Der Hisbollah-Sicherheitschef erklärte zögerlich, er könne nur zu 70 Prozent über Strübig und Kemptner verfügen. Die restliche Verfügungsgewalt läge beim Iran. Die Syrer waren verstimmt. Sie sagten, das Treffen werde nur stattfinden, wenn Hamadi absolute Handlungsvollmacht habe. Hamadi versprach, sich mit den Iranern in Beirut und Teheran zu beraten.

Auch die Diplomaten blieben nicht untätig. Botschafter Wolfgang Göttelmann traf im November einen wichtigen libanesischen Vertrauensmann, über den er Kontakt zur Hisbollah hielt, und den Amal-Chef Nabih Berri. Beide versicherten in klaren Worten, daß ausschließlich Abdul Hadi Hamadi Macht habe über das Schicksal von Strübig und Kemptner. Beim Clan werde

Eines der mutmaßlichen Geiselverstecke für Heinrich Strübig und Thomas Kemptner, Nabi Shit in der Nähe von Baalbek in der Bekaa-Ebene.

dies als reine Privatangelegenheit gesehen. Der Iran lockere dagegen seine bislang starre Haltung und zeige Interesse, die Geiselfrage zu einem – geschäftlichen – Ende zu bringen.

Göttelmann erklärte dem Mittelsmann von Hisbollah, daß »wir den Wünschen der Familie Hamadi (Briefwechsel, Besuch der Eltern, alternative Verpflegung) entsprochen hätten, die Angehörigen von Strübig und Kemptner nun ihrerseits ein Zeichen erwarten würden«. Göttelmann aus dem Gespräch mit Nabih Berri: Der libanesische Minister habe »gesicherte Erkenntnisse«, daß sich Strübig und Kemptner »in den Händen von Abdul Hadi Hamadi befänden«. Er sei es, der aufgrund seiner Sicherheitsfunktion mit den Iranern alle Geiselfälle bespreche. Der Schlüsselsatz Berris lautete: »Außer dem Iran könne niemand Abdul Hadi zwingen, die beiden Deutschen herauszugeben. Weder er, Berri, noch sonst jemand im Libanon habe die Möglichkeit, zur Befreiung der Deutschen beizutragen. Der Schlüssel liege allein in Teheran.«

Abdul Hadi Hamadi blieb ein Aufklärungsobjekt der Geheimdienste. Am 17. Januar 1990 meldete die BND-Residentur Beirut in einem verschlüsselten Fernschreiben, Hamadi plane zusammen mit dem iranischen Botschafter in Damaskus, Hassan Akhtari, und dem radikalen Ajatollah Sadegh Khalkhali eine spezielle Geheim-Organisation für weltweite Terroranschläge. Die Operation stehe unter der Leitung der iranischen Vertretung in der syrischen Hauptstadt. Weder die iranischen Dienste noch Hisbollah sollten davon berührt sein.

Nun wurde es Zeit, das alte Vorhaben wieder aufzunehmen: ein Treffen mit Abdul Hadi Hamadi, dem der BND den Arbeitsnamen »Sheikh« verpaßte. Möglicherweise würde er bald in den Untergrund abtauchen und sei nicht mehr greifbar. In der letzten Januarwoche 1990 meldete General Hassan vom PD »Silberfuchs« Vollzug. Abdul Hadi Hamadi werde sich am 1. Februar in seinem Büro einfinden und dem BND zur Verfügung stehen. Jetzt schlug die große Stunde des überaus ehrgeizigen BND-

Unterabteilungsleiters Hellmann. Die Amtsleitung bestimmte ihn zum Gesprächsführer. Er reiste sogleich aus München an, mit ihm Referatsleiter Karl Hagemann und ein der arabischen Sprache kundiger Kollege.

Der schmächtige, eher unauffällige Hellmann befand sich in der Hierarchie des Pullacher Dienstes unter dem Präsidenten Hans-Georg Wieck, dessen Vize Paul Münstermann und dem Abteilungsleiter 1, Volker Foertsch, dessen Aufgabe Aufklärung war. Der gebürtige Bayer ist Volljurist und kam Anfang der sechziger Jahre zum BND. Zuerst hospitierte er bei der Dienststelle Lateinamerika. Nach der Umorganisation des Jahres 1969 rückte Hellmann, der eigentlich Heinrich Rosenlehner heißt, zum Operateur beim Gruppenleiter West und Entwicklungsländer auf. Erst später entstanden regionale Führungsstellen, beispielsweise für Nah- und Mittelost.

Hellmann brachte es bald zum persönlichen Referenten des damaligen BND-Präsidenten Gerhard Wessel. Die nächste Station auf der steilen Karriereleiter war das Grundsatzreferat in Abteilung 4. Mit Wessels Rückenwind stieg er rasch zum Unterabteilungsleiter auf. Als sich zeigte, daß er mit den Leuten des SPD-Kanzleramtsministers Horst Ehmke nicht zurecht kam, zog er 1973 in die Welt hinaus.

Hellmann arbeitete nacheinander als BND-Resident in Ankara, London und Washington. Im September 1986 folgte die Rückversetzung in die Zentrale. Eigens für ihn wurde die Unterabteilung 16 aus den Referaten Nah-Mittelost, Nordafrika, Südeuropa und Terrorismus-Aufklärung gegründet. Hellmann schielte in diesem Jahr auf den zur Besetzung anstehenden Posten des Vizepräsidenten, hatte jedoch Pech. Trotz alledem war er ein wichtiger Mann, und das ließ er Kollegen wie Geschäftspartner jederzeit spüren.

Hellmanns Fehlentscheidungen werden noch heute als BND-interne Präzedenzfälle diskutiert. Ein Beispiel vom Dezember 1989, aus der Zeit nach der Geiselaffäre: In einer konzertierten, bis heute geheimgehaltenen Aktion trafen sich BND und BKA in Nikosia mit dem Arafat-Vertrauten Abu Walid Al Iraki. Es ging unter anderem um eine tragfähige Basis für Friedensgespräche zwischen Israel und der PLO. Schon damals, so denken die Insider, hätte es Chancen gegeben, wie sie erst viel später bei den Oslo-Verhandlungen realisiert wurden. Hellmann untersagte die Zypern-Kontakte. Er argumentierte, sie seien »zu hoch aufgehangen«. Eine mündliche Einladung nach Tunis zur Aufnahme der Kooperation wurde vom UAL16 abgeblockt.

Nun saß er also am Abend des 31. Januar 1990 beim Vorbereitungsgespräch mit dem Partnerdienst »Silberfuchs«. Die vierköpfige BND-Delegation traf auf drei Syrer: die Generäle Hassan und Kanaan sowie den in der DDR ausgebildeten, deutschsprachigen Verbindungsmann Ali. Die Wortführer waren Hellmann und Kanaan.

General Kanaan berichtete von seinen Gesprächen mit Abdul Hadi Hamadi. Der Chef-Entführer sei zweimal nach Teheran gereist, »um die Verfügungsgewalt über die Geiseln und somit Entscheidungsfreiheit zu bekommen«. Nun warte er in einem Damaszener Hotel auf das Treffen mit den Deutschen. Kanaan an Hellmann: »Ich hoffe, daß Sie berechtigt sind, Entscheidungen zu treffen. Eine Lösung kann nur aus dem direkten Gespräch kommen.« Es sei Syrien gelungen, auf Hamadi ideellen Druck auszuüben. Grundsätzlich stehe Syrien auf deutscher Seite.

Hellmann: »Hat Hamadi die Verfügungsgewalt über die deutschen Geiseln?«

Kanaan: »Jetzt ist es soweit, daß er wohl die Verfügungsgewalt hat. Er war auch in der Vergangenheit in der Lage, weitere Deutsche zu entführen. Wir haben ihm mit harten Gegenmaßnahmen gedroht. Auf Druck der Großfamilie kam er nun zu uns. Die Lage ist jetzt günstig und könnte zu einer für beide Seiten zufriedenstellenden Vereinbarung führen.«

Hellmann: »Was erwartet Abdul Hadi Hamadi?«

Kanaan: »Seine Brüder! Danach kommt es zur Freilassung der

Geiseln. Er will jetzt eine endgültige Lösung. Hamadi will auch dem Iran zeigen, daß er in der Lage ist, selbst Ergebnisse zu erzielen. Dies dient der Stärkung seiner Position.«

Hellmann: »Hamadis Erwartung eines Tauschgeschäftes zwischen den verurteilten Brüdern und unschuldigen Geiseln läßt sich jetzt und in Zukunft nicht realisieren. Wegen den Hamadis können wir die deutsche Rechtsordnung nicht außer Kraft setzen.«

Kanaan: »Das verstehen wir. Wir wissen, wie heikel die Thematik ist. Das haben wir Hamadi bereits gesagt. Nun denken wir, daß beide Seiten miteinander sprechen sollten.«

Hellmann: »Mein Mandat ist nicht, über die Freilassung von zwei Straftätern zu verhandeln. Als Angehörige eines Auslands-Nachrichtendienstes sind wir interessiert, zur Klärung der Situation beizutragen und im Gespräch mit Hamadi Informationen zu sammeln, die eine klare Position ermöglichen.«

Kanaan: »Hamadis Brüder haben gegen Gesetze verstoßen. Die beiden Geiseln sind unschuldig. Trotzdem kapiert Hamadi das nicht. Wir stehen auf Ihrer Seite. Wenn sich die Geiseln in unserem Bereich befinden würden, dann gäbe es dieses Problem nicht.«

Hellmann: »Welchen Inhalt soll ein Übereinkommen haben?«

Kanaan: »General Hassan und ich haben mit Hamadi gesprochen. Sein Ziel ist die Freilassung der Brüder.«

Hellmann: »Dann brauchen wir das Gespräch nicht zu führen.«

Kanaan: »Wir sind überzeugt, daß eine Verhandlung nie schaden kann. Versuchen Sie doch, etwas zu erreichen.«

Hellmann: »Mir kommt es darauf an, den deutschen Standpunkt noch mal darzulegen. Für uns ist das auch ein Lernprozeß, Ideologie und Denkweise Hamadis kennenzulernen.«

Kanaan: »Ein Gespräch kann Hamadi möglicherweise beeindrucken und umstimmen. Wenn Sie nicht wollen, dann wird es andere geben, zum Beispiel den deutschen Botschafter im Libanon, die Fäden knüpfen wollen.«

Hellmann: »Ich kann mir nicht denken, daß Syrien Forderungen, wie in diesem Fall, erfüllen würde.«

Kanaan: »Ich würde eine militärische Aktion zur Befreiung versuchen. Wenn dies nicht möglich wäre, würde ich verhandeln.«

Hellmann: »Die deutsche Regierung hat eine Schutzfunktion und -pflicht gegenüber deutschen Bürgern im Ausland. Ohne Zynismus und bei allem Respekt vor dem Leben von Menschen, können wir diese Rechtsordnung nicht außer Kraft setzen, um zwei Geiseln zu befreien. Wir müssen morgen klären, ob die beiden noch leben und warum sie verschollen sind. Wir wollen herausfinden, ob die Entführung nur inszeniert war, weil sich die ASME-Leute in finanzielle Machenschaften begeben haben und deshalb untertauchen mußten.«

Kanaan: »Das steht Ihnen zu.«

Hellmann: »In welcher Funktion bin ich bei Hamadi eingeführt?«

Kanaan: »Das ist nicht genau festgelegt. Sie sind Freunde von uns. Sie kommen von einer politischen Organisation und haben Vollmacht, den Komplex mit Hamadi zu besprechen. Sie verstehen seine Situation. Wir legen großen Wert darauf, daß eine Verständigung zustande kommt. Im übrigen, die Tatsache, daß Hamadi überhaupt gekommen ist, beweist, daß die Geiseln leben.«

Hellmann: »Sollen wir sagen, wir sind Angehörige des BND?«

Kanaan: »Das ist nicht nötig. Hamadi wird nicht fragen, wer Sie sind.«

Hellmann: »Also weiß er es. Hat er keine Befürchtungen, hier verhaftet zu werden?«

Kanaan: »Unsere Beziehungen zu ihm sind nicht sehr freundlich, sondern knallhart. Wenn ich ihn festnehme, was bringt mir das? Ich will mit ihm sprechen.«

Am Morgen des 1. Februar trafen die beiden Delegationen wieder zusammen. Den BND vertraten Hellmann, Hagemann, Blome und ihr arabisch sprechender Kollege, von den Syrern kamen Kanaan, Hassan und Ali. Der Geiselnehmer Abdul Hadi Hamadi kam alleine. Syriens Geheimdienst hatte ihm keine Begleiter zugestanden.

Der Libanese trug einen Dreitagesbart und legere Kleidung. Er war etwa 1,70 Meter groß. In einer späteren BND-Analyse dieses Treffens wurde er so charakterisiert: »H. besitzt eine wache Intelligenz, denkt rasch und bemerkenswert folgerichtig; seine Sprechweise ist klar und ohne die übliche Weitschweifigkeit. Im ganzen eine gefestigte Persönlichkeit, nicht ohne sympathische Züge.«

Weiter stellten die Deutschen fest: »Im Gespräch war er zäh und zielstrebig, doch nicht unbeweglich und unverbindlich. Die wesentlichen Äußerungen seiner Gesprächspartner hat er sorgfältig notiert. Seine Abhängigkeit vom syrischen Wohlwollen kam durch häufige Danksagungen und anerkennende Worte an die syrischen Gesprächspartner zum Ausdruck.«

Abdul Hadi Hamadi: »Der Fall der beiden Deutschen ist keine Familienangelegenheit, sondern hat ideologische Bedeutung. Wir Araber haben keine Probleme mit den Deutschen. Wir betrachten sie, im Gegensatz zu den Franzosen und Amerikanern, als unsere Freunde. Mein Bruder Abbas ist jedoch unschuldig. Er ist ein Opfer geheimdienstlicher Machenschaften. Mohammed Ali hat sich als einziges Familienmitglied militant betätigt. Er hat ein amerikanisches Flugzeug entführt, um in Israel gefangengehaltene Brüder freizubekommen.

Ich habe die beiden Deutschen nicht entführt und damit auch nichts zu tun. Gestern habe ich noch einmal mit den Entführern gesprochen. Sie haben mich beauftragt, mit den offiziellen deutschen Vertretern zu verhandeln. Ich habe dieses Mandat nur deshalb übernommen, weil es um meine beiden Brüder geht. Ich allein bin dazu ermächtigt. Ich bin gekommen, um den Fall zu lösen. Meine Auftraggeber verlangen die Freilassung von Mohammed Ali und vom unschuldigen Abbas. Im Gegenzug werden sie die beiden Deutschen freigeben.«

Heinrich Hellmann: »Legen Sie uns eindeutige Beweise vor,

daß die beiden Deutschen noch am Leben sind und daß sie sich überhaupt in der Verfügungsgewalt von Ihnen oder Hisbollah befinden. Bisher gibt es dafür keinen Beleg.«

Abdul Hadi: »Meine Auftraggeber verlangen die Freilassung meiner Brüder ohne Vorbedingung. Nach den schlechten Erfahrungen in den Fällen Cordes und Schmidt sind sie nicht bereit, Lebenszeichen zu liefern. Damals hat Außenminister Genscher dem iranischen Vize-Außenminister Laridschani versprochen, daß Abbas drei Monate nach Schmidt und Mohammed Ali sechs Monate nach seinem Urteilsspruch freigelassen werden. Diese Zusagen wurden aber gebrochen. Ich selbst sorge dafür, daß den beiden Deutschen nichts geschieht. Deshalb erkundige ich mich oft nach ihrem Gesundheitszustand. Eine gute Behandlung ist sichergestellt. Mehr ist nicht möglich.«

Hellmann: »Weder Genscher noch irgendein anderer Offizieller der Bundesrepublik Deutschland hat im Fall Cordes-Schmidt eine Zusage gemacht. Diese Behauptung ist eine Lüge. Wenn wir ein Lebenszeichen der Entführten bekämen, dann würde das die Position der Entführer nicht schwächen, sondern vielmehr durch den Beweis ihrer Glaubwürdigkeit stärken.

Die Gesetzeslage der Bundesrepublik Deutschland läßt im übrigen die Freilassung der beiden Brüder in derart kurzer Zeit nach der Verurteilung nicht zu. Eine für 65 Millionen geltende Rechtsordnung kann wegen zweier entführter Deutscher nicht außer Kraft gesetzt werden, auch dann nicht, wenn es um 10 oder 20 Geiseln gehen würde. Diese Tatsachen sind hart für die beiden Deutschen. Sie treffen aber auch Ihre beiden Brüder. Deren Lage bessert sich durch die Entführung Unschuldiger in keiner Weise. Sie verschlechtern sich eher. Nur die Freilassung der Geiseln kann bewirken, daß die Exekutive nach Verbüßung der gesetzlichen Mindestzeit der Strafe ihren Ermessensspielraum zugunsten einer Haftverkürzung ausschöpft.«

Abdul Hadi: »Es geht nicht nur um bessere Haftbedingungen, sondern ganz einfach um die Freilassung meiner Brüder. Wenn ich den Entführern Ihre Position mitteile, dann weiß ich nicht, wie sie reagieren werden.«

Kanaan: »Sie sollten nichts Unmögliches verlangen, sondern nach einer vernünftigen Lösung suchen. Das wird sowohl von unserer als auch von deutscher Seite angestrebt. Wir haben Verständnis und Mitgefühl für Ihre Lage und die Ihrer Familie. Die ganze Welt ist jedoch gegen Entführungen eingestellt. Das Bestreben der Kidnapper, den Fall zu einem Politikum zu machen, richtet sich gegen Ihre Interessen und die Ihrer Familie.«

Mit ihm traf sich Heinrich Hellmann vom BND am 1. Februar 1990: Abdul Hadi Hamadi.

Hellmann: »Ich kann mich in junge Leute hineinversetzen, die in politische Wirren verstrickt sind. Auf diese Weise kann man aber nicht die Wirklichkeit verändern. Man muß nach der bestmöglichen Lösung suchen. Im übrigen richtet sich der Koran gegen die Geiselnahme Unschuldiger.«

Abdul Hadi: »Solche ungewöhnlichen Maßnahmen wurden durch Imam Khomeini persönlich gebilligt und veranlaßt. Wir haben seine Erlaubnis eingeholt. Ich bedanke mich für die Offenheit des Gespräches und werde meinen Auftraggebern darüber berichten. Sie sind bestimmt nicht erfreut. Im Interesse meiner Brüder werde ich die Worte der Deutschen im positiven Sinne vortragen. Bitte geben Sie mir bald über die möglichen Erleichterungen des Schicksals meiner Brüder Bescheid. Dann können wir vielleicht unseren Dialog fortsetzen.«

Am nächsten Abend fand das Abschiedsgespräch zwischen den deutschen und den syrischen Geheimdienst-Delegationen statt. Die Gastgeber begannen mir ihrer Wunschliste für Ausrüstung und Ausbildung. Ganz oben befanden sich Abhörtechnik und Geräte zur frühzeitigen Entdeckung ferngesteuerter (irakischer) Autobomben. General Hassan erinnerte an die »tiefe und echte Freundschaft« zu den Deutschen, die selbstverständlich nicht von der technischen Ausstattung abhänge.

Im Namen von General Kanaan bot er an: »Lassen Sie uns Hamadi belügen, und nicht Sie.« Heinrich Hellmann sagte technische Unterstützung zu. Gleichzeitig bat er die Syrer um stärkere Zusammenarbeit in der Nachrichtenbeschaffung aus dem Nahen Osten. Gemeinsam diskutierte man angeregt über international tätige, palästinensische Terrororganisationen.

In der Öffentlichkeit blieb es ruhig. Das Jahr 1990 brachte keine Bewegung der festgefahrenen Geiselfrage. Die Diplomaten arbeiteten auf Hochtouren, führten Gespräche auf allen Ebenen und mit den in Frage kommenden internationalen Organisationen. Im Fall Quint hatte der Arbeitsstab des Auswärtigen

Amtes dreimal getagt. Bei Strübig und Kemptner kamen die Teilnehmer insgesamt vierzigmal in den Konferenzräumen neben dem Weltsaal zusammen.

Die Kontakte zur PLO wurden immer freundlicher, und erstmals nahm das Auswärtige Amt direkten Kontakt zu einem inoffiziellen Vertreter der Amal auf. Am 23. November 1990 erfolgte der Antrittsbesuch des neuen iranischen Botschafters in Bonn, Seyed Hossein Mousavian. Er sollte noch zu einem wichtigen Bindeglied bei der Lösung des Falles Strübig-Kemptner werden. Von Anfang an interessierte sich Mousavian für die mutmaßliche Haftdauer der Hamadis. Er versicherte seinen Gesprächspartnern in Bonn: »Wir nehmen eine neue Haltung zur libanesischen Geiselfrage ein. Die Chancen zur Freilassung der westlichen Geiseln sind gestiegen.«

Mittlerweile beim Bundesnachrichtendienst: Nach der Begegnung Hellmann-Hamadi durften die Eltern und die Ehefrauen der beiden Strafgefangenen in die Haftanstalten Zweibrücken und Frankfurt reisen. Sie kamen zufrieden zurück. BND-interne Analysen hofften, daß die Deutschland-Reise der Familie »einen positiven Einfluß auf DN Sheikh (Abdul Hadi Hamadi, d. A.) haben wird«.

Über die syrischen Geheimdienste mahnte Hamadi die von Hellmann versprochene Information zu den Haftzeiten und ihren möglichen Verkürzungen an. Gleichzeitig brachte Abdul Hadi Beschwerden seines Bruders Mohammed über die Haftbedingungen an. Er werde jede Nacht stündlich aufgeweckt, bei seinen Gebeten beleidigt und dürfe nicht an den Sportveranstaltungen teilnehmen. Jemand verbreite Gerüchte in der Haftanstalt, daß er drogensüchtig sei und bereits zwei Selbstmordversuche unternommen habe.

Am 15. März 1990 wurde auch der BND-Resident in Damaskus ungeduldig. Er mahnte die Zentrale, endlich die Zusagen vom 1. Februar einzulösen. Der Partnerdienst habe immer noch keine Antwort »über die nach einer Freilassung der deutschen

Geiseln eintretende Verbesserung für die Hamadi-Brüder. (...) PD ist der Ansicht, daß jede Antwort, die Positives enthält, wichtig und wirksam sei. Eine Aussage, daß zum Beispiel eine Strafminderung um ein Drittel eintreten würde und nach besonderer Prüfung und günstiger Entwicklung vielleicht auch noch mehr möglich sei (ohne sich festzulegen), würde die Wirkung nicht verfehlen. Wichtig sei, die durch das Gespräch am 1.2.90 entstandene positive Haltung zu erhalten und zu nutzen. Absolut schädlich sei, wenn der Kontakt durch ausbleibende Reaktion unsererseits abbrechen würde.«

Längst hatten die Verantwortlichen jedoch kalte Füße bekommen. Ein früherer Sachbearbeiter des BND beschreibt dies so: »Hellmann erhielt Strübig und Kemptner während seines Besuches in Damaskus auf dem Tablett serviert. Die beiden wären etwa zwei Jahre eher freigekommen, wenn die deutschen Behörden zugegriffen hätten. Statt dessen tauchte die deutsche Seite ab und ließ Hamadi wie auch die syrischen Vermittler hängen. Eine echte Chance wurde vertan.«

Der Staatsminister im Bundeskanzleramt, Bernd Schmidbauer, dem Hellmann und der ganze BND unterstellt sind, hat eine sehr gute Meinung von dem damaligen Unterabteilungsleiter. Er nennt ihn »einen der klügsten Köpfe im operativen Bereich«. Bei einem Gespräch im Juni 1996 kannte Schmidbauer jedoch die Tatsache des Treffens zwischen Hellmann und Abdul Hadi Hamadi gar nicht. Seine spontane Deutung des Vorgangs: »Jede flankierende Maßnahme war wichtig. Sicher waren in diesem Fall die Signale nicht so deutlich, sonst hätte man sie genutzt.« Heinrich Hellmann, zwischenzeitlich wieder BND-Resident in Washington, war zu keiner klärenden Stellungnahme bereit.

Am 2. April 1990 wurde der Hellmann-Kontakt offiziell beendet. Der Arbeitsstab Libanon des Auswärtigen Amtes beschloß, Abdul Hadi Hamadis Frage nicht zu beantworten, weil er »eine solche Antwort als ersten Schritt zu Verhandlungen mit einer deutschen Behörde auffassen oder auslegen könnte«. In den

Akten heißt es weiter: »Ein solcher Eindruck darf aber nicht erweckt werden, weil keine deutsche Behörde mit dem wegen Geiselnahme zur Verhaftung ausgeschriebenen Sheikh verhandeln darf (bei der Zusammenkunft ... am 1. Februar 1990 wurden keine Verhandlungen, es wurde nur ein Orientierungsgespräch geführt).«

In einer Stellungnahme für den Partnerdienst »Silberfuchs« lieferte der BND über das Nah- und Mittelost-Referat lediglich eine Rechtsbelehrung. Die Frage der Haftverkürzung, erfuhren die erstaunten Syrer, sei in der deutschen Strafprozeßordnung geregelt und für jedermann nachzulesen. Die Bemühungen der Strafverteidiger für eine Haftverkürzung der Hamadi-Brüder hätten sicherlich mehr Aussichten auf Erfolg, wenn Abdul Hadi Hamadi ein Lebenszeichen von Strübig und Kemptner liefern würde, »weil die zuständigen Stellen dann ihren Ermessensspielraum zugunsten der inhaftierten Brüder ausnutzen könnten«.

General Hassan Sulaiman war entsetzt. BND-Resident Klaus Blome traf auf »Enttäuschung und Verärgerung«, als er am 9. April seine Pullacher Sprachregelung weitergab. Wieso sollte man Anwälte einschalten, wenn es die Möglichkeit gebe, alles auf nachrichtendienstlicher Ebene zu behandeln? Blome formulierte: »PD bedaure und beanstande die vom BND getroffene Entscheidung zutiefst, sie diene nicht der Lösung der Geiselfrage.« Wenn Abdul Hadi Hamadi die gewünschte Auskunft von den Anwälten seiner Brüder bekomme, dann werde er den Preis erhöhen, »da er mehr als von den Strafverteidigern beschaffbar erwarte«.

Dann folgten massive Vorwürfe gegen den BND: »PD habe in mühsamer Arbeit den Boden bei ›Sheikh‹ vorbereitet und stehe jetzt mit leeren Händen da. Warum denn UAL (Hellmann, d. A.) überhaupt die Reise nach Damaskus gemacht und das Gespräch mit ›Sheikh‹ geführt habe? Es entstehe die Frage, ob wir überhaupt an der Freilassung der Geiseln ein Interesse hätten. Schon das bisherige Verfahren habe PD verwundert, da man zwei

Monate auf eine Antwort gewartet habe, und diese auch noch mehrmals habe anmahnen müssen. Die Länder anderer Geiseln würden sich bedeutend mehr um die Freilassung ihrer Geiseln bemühen, doch kein Land sei mit sowenig Aufwand der Freilassung so nahe gewesen wie wir.«

Anmerkung des genervten Residenten an die Zentrale: »PD sieht sich regelrecht im Stich gelassen. Nachdem wir in häufigen Anfragen seine Hilfe und Mitarbeit in der Geiselfrage erbeten haben, empfindet er jetzige Antwort als Offenbarungseid. Ich glaube, daß wir uns zukünftige Anfragen über den Stand der Geiselfreilassung sparen können, da wir nach dem hoffnungsvollen Fortschritt durch den UAL-Besuch nunmehr jegliche Mitarbeit des PD verspielt haben.«

Diese drastischen Worte verfehlten ihre Wirkung nicht. Plötzlich wurde der Zwist mit dem Partnerdienst »Silberfuchs« zur Chefsache. Präsident Hans-Georg Wieck diktierte einen Brief, um die verfahrene Situation zu retten. Unter dem Datum 26. April 1990 schrieb er an General Ali Duba:

Exzellenz,

wegen der deutschen Geiseln im Libanon wende ich mich erneut an Sie, zumal dieses Thema auch für die Bundesregierung unverändert von großer Bedeutung ist. Die Bundesregierung wird daher sicherlich Gelegenheit nehmen, den syrischen Außenminister bei nächster Gelegenheit um Unterstützung bei der Lösung des Problems zu bitten. Ich bin mir bewußt, daß die wesentlichen Möglichkeiten der Mitwirkung an einer Lösung bei Ihnen persönlich liegen und danke Ihnen erneut herzlich für Ihre bisherige Unterstützung mit der Bitte und im Vertrauen darauf, daß Sie uns Ihre Hilfe auch weiterhin zuteil werden lassen.

Meine Beauftragten, die durch Ihre Einwirkung und die Vorbereitung Ihrer Mitarbeiter Gelegenheit zu einem Informationsgespräch mit Abdul Hadi Hamadi hatten, haben mir ausführlich berichtet, mit welchem Geschick und welcher Stand-

festigkeit General Kanaan und General Hassan diese schwierige Begegnung gesteuert haben.

Bei der Weiterbehandlung des Falles besteht die Schwierigkeit, daß keinesfalls der Eindruck entstehen darf, als ob die deutsche Seite wegen der Freilassung der Geiseln offizielle Verhandlungen eröffnet hätte. Unabhängig davon ist es aber selbstverständlich, daß ich Ihren Dienst über die Rechtslage und die politischen Grenzen des Handlungsspielraumes der zuständigen deutschen Behörden hinsichtlich einer Haftverkürzung für die Hamadi-Brüder umfassend unterrichten werde. Deshalb beabsichtige ich, einen leitenden rechtskundigen Mitarbeiter zu entsenden, der Ihnen einen Überblick über die Lage gibt und alle Fragen dieses Komplexes beantworten kann. Sollte dieser Vorschlag Ihre Zustimmung finden, bitte ich, einen Ihnen genehmen Termin zu benennen.

Nun kamen die Syrer erst richtig in Fahrt. Die Deutschen, ließ General Hassan über den BND-Residenten Blome wissen, würden den wichtigsten Punkt in der Behandlung der Geiselaffäre einfach nicht kapieren. Das Verfahren sei viel zu kompliziert. Abdul Hadi Hamadi brauche nur eine einzige Antwort, und die könne so lauten: »Die zuständige deutsche Behörde sagt zu, daß im Fall der Freilassung der beiden deutschen Geiseln die Haftzeit der in Deutschland einsitzenden Hamadi-Brüder um ein Drittel gekürzt wird. Es wird weiter geprüft, ob je nach Lageentwicklung weitere Haftverkürzung und Verbesserung der Haftbedingungen möglich sei.«

Da bedürfe es keiner Rechtsbelehrung. Im übrigen habe Hellmann der Formulierung bereits zugestimmt, auch wenn er nicht autorisiert gewesen sei. Im Grunde genommen sei bereits der erste Teil der Formel für Hamadi ausreichend, da er nur auf eine für die deutsche Seite bindende Zusage warte. Teil zwei wecke in ihm die Hoffnung, daß für seine Brüder noch mehr drin sein könne. Außerdem müsse man die deutschen Anwälte raushalten.

Ihre Einbindung in die aktuelle Entwicklung würde nur den Spielraum für weitere Gespräche mit Abdul Hadi verringern.

General Hassan wörtlich: »Die deutsche Seite bemüht sich nicht um eine Lösung der Geiselaffäre. Was ist in den drei Monaten seit dem Hellmann-Besuch geschehen? Die Kidnapper verstehen nichts von Moral, Justiz und Gesetz. Da muß man flexibel sein und nach links und rechts lavieren. Was versprechen Sie sich vom Besuch eines rechtskundigen Mitarbeiters? Hat er ein Mandat oder soll er nur die Rechtslage erklären? Ich kenne sie bereits. Ihre Weitergabe an den gesetzlosen Kidnapper Hamadi bringt uns nirgendwo hin. Hamadi braucht eine feste Zusage und ein bißchen Hoffnung. Wenn die deutsche Seite sofort gehandelt hätte, dann wären die Geiseln bereits tausendmal frei. Die Deutschen wurden als letzte entführt und werden, wenn sich die deutsche Strategie nicht ändert, als letzte freikommen. Außerdem erhöht die starre deutsche Haltung die Gefahr weiterer Geiselnahmen. Wenn Hamadi die Hoffnung auf eine greifbare Lösung aufgibt, dann könnte es sein, daß er sich zu mehr Druck auf die deutschen Behörden entschließen könnte.

Nochmals, gebt Hamadi, was das Gesetz erlaubt. Und versprecht ihm alle möglichen Haftverbesserungen. Was hindert die Justiz daran, den Brüdern täglich eine halbe Stunde Sport zu erlauben? Was die Möglichkeiten jenseits der Gesetze betrifft, sollten Sie uns die Formulierung überlassen. Wenn es darauf ankommt, werden wir für Sie lügen. Sie bräuchten dafür keine Verantwortung zu übernehmen.«

Die Syrer meinten es absolut ernst und versuchten die Deutschen von ihrer Position zu überzeugen. Auch während eines Besuchs beim BND schnitt General Ghazi Kanaan dieses Thema im Verlauf eines eindrucksvollen Abendessens mit Präsident Wieck an. »Die Deutschen müssen keine Zusagen einhalten«, sagte er, »wir kümmern uns um alles weitere.«

Am 30. Mai wandte sich Außenminister Genscher brieflich an seinen syrischen Kollegen Shara. Er bat um Amtshilfe bei der

Beschaffung eines Lebenszeichens von Strübig und Kemptner und bei den Bemühungen zur Freilassung. Das benutzte Shara dazu, im Gespräch mit Botschafter Schlingensiepen das Schicksal der deutschen Geiseln mit dem aller anderen und mit den libanesischen Gefangenen in Israel zu verbinden. Die Bundesregierung, sagte Shara, möge Druck auf Israel ausüben. Dann könne man möglicherweise eine Gesamtlösung erreichen.

Das Auswärtige Amt wies den Botschafter in Damaskus gleichzeitig an, mit Nasseristen-Chef Mustafa Saad über das Schicksal der deutschen Geiseln zu sprechen. Das bedeutet, daß der Direktkontakt des BND zu Abdul Hadi Hamadi weder in Bonn noch beim syrischen Außenminister bekannt war oder von beiden ignoriert wurde. Warnend erhob der rührige Blome wieder die Stimme: »Bei Fortführung der bisherigen starren Haltung machen sich Krisenstab und AA der unbegründeten weiteren Geiselhaft von zwei deutschen Staatsangehörigen schuldig.«

Der Disput zwischen dem BND und seinen syrischen Kollegen zog sich in den Juni hinein und neutralisierte praktisch sämtliche sinnvollen Bemühungen der Geheimdienste. Die Pullacher nannten einen Termin für die Delegation der Rechtskundigen. In Damaskus begegnete man dem mit Unverständnis. General Hassan an die Deutschen: »Hamadi war bereit, die deutschen Geiseln freizulassen, falls er eine Zusage für die Verbesserung der Haftbedingungen und für die im Gesetz sowieso vorgesehene Haftverkürzung erhalten hätte. Die deutsche Seite ist jedoch nicht flexibel genug und will auch die von uns geschaffene günstige Ausgangslage nicht nutzen. Nach vier Monaten sind alle Chancen vertan.«

Die Syrer forderten Abdul Hadi Hamadi auf, an dem Gespräch mit der neuen BND-Delegation teilzunehmen. Er lehnte rundweg ab. Zum einen sei er nur an einem klaren Termin für den Austausch der Gefangenen interessiert, zum anderen würden ihn schlimme Nachrichten aus Deutschland erreichen. Einem der Brüder sei gewaltsam ein Bein gebrochen worden. Beide würden pausenlos schikaniert. Resident Blome berichtete die Neuigkeiten an seine Zentrale. Sein langes Fernschreiben endete mit der Wertung, daß der stagnierende Dialog mit Hamadi »die längst mögliche Geiselfreilassung verhindert« habe.

Die Antwort aus München bewies einmal mehr, wie verfahren Operation »Comeback« inzwischen war: »Wegen der für eine BND-Delegation derzeit äußerst ungünstigen Verhandlungsposition hat der Präsident die Verschiebung der Reise ohne bestimmten Termin angeordnet. BND will im Arbeitsstab Libanon zuerst eine spürbare Besserung der Haftbedingungen (Verlegung in eine andere Anstalt) erreichen, um wenigstens dies mitbringen zu können.«

Auch als diese Voraussetzungen existierten, konnte sich der BND zu keiner klaren Aktion durchringen. Zuerst wurde ein Termin für den Besuch der lange angekündigten Rechtsdelegation genannt, der 29. Juli 1990. Als General Hassan durchblicken ließ, er werde möglicherweise Abdul Hadi Hamadi dazuladen, sagten die scheuen BND-Partner wieder ab. Die offizielle Mitteilung an die immer peinlicher brüskierten Syrer: »Der BND bedauert, den Besuch der Delegation aus unvorhergesehenen terminlichen Gründen verschieben zu müssen. Zu gegebener Zeit wird ein neuer Terminvorschlag gemacht werden.«

Nun war das Auswärtige Amt wieder am Zug. Botschafter Schlingensiepen in Damaskus wurde zu seinem iranischen Kollegen Achtari geschickt, der neue Botschafter in Beirut, Peter Kiewitt, zu Scheich Fadlallah. Achtari, ein beeindruckender Mann von archaischer Erscheinung, warf den Deutschen vor, für Cordes und Schmidt keine Gegenleistung erbracht zu haben. Das gestalte die Beziehungen zu den Geiselnehmern sehr schwierig. Außerdem würden die Hamadis in den deutschen Gefängnissen überaus schlecht behandelt.

Kiewitt erläuterte dem geistigen Führer der Hisbollah die deutsche Rechtslage. Darüber hinaus ging er auf die Haftbedingungen für die Hamadi-Brüder ein. Mohammed Hamadi, der sich nun in der JVA Schwalmstadt befinde, habe das Recht, in seiner Zelle ungestört zu beten. Er könne einen muslimischen Geistlichen treffen, zweimal im Jahr islamische Gottesdienste besuchen. Er dürfe an Sportveranstaltungen, Sprachkursen und am allgemeinen Leben der Anstalt teilnehmen, in seiner Zelle fernsehen. Sein Gesundheitszustand sei zufriedenstellend.

Der Botschafter versicherte, es sei nicht zutreffend, daß Abbas Hamadi ein Bein gebrochen worden sei. Er habe keine gesundheitlichen Probleme. Am 20. August 1990 sei es zu einer tätlichen Auseinandersetzung zwischen ihm und einem ägyptischen Mitgefangenen gekommen. Beide hätten sich nicht über die Bezahlung von drei Kupferbildern einigen können, die Hamadi bei dem Mithäftling bestellt habe. Bei dem Handgemenge sei Abbas leicht verletzt und sofort ärztlich behandelt worden.

So vergingen die Monate. Heinrich Strübig und Thomas Kemptner befanden sich bereits 18 Monate in Geiselhaft, ohne daß ein Lebenszeichen von ihnen übermittelt wurde. Die Hamadi-Familie machte dagegen reichlich Gebrauch von der großzügigen deutschen Besuchsregelung für Abbas und Mohammed. Sie reisten regelmäßig nach Deutschland. Das ging sogar den Syrern zu weit. Im Februar 1991 schlug General Hassan dem BND-Residenten vor, die Besuche der Hamadis nicht mehr zu genehmigen, solange es im Gegenzug keine Visiten bei den Geiseln und keine Lebenszeichen gäbe. Hassan wies auch darauf hin, daß es »eine gewisse Verantwortung des Iran« für die Häftlinge gebe. Schließlich seien die Hamadis »bei der Durchführung von kriminellen Handlungen im iranischen Auftrag« festgenommen worden.

Im Frühjahr 1991 nahmen die Gerüchte über die bevorstehende Freilassung westlicher Geiseln zu. Der Arbeitsstab Libanon ging davon aus, daß wieder Bewegung in die Geiselfrage gekommen war. Zeitweilig häuften sich die Meldungen der Botschaften und der geheimen Dienste über mögliche Geiselgespräche und über die Reisebewegungen von Hisbollah-Offiziellen.

Ende März, beispielsweise, teilten die Syrer mit: »Die Verhandlungen werden sehr hart geführt. Es kann durchaus sein, daß ein plötzlicher Durchbruch erzielt und die Freilassung der Geiseln angeordnet wird. Von der Freilassung sind auch die beiden deutschen Geiseln betroffen.« Außerdem erreichte der libanesische Bürgerkrieg seine letzte Phase. 1991 wurde zum Jahr des Friedensvertrages.

Mitte Mai trat ein neuer, vergleichsweise moderater Generalsekretär an die Spitze von Hisbollah: Abbas Mousawi. Die Euphorie wuchs, und plötzlich war sogar die Rede von Direktkontakten zwischen Israel und der Hisbollah. Gefangene und tote Soldaten sollten gegen lebende Schia-Aktivisten in nordisraelischen Lagern und in der Pufferzone des Südlibanon getauscht werden. Aber dafür war es noch zu früh, wie sich rasch zeigte.

Nach mehrmonatigen Überlegungen, Strübig und Kemptner waren bereits länger als zwei Jahre verschwunden, schaltete der Arbeitsstab Libanon auf harten Kurs um. In der Sitzung vom 4. Juni wurde beschlossen: Der Hamadi-Clan kann weiterhin Visa für Deutschlandbesuche beantragen. Sie werden jedoch nicht genehmigt, »da sich unsere Erwartungen, die wir bisher mit der Visaerteilung auf rein humanitärer Praxis verknüpft hatten (Erhalt eines Lebenszeichens von Strübig und Kemptner), nicht erfüllt haben«.

Im Protokoll des Arbeitsstabes heißt es weiter: »Da unsere Ansprechpartner in der Geiselfrage ausschließlich Regierungen sind (hier vor allem Teheran, aber auch Damaskus), wird gebeten, in einem der nächsten Gespräche mit Vize-Außenminister Vaezi oder einem anderen Gesprächspartner auf hoher Ebene im iranischen Außenministerium mitzuteilen, daß wir weitere Besuche der Hamadi-Angehörigen in der Bundesrepublik Deutschland nicht gestatten werden und auch sonst zu keinerlei Konzessionen, wie etwas der Zusammenlegung der Hamadi-Brüder, bereit sind. An eine Änderung dieser Ablehnung könnten wir nur dann denken, wenn wir ein Lebenszeichen erhalten.«

Während sich der BND auf seine Kontakte mit den Syrern konzentrierte, schwenkte das Auswärtige Amt wieder einmal in Richtung Iran. In einem internen Papier wird dies begründet: »Wir sind davon überzeugt, daß der Schlüssel zur Lösung des Problems der westlichen Geiseln in Teheran liegt. Teheran ist daran interessiert, die nicht mehr in die heutige politische Landschaft passende Geiselproblematik loszuwerden. Teherans Einfluß auf radikale Gruppen im Libanon mag allerdings nicht mehr so groß sein wie noch vor drei Jahren, als Cordes-Schmidt freikamen.«

Der Arbeitsstab war zu jener Zeit ein sehr launenhaftes Instrument. In seiner Sitzung vom 9. Juli drehte er sich erneut um 180 Grad. Übereinstimmend kamen die Außenpolitiker zu dem Schluß, »daß das Engagement der iranischen Regierung im Falle Strübig-Kemptner ingesamt enttäuschend« sei.

Im Juli 1991 beantragten die Hamadis über das Internationale Rote Kreuz deutsche Einreisevisa für acht Familienangehörige. Zum erstenmal griff die neue Regelung. Die Anträge wurden abgelehnt. Tage später hieß es in Beirut, auf Abbas Hamadi sei in der JVA Saarbrücken ein Mordanschlag verübt worden. Ein Landsmann habe ihn mit einem Messer niedergestochen. Das saarländische Justizministerium beeilte sich zu versichern, Abbas Hamadi sei nur leicht verletzt. Bonner Experten berichteten später, es sei ein »abgekartetes Spiel« gewesen. Ein befreundeter Mithäftling habe Abbas mit einer Schusterahle leichte Wunden beigebracht.

Die Familie legte nach. Mohammed sei bereits drei Mordanschlägen ausgesetzt gewesen. Zuletzt habe ein jüdischer Mitgefangener im Mai 1991 versucht, ihn zu erstechen. Beide Hamadis würden in den deutschen Haftanstalten regelmäßig »körperlich gezüchtigt«. Bei Mohammed sei es nicht klar, ob er noch lebe, da die Angehörigen in der vergangenen Woche Informationen erhalten hätten, daß »die Situation extrem kritisch und sein Leben in Gefahr« sei. Darauf meldete sich die

Hisbollah-Untergruppe »Islamischer Heiliger Krieg« zu Wort und drohte den Deutschen »schwere Bestrafung« an, falls die Hamadis nicht freigelassen würden. In der Bundesrepublik wurden verschärfte Sicherheitsvorkehrungen angeordnet.

Im Libanon meldeten sich überraschend die »Kämpfer für die Freiheit« zu Wort. Insider kannten sie bereits von den Entführungen Cordes, Schmidt und Schray und im Zusammenhang mit dem Hamadi-Clan. Ihre Aktivisten bezichtigten sich, Strübig und Kemptner verschleppt zu haben. Eine neue Variante des alten Spiels, jedoch ohne ein Lebenszeichen der Entführten. Eine Woche später folgte ein zweites Drohschreiben. Wie so oft wurde der Brief bei der angesehenen Tageszeitung *An Nahar* abgegeben. Diesmal lag das Polaroid-Foto eines bärtigen Mannes im weißen Unterhemd bei – Heinrich Strübig. Das erste Lebenszeichen nach mehr als 26 Monaten.

Das Kommunique der Phantom-Organisation behauptete, die deutschen Behörden hätten in der Vergangenheit ihr Versprechen gebrochen, die Hamadi-Brüder im Austausch gegen Cordes und Schmidt freizulassen. Mohammed und Abbas seien nach amerikanischen Vorgaben und mit Hilfe bestochener Zeugen verurteilt worden. Man habe bisher Geduld gehabt. Nach den Mordanschlägen auf Abbas und Mohammed sei dies jedoch vorbei. Man halte seit mehreren Jahren zwei deutsche Spione gefangen, um diese auszutauschen. Innerhalb von 48 Stunden müsse die Bundesregierung präzise Informationen über die Lebensbedingungen der Hamadi-Brüder liefern. Falls dies nicht geschehe, werde man zu extrem negativen Methoden greifen, nach deren Anwendung es kein Bedauern mehr gebe.

Mit einer seltenen Erklärung wandte sich die Bundesregierung nach einer Sondersitzung des Arbeitsstabes Libanon an die Öffentlichkeit: »Die Bundesregierung verurteilt alle Drohungen gegen die beiden Geiseln. Sie wird sich nicht erpressen lassen. Einen Tauschhandel wird es nicht geben. Die Bundesregierung fordert, das zynische Spiel mit Leben und Gesundheit der beiden im Mai 1989 entführten Heinrich Strübig und Thomas Kemptner zu beenden und die beiden Deutschen und alle im Libanon noch festgehaltenen Geiseln sofort und bedingungslos freizulassen.«

Nach drei Wochen verbaler Kriegsspiele verkündete ein hoher schiitischer Geistlicher zum Monatsende Juli die Entwarnung. Alle Drohungen wurden zurückgenommen. Der Alltag im Ringen um die Geiseln konnte wieder einkehren. Quasi als Aussöhnungsgeste bat Abbas Hamadi in einem Gespräch mit der *Saarbrücker Zeitung* seine libanesischen Freunde, »daß den Geiseln nichts zustößt, daß keiner ihnen Schmerzen zufügt, daß sie gesund nach Hause kommen«. Der *Saarländische Rundfunk* meldete, Abbas Hamadi habe beim Bundespräsidenten ein Gnadengesuch eingereicht.

Der Vertreter der *Deutschen Presse-Agentur* in Beirut, Ali Jaber, hatte sich seit längerer Zeit um ein Interview mit seinem Glaubensgefährten Abdul Hadi Hamadi bemüht. Am 27. Juli wurde er überraschend in ein Hisbollah-Büro bestellt. Er traf den Sicherheitschef. Abdul Hadi stellte klar, daß er kein Interview geben werde. Was er zu sagen habe, sei als Hintergrund für die Deutschen bestimmt.

Ursprünglich hätten »die Entführer« vorgehabt, nach ergebnislosem Ablauf des 48-Stunden-Ultimatums einen der beiden Deutschen zu töten. Inzwischen habe jedoch die Bundesregierung positiv reagiert. Ferner habe Abbas bei der Familie angerufen und dabei Mißverständnisse ausgeräumt. Auch das Interview mit der *Saarbrücker Zeitung* sei gut angekommen. Man würde es positiv werten, wenn auch Mohammed die Gelegenheit eines Telefongesprächs bekäme. Dies sei vor allem ein Anliegen der besorgten Mutter.

In der Folge setzte sich Botschafter Peter Kiewitt für eine Art Waffenstillstand mit dem Hamadi-Clan ein. In einer langen Analyse für das AA-Referat 310 forderte er: »Zunächst sollten wir den Störfaktor Hamadi möglichst ausschalten. Hierzu erscheint ein Rotkreuz-Besuch bei den Hamadi-Brüdern ein geeignetes Mittel. Ferner könnte eine flexible Handhabung der Visa-Frage (Erteilung erst nach einiger Zeit, nicht allen Anträgen stattgeben) die Wiederholung nervöser Reaktionen verhindern helfen. Wenn der Botschaft nach außen hin die Zuständigkeit für die Bearbeitung von Visaanträgen der Hamadi-Familie übertragen würde, könnte dies zur Verbesserung der Sicherheitslage der Botschaft beitragen, da man sie braucht. Zu prüfen wäre auch die Möglichkeit eines Telefonats von Mohammed Ali Hamadi mit der Familie.«

Der leidenschaftliche Außenpolitiker Hans Stercken (CDU) sollte eine zweite Chance in Sachen Hamadi bekommen. Er hatte sich bereits in der Anfangsphase der Affäre eingeschaltet, als er zu Besuch in Damaskus und Beirut weilte. Nun leitete er eine Delegation des Bundestages, um die bilateralen Beziehungen mit Teheran zu verbessern. In der *Tehran Times* las Stercken, daß während seiner Anwesenheit die alljährliche Konferenz der radikalen Islamisten stattfinden sollte und daß eine starke Hisbollah-Abordnung mit Abdul Hadi Hamadi und Scheich Abbas Mousawi gekommen war. Stercken bat Außenminister Velajati, ihn mit den Libanesen zusammenzubringen.

Am 24. Oktober 1991 war es soweit. Hans Stercken und der FDP-Abgeordnete Olaf Feldmann aus Baden-Baden, im erlernten Beruf Geschäftsführer des Hotel- und Gaststättenverbandes Baden-Württemberg, wurden früh morgens in das stark abgesicherte Hotel Esteqlal gebracht. Beide waren über die Begegnung zwischen dem BND und Abdul Hadi Hamadi in Damaskus nicht informiert.

Die Deutschen sprachen zuerst mit Scheich Mousawi. Der bärtige Geistliche empfing sie in seinem unaufgeräumten Zimmer und bat sofort um absolute Vertraulichkeit.

Hans Stercken: »Der Fall Hamadi hat sich zu einer Belastung für die deutsch-libanesischen Beziehungen und denen zur gesamten arabischen Welt entwickelt. Wir müssen eine Lösung finden.«

Abbas Mousawi: »Auch wir verspüren den Wunsch nach besseren Kontakten zu einem stärker gewordenen Deutschland. Leider gibt es da ernsthafte Hindernisse. Wir müssen Deutschland von Schritten abraten, die die Gefühle der Muslime verletzen könnten. Es ist uns unverständlich, warum eine deutsche Ausgabe des Buches von Salman Rushdie erscheinen konnte. Da stecken doch bestimmt die Zionisten dahinter. Sie sind unsere Erzfeinde, haben den Süden unseres Landes besetzt und viele unserer Brüder als Geiseln verschleppt. Wir leiden unter ihren Luftangriffen.«

Stercken: »Unser grundlegendes Interesse ist natürlich die Freilassung der beiden deutschen Geiseln, die bereits zweieinhalb Jahre unschuldig festgehalten werden.«

Mousawi: »3000 Unschuldige befinden sich in den Händen der Christenmiliz. Im Libanon kann jeder verschleppt werden. Selbstverständlich bin ich gerne bereit, bei den Bemühungen um die beiden Deutschen zu helfen. Ich habe daran ein persönliches Interesse. Leider hängt das Schicksal der Deutschen ganz eng mit dem Schicksal der Hamadi-Brüder zusammen. Wir sind strikt gegen Geiselnahmen. Dieser Fall aber ist sehr speziell, und da konnten wir auch nichts dagegen machen.«

Der Generalsekretär von Hisbollah schlug ein Treffen mit seinem Sicherheitschef Abdul Hadi Hamadi vor. Eine Stunde später, am selben Ort, traf man sich wieder. Der bullige Hamadi wirkte nervös und gleichzeitig arrogant. Die Deutschen bekamen den Eindruck, daß er sehr von sich eingenommen war. Der große Bruder war ein Kettenraucher, stupste die Asche stets demonstrativ von sich weg. Das Gespräch dauerte 90 Minuten.

Abdul Hadi: »Unser heutiges Gespräch könnte die Grundlage für eine umfassende Lösung sein. Ich habe kein Problem mit dem deutschen Volk. Meine Brüder wurden verhaftet, obwohl sie dem deutschen Volk nichts getan haben. Mohammed Ali hat ein Flugzeug entführt. Das war gegen Israel gerichtet und fand nicht einmal im deutschen Luftraum statt. Israel wirft Bomben auf uns, beschießt uns mit Raketen. Unser Volk hat das gleiche Recht, für seine Einheit und Unabhängigkeit zu kämpfen wie das deutsche. Den Deutschen wurde bei dieser Flugzeugentführung kein Schaden zugefügt. Abbas hatte zudem mit der ganzen Sache nichts zu tun. Trotzdem hält man meine Brüder in unzumutbaren Bedingungen fest, mißhandelt und beleidigt sie jeden Tag.«

Stercken: »Mohammed und Abbas Hamadi wurden verurteilt, weil sie gegen Recht und Gesetz verstoßen haben. Die beiden Deutschen Strübig und Kemptner sind dagegen unschuldig und haben niemandem Schaden zugefügt. Ihre Freilassung hat für uns höchste Priorität. Selbstverständlich ist es für uns wichtig, daß Mohammed und Abbas in den deutschen Gefängnissen korrekt behandelt werden. Ich will mich selbst darum kümmern und die Vorwürfe überprüfen.«

Abdul Hadi: »Wir sind von Anfang an betrogen worden. Der stellvertretende iranische Außenminister Javad Laridschani hat uns versprochen, meine Brüder würden im Austausch gegen die Deutschen freikommen. Er hatte dafür eine Zusage von Außenminister Genscher. Also wurden wir gezwungen, die ersten beiden Deutschen freizugeben. Erst als sich herausstellte, daß die deutsche Regierung nicht angemessen reagieren wollte und ihr Wort nicht halten würde, hat Monate später eine weitere Entführung stattgefunden. Es war eine logische Entwicklung.«

Stercken: »Bundesminister Genscher und der ehemalige iranische Vize-Außenminister Laridschani haben mir überzeugend bestätigt, daß seinerzeit keine Bedingungen für die Freilassung von Cordes und Schmidt akzeptiert wurden.«

Abdul Hadi: »Das kann ich so nicht glauben. Laridschani hat mir eine klare Zusage gegeben. Vielleicht wurden seine Worte von der deutschen Regierung nicht genau verstanden, oder er hat sich falsch ausgedrückt.«

Stercken: »Die deutsche Regierung hat keine Möglichkeit, auf die unabhängige Justiz Einfluß zu nehmen. Die Urteile gegen Mohammed und Abbas wurden nicht von politischer Seite gefällt. Zwischen Entscheidungen der Justiz und der Geiselnahme unschuldiger Menschen kann es keinen Zusammenhang geben. Das sind zwei völlig unterschiedliche Vorgänge.«

Abdul Hadi: »Ist das Ihr letztes Wort?«

Stercken: »Wir können immer nur die Rechtssituation erklären. Nach unserer Verfassung gibt es auch die Möglichkeit des Gnadenerweises durch den Bundespräsidenten. Dieser Weg wurde natürlich durch die erneute Geiselnahme von Deutschen nicht gerade positiv beeinflußt. Sie sollten darüber nachdenken, wie die Chance einer vorzeitigen Entlassung durch das Verhalten der Geiselnehmer gefördert werden könnte.«

Abdul Hadi: »Mir ist es völlig egal, wie die Freilassung meiner Brüder erreicht werden kann, ob politisch, rechtlich oder anders. Es hat überhaupt keinen Sinn, darüber zu diskutieren. Das gesamte Problem ist gelöst, sobald meine Brüder zurückkehren können. Kurzfristig müssen aber die Haftbedingungen verbessert werden.

Ich habe zuverlässige, schriftliche Beweise für die schlimmen Zustände in den deutschen Gefängnissen. Auch der Bericht eines Gefängnisdirektors bestätigt dies. Es gab bereits mehrere, von außen gesteuerte Versuche, meine Brüder zu töten. Mohammed befindet sich in Einzelhaft, wird gefoltert und wurde in einem Bunker mit 50 Grad Hitze eingeschlossen. Das ist unmenschlich. Auch die versprochenen Besuchsmöglichkeiten wurden nicht gewährt. Deshalb fragen wir uns dauernd, ob den beiden etwas zugestoßen ist.«

Stercken: »Das Internationale Rote Kreuz hat Ihre Brüder besucht und kann die Haftbedingungen jederzeit überprüfen. Im übrigen, wenn Ihre Vorwürfe zutreffen würden, dann wäre im deutschen Parlament die Hölle los.«

Abdul Hadi: »Na und. Zwei Wochen später ist wieder alles wie zuvor. Der deutsche Botschafter in Beirut hat in Gesprächen mit Scheich Fadlallah und Scheich Mousawi Verbesserungen versprochen. Auch das wurde nicht eingehalten. Bitte besuchen Sie meine Brüder im Gefängnis und informieren Sie mich über Ihre Beobachtungen.«

Stercken: »Das will ich gerne machen. Ich weiß aber jetzt schon, daß Ihre Informationen nicht zutreffen. In unseren Haftanstalten herrschen keine solchen Zustände. Ich komme später nach Beirut und werde Ihnen berichten. Ich kann Ihnen aber heute bereits sagen, daß es eine Gesamtlösung nur im Rahmen der Möglichkeiten des deutschen Rechtsstaats geben kann.«

Abdul Hadi: »Ich ziehe eine Begegnung in Teheran vor. Vielleicht könnte es aber auch in Beirut klappen. Bitte kontaktieren Sie mich unter einer meiner Beiruter Nummern oder über Velajati beziehungsweise seinem Stellvertreter Vaezi.«

Olaf Feldmann: »Können Sie uns sagen, wie es den beiden Deutschen geht? Sind sie bei guter Gesundheit?«

Abdul Hadi: »Die beiden sind bei voller Gesundheit. Allen ihren Bedürfnissen wird entsprochen. Der Jüngere ist allerdings seelisch nicht ganz auf der Höhe. Ich habe diese Informationen von den Entführern erhalten, da ich selbst für diese Geiselnahme nicht verantwortlich bin. Aufgrund meiner wichtigen Position bei Hisbollah kann ich jedoch bewerkstelligen, was Sie wünschen.«

Nun lächelte er sogar.

Lassen wir hier eine der Geiseln, Heinrich Strübig, selbst zu Wort kommen:

Während der Entführung selbst und in der ersten Zeit danach stehen sowohl das Opfer wie auch die Geiselnehmer unter starkem Streß. Das unter anderem auch bewußt brutale Vorgehen der Entführer dient dazu, das Opfer einzuschüchtern und sich gefügig zu machen. Das Opfer befindet sich in Todesangst und reagiert nur, um keine weitere Gewalt auf sich zu ziehen.

Wenn die Geiselnehmer sich dann mit ihrer »Beute« einer möglichen Verfolgung und Auffindung ohne Kampf entzogen und einen für sie sicheren Ort erreicht haben, entspannt sich die Atmosphäre. Dies war auch in meinem Fall so. Die Geiselnehmer wechselten die Mannschaft aus. Die Neuen traten eher zivil auf – nur ihre Maschinenpistolen machten eindeutig klar, auf welcher Seite sie und auf welcher mein Kollege und ich uns befanden. Sie versuchten, uns zu beruhigen, beschafften Essen und Trinken, versuchten, uns in ein Gespräch zu ziehen mit Fragen nach der Familie, baten um Verständnis für unsere Situation und versicherten, sie wären unsere Freunde.

Für mich ergab sich durch diese Entspannung und vermeintliche Verminderung der direkten körperlichen Bedrohung die Gelegenheit, meine Gedanken wiederzufinden und damit auch zu dem Punkt zu kommen, daß ich meine Situation analysierte.

Alles vorige war nur instinktive Reaktion – es ging um das nackte Überleben!

Jetzt wurde mir bewußt, daß ich gefangen bin, daß ich nichts mehr selber entscheiden kann, daß ich mit niemandem in Verbindung treten kann, daß ich hilflos und zur Untätigkeit verdammt bin. Jede meiner Bewegungen wird kontrolliert, selbst so etwas Simples und Intimes wie der Gang zur Toilette bedarf der Genehmigung und wird überwacht!

Nach Ablauf dieser Phase bekam ich einen schweren Asthmaanfall – der übrigens der einzige während der nächsten Jahre sein sollte.

Die äußeren Umstände meiner Gefangenschaft waren:
– abgedunkelte und fensterlose Räume, in denen ich (auch bei künstlichem Licht) den Tag-Nacht-Wechsel, das Sonnenlicht, das Leben überhaupt vermissen lernte – das Leben, das ich bisher eher am Rande als selbstverständlich wahrgenommen hatte. Nicht teilhaben zu können, es nicht zu leben, empfand ich nun als sehr schmerzhaft. Es war so, als ob ich tot wäre, aber dennoch alles wahrnehme. Ich hörte Stimmen, spielende Kinder, Vögel, Hundegebell, Autos nur wenige Meter entfernt – konnte aber an diesem Leben nicht teilhaben, gehörte nicht dazu.

– Die Kette: Wir wurden an eine kurze Kette angeschlossen, die im Boden oder an einem schweren Steinklotz oder Zementbrocken befestigt war. Die Kette machte sichtbar und fühlbar, daß mir die Bewegungsfreiheit vollständig genommen war, sie war ein erniedrigendes Zeichen und eine ständige Erinnerung an meine menschenunwürdige und rechtlose Gefangenschaft.
– Kein Gesicht: Es war uns verboten zu sehen. Wir mußten jedesmal ein Handtuch über den Kopf ziehen, wenn sich die Geiselnehmer und die Wächter der Tür zu unserem Gefängnis näherten, wenn sie uns zur Toilette führten (einmal am Tag), wenn sie uns Essen brachten. Allerdings wußten wir nie, was auf uns zukam, wenn die Tür aufging – werden wir verlegt, gibt es etwas zu essen, werden wir freigelassen oder bestraft und geschlagen?

Erst zu diesem Zeitpunkt wurde mir bewußt, wie wichtig für mich bei einem Gespräch Mimik und Gestik sind. In der Freiheit eher unbewußt aufgenommen, fiel es uns in der Gefangenschaft auf, daß wir nur uns gegenseitig ins Angesicht schauen konnten, alle anderen waren kein »Gegenüber« für uns, hatten kein Gesicht – und damit war eine persönliche Beziehung, wie auch immer geartet, fast ausgeschlossen!
– Die Ungewißheit: Was geht überhaupt in der Welt draußen vor? Wir haben fast zweieinhalb Jahre keine Informationen erhalten – keine Zeitung, keine Nachrichten. Wie geht es unseren Verwandten, Kindern und Freunden? Was geht in ihnen vor? Was tun sie jetzt?

Weiß man da »draußen« überhaupt, wo wir sind bzw. wer uns hat? Haben sie ein Lebenszeichen oder gelten wir als vermißt oder gar als tot? Wird verhandelt und – worum geht es eigentlich?

19 Operation Comeback: 008 Schmidbauer im Einsatz

Die letzte Runde ging an die Iraner. Die fanatischen Mullahs hatten den grausamen libanesischen Entführungsapparat von Anfang an unterstützt und ermutigt, und nun merkten sie plötzlich, daß er ihnen keinen Nutzen mehr brachte. Im Gegenteil, das Drama um die westlichen Geiseln schadete dem Iran, isolierte ihn noch stärker als sein schier endloser Krieg gegen den Irak und seine größtenteils erfolglosen Versuche, die islamische Revolution zum nahöstlichen Steppenbrand werden zu lassen. Nun wurde es wichtig, die letzten Gefangenen ohne Gesichtsverlust und mit zumindest politischem Gewinn loszuwerden.

Die Schlüsselfigur für dieses Kunststück hieß Giandomenico Picco und war bislang nur Insidern der vom New Yorker East River aus gesteuerten UNO ein Begriff. Er wurde 1948 im norditalienischen Udine als Sohn eines Apothekers geboren. Früh interessierte er sich für Politische Wissenschaften, belegte dieses Fach in Padua, Santa Barbara, Amsterdam und Prag. Im Alter von 25 Jahren bekam er seine erste Chance bei den Vereinten Nationen. Der junge, ehrgeizige Diplomat wurde nach Zypern geschickt. Dort traf er auf seinen späteren Mentor Pérez de Cuéllar, der gerade mit der Sisyphus-Aufgabe beschäftigt war, zwischen Griechen und Türken zu vermitteln.

Giandomenico Picco und sein Chef mußten im Falle Zyperns passen, kamen jedoch beim nächsten Konflikt – Afghanistan – um ein gutes Stück weiter. Schon 1981 entwickelten sie die Grundzüge des Konzepts, das 1988 zum Genfer Abkommen zwi-

Giandomenico Picco, Sonderbeauftragter der UNO. Ihm verdanken Heinrich Strübig und Thomas Kemptner ihre Freilassung.

schen den Weltmächten und zum Abzug der Sowjets führte. Der gebürtige Peruaner folgte 1982 dem ausscheidenden Kurt Waldheim als neuer Generalsekretär der Vereinten Nationen. Selbstverständlich zog Picco mit in den Befehlsstand der Weltorganisation.

In den achtziger Jahren gehörte seine ganze professionelle Energie dem Krisenmanagement im Mittleren Osten, genauer den Kriegen in Afghanistan sowie zwischen Iran und Irak. Im ersten Halbjahr 1987 war er entscheidend an der Waffenstillstandsresolution 598 zwischen Bagdad und Teheran beteiligt. Der Sicherheitsrat verabschiedete sie zwar, doch sollte es noch 13 Monate dauern, bis der Iran im Sommer 1988 alle Widerstände aufgab. Der simple, aber entscheidende Hintergrund: Teheran mußte eine Niederlage nach der anderen einstecken und sich endlich eingestehen, daß es diesen verlustreichen Krieg nicht mehr gewinnen konnte.

Der hochgewachsene, gut aussehende »Assistent für besondere Aufgaben« des Generalsekretärs war Pérez de Cuéllars engster Vertrauter, im Prinzip die graue Eminenz der UN. Deshalb wurde er auch mit der heiklen Mission beauftragt, die Geiselfrage zu lösen. Im Sommer 1991 signalisierten die Iraner ihre Bereitschaft, das unerfreuliche Kapitel zu schließen. Die Entführer schickten den britischen Journalisten John McCarthy nach 1940 Tagen Geiselhaft mit einem achtseitigen, persönlichen Schreiben zum UNO-Generalsekretär.

Hisbollah beziehungsweise der Autor des Briefes, Scheich Fadlallah, baten um internationale Hilfe im schwierigen Umgang mit den jüdischen Nachbarn. Rund 400 schiitische Gefangene sollten befreit werden, unter ihnen der am 28. Juli 1989 von einem israelischen Sonderkommando entführte Scheich Abdul Karim Obeid.

Am 12. August 1991 traf Pérez de Cuéllar in Genf mit dem iranischen UNO-Botschafter zusammen. Dabei kam zum erstenmal das Schicksal der Deutschen Strübig und Kemptner zur Sprache. Die Iraner gaben zu, daß ihnen der Fall wohl bekannt sei. Auch John McCarthy hatte bei seiner Begegnung mit Pérez de Cuéllar von ihnen gesprochen. Er wußte, daß sie sich in den Händen des Hamadi-Clans befanden. Die Entführer hatten ihm gegenüber gedroht, Strübig und Kemptner würden genauso schlecht behandelt wie Abbas und Mohammed Hamadi in den deutschen Gefängnissen.

Pérez und Picco kümmerten sich um den großen Deal. Auf der einen Seite standen zehn westliche Geiseln (plus zwei Deutsche) und sieben vermißte israelische Soldaten, von denen sechs auch in Israel als tot angesehen wurden. Die Libanesen erwarteten im Gegenzug die Freilassung ihrer Glaubensbrüder, die Iraner eine Wiederaufnahme der diplomatischen Beziehungen mit Großbritannien und die Freisetzung der in den USA eingefrorenen iranischen Guthaben.

Pérez de Cuéllar versicherte den Deutschen, daß er sich auch um Strübig und Kemptner kümmern werde, jedoch die Hamadi-Brüder nicht in sein Paket aufnehmen wolle. Rechtmäßig Verurteilte gehörten nicht in die humanitäre Kategorie.

In Bonn nahm man die neue Entwicklung mit Freude zur Kenntnis. Sofort wurde der BND angewiesen, alle Kontakte mit Abdul Hadi Hamadi einzustellen. Die Pullacher gaben die neue Lage auch an ihren Partnerdienst »Silberfuchs« weiter. Die nahöstliche Gerüchteküche produzierte beinahe täglich dubiose Pressemeldungen über die bevorstehende Entlassung der einen oder anderen Geisel. Bei genauer Betrachtung war die Beweislage jedoch dünn.

Giandomenico Picco, souverän, dezent, höflich und unaufdringlich, war permanent unterwegs. Er flog nach Teheran, Damaskus, Beirut, Tel Aviv und wieder nach Genf oder New York. Gelegentlich besuchte er auch Bonn und traf Gesprächspartner wie Ministerialdirektor Reinhard Schlagintweit vom Auswärtigen Amt. Seine wichtigsten Kontaktleute auf iranischer Seite saßen in der New Yorker UN-Vertretung: Botschafter Kamal Kharrazi und dessen Mitarbeiter Mohammed Javad Zarif, der Jahre später, im Oktober 1993, überraschend zum stellvertretenden Außenminister für internationale Angelegenheiten befördert wurde.

Der »Virtuose der stillen Diplomatie« (*Die Zeit*) saß häufig am Tisch der Kidnapper, was viel Mut erforderte, da ein anderer Mittelsmann, Terry Waite, trotz Sicherheitszusagen für 1763 Tage verschleppt wurde. Er kam immer alleine und immer nachts. Über Piccos diplomatische Mission, die mehr den Charakter eines riesengroßen Abenteuers hatte, drang nichts nach außen. Das unterschied ihn von Waite und Co.: Picco reiste mit dem Segen der Iraner, und er hielt sich von den Medien fern. Das verbesserte die Erfolgsaussichten ungemein.

Der »Meister des unmöglichen Kompromisses« (*The Independent*) durfte nach und nach seine Liste abhaken. Ab August 1991 kehrten Geiseln beider Seiten nach Hause zurück: John McCarthy, der Fernsehmann; Edward Tracey, der Buchhändler; dann die ersten 51 arabischen Gefangenen aus dem südlibanesischen Khiam-Gefängnis; Jackie Mann, der 77jährige Weltkrieg-II-Kampfpilot aus England; dann Professor Jesse Turner. Israel erhielt die sterblichen Überreste zweier vermißter Soldaten. Trotzdem gab es heftigen Disput zwischen den beteiligten Parteien, weil die Israelis der Auffassung waren, sie kämen zu kurz. Picco stoppte seine Aktion für einen Moment und setzte sie kurzerhand ohne Jerusalemer Beteiligung fort.

Zum Jahresende 1991 kamen auch die prominentesten Geiseln frei: der amerikanische Universitätsprofessor Tom Sutherland nach 2354 Tagen in unterirdischer Gefangenschaft; der Sonderbeauftragte des Erzbischofs von Canterbury, Terry Waite; der Finanzchef der American University Beirut, Joseph Cicippio; der Lehrer Alann Steen und schließlich der 2454 lange Tage verschleppte Nahost-Chefkorrespondent der amerikanischen Nachrichtenagentur *Associated Press*, Terry Anderson.

Die Operation war abgeschlossen. Keine Spur von Heinrich Strübig und Thomas Kemptner. Die Bundesregierung wußte, warum. In Bonn weigerte man sich, einem Austausch zuzustimmen, und deshalb blieb die Hamadi-Familie unerbittlich, als Teheran auch Strübig und Kemptner im Gesamtpaket unterbringen wollte. Parallel zu Picco bemühten sich die Bonner Diplomaten, mit den Persern klarzukommen. Der damalige Botschafter Achim Freitag: »Ich habe den Iranern immer klargemacht, daß sie aufgrund ihrer guten Beziehungen zu uns die Pflicht haben, etwas für uns zu tun.« Bei mehr als 100 Gelegenheiten traf er mit Außenminister Velajati und seinen jeweiligen Vertretern Besharati, Vaezi, Sheikholislam zusammen. Meistens fanden die Besprechungen in einem speziellen Empfangsraum für die Gäste des Außenministeriums statt. Ein relativ kleines Zimmer mit dunklen Möbeln, lederbezogenen Sesseln und einem großen Khomeini-Bild an der Wand.

Die Argumente der Iraner wiederholten sich: »Wir haben alles versucht und werden unsere Bemühungen fortsetzen. Wir hatten Hoffnung auf Erfolg. Es wäre natürlich sehr hilfreich, wenn die Hamadis aus Deutschland ausgewiesen würden. Rafsandschani ist gewillt, alle Geiseln zu befreien. Iran hat jedoch kein Weisungsrecht gegenüber den libanesischen Gruppen. Die Freilassung der Geiseln ist eine menschliche Pflicht. Geiselnahme verstößt gegen islamische Prinzipien. Die Sache der deutschen Geiseln ist eine Familienangelegenheit, da herrschen andere Bedingungen. Leider handelt es sich bei den Hamadis um Libanesen und nicht um Iraner. Da können wir wenig machen. Aber wir tun, was wir können. Das sind wir unseren deutschen Freunden, vor allem Herrn Genscher, schuldig. Es gibt Anlaß zu Optimismus.«

Reinhard Schlagintweit vom Auswärtigen Amt verhandelte Ende November 1991 mit den Syrern.

Ende November 1991 reiste Reinhard Schlagintweit wieder einmal nach Damaskus. Er traf mit Außenminister Faruk al-Shara und seinem Vize Youssef Shakour zusammen. Die Syrer erklärten schlitzohrig, daß ein namhafter Betrag für den Wiederaufbau des Libanon der Geisel-Freilassung dienlich sein könnte. Deutsche Großzügigkeit würde auch die Entführer beeindrucken.

Der syrische Geheimdienst war immer noch verstimmt. General Hassan an Resident Blome: Nur »die unflexible Haltung deutscher Stellen« habe die Fortsetzung der im Februar 1990 begonnenen Gespräche verhindert. General Hassan: »Syrien hat damals mit großem Aufwand eine gute Atmosphäre zum Geiselnehmer hergestellt und die Gespräche ermöglicht. Es ist sehr traurig, miterleben zu müssen, wie leichtfertig diese Chance verspielt wurde. Die günstige Ausgangslage des Februar 1990 existiert nicht mehr. Selbstverständlich stehe ich bereit, eine wie immer geartete Vermittlerrolle zu übernehmen. Um den Dialog wieder zu beginnen, müßte aber ein Angebot von deutscher Seite erfolgen, zum Beispiel für Haftverkürzung. Nur Gespräche zwischen den Nachrichtendiensten können auf lange Sicht zum Erfolg führen. Da haben die Diplomaten keine Chance.«

In den ersten Dezembertagen beschaffte Giandomenico Picco ein neues Lebenszeichen von Strübig und Kemptner – ein Polaroid-Foto der Entführten: Die beiden abgemagerten Männer sitzen nebeneinander. Sie tragen weiße Unterhemden, wirken müde und erschöpft. Bonns Botschafter Peter Kiewitt telexte erfreut an das Auswärtige Amt: »Tatsache ... deutet auf Bewegung hin. In der Vergangenheit war das Auftauchen von

Bildern stets ein Anzeichen für Entwicklungen in der Geiselfrage.«

Im Deutschlandfunk erklärte der iranische Botschafter in Bonn, Mousavian, daß sich Strübig und Kemptner in den Händen des Hamadi-Clans befänden. Er forderte die Hamadis auf, ihre Geiseln unverzüglich und ohne Vorbedingungen freizulassen. Diese Frage dürfte nicht mit der Forderung nach Freilassung der in Deutschland einsitzenden Brüder verknüpft werden. Dafür müsse es einen juristischen Weg geben.

Der saarländische Justizminister Arno Walter meldete sich zu Wort und versicherte, Abbas Hamadi könne jederzeit in den Libanon abgeschoben werden, wenn dafür Strübig und Kemptner freikämen. Er müsse lediglich die deutsche Staatsbürgerschaft ablegen. Neben der Ausweisung sei auch eine Begnadigung durch den Bundespräsidenten durchaus denkbar.

Irans Vize-Außenminister Mahmud Vaezi sprach mit der *Süddeutschen Zeitung*. Seine Regierung, sagte er, habe keinen direkten Kontakt zum Hamadi-Clan. Sippen und Familien im Libanon spielten jedoch eine gewichtige Rolle bei der Entführung Strübig-Kemptner. »Wir werden die Gruppen, die wir kennen, bitten, sich da einzumischen.« Man solle in erster Linie aber den Bemühungen von Giandomenico Picco vertrauen. Er stehe im Kontakt mit den Hamadis, und der Iran unterstütze ihn bei seiner Aufgabe. Vaezi traf während eines Deutschland-Besuchs mit den Ministern Genscher, Kinkel und Bohl zusammen. Das Auswärtige Amt informierte Picco über die Gesprächsinhalte.

Ein libanesischer Fundamentalistenführer, der anonym bleiben wollte, sprach mit der britischen Agentur Reuters. »Es gibt eine Abmachung, daß das Kapitel der beiden Deutschen in diesem Jahr geschlossen wird.« Im Gegenzug würden die beiden Hamadis in Deutschland auf freien Fuß gesetzt werden. »Nach einem Monat oder so werden die Deutschen einen angemessenen, ihr Gesicht wahrenden Weg zur Freilassung der Hamadi-Brüder finden.«

Nun meldeten sich die besorgten Mütter zu Wort. Patricia Stethem, deren Sohn von den Entführern der TWA 847 brutal mißhandelt und dann getötet worden war, in der *Washington Post*: »Diesen Mann freizulassen (Mohammed Hamadi, d. A.) wäre ein unmoralischer Akt gegen die Stethem-Familie und alle jene, die Schmerzen und Schrecken durch ihn erdulden mußten... Er verdient lebenslanges Gefängnis ohne Gnadenmöglichkeit. In den Augen vieler Menschen verdient er die Todesstrafe. Das von ihm begangene Verbrechen würde in den USA mit dem Tod bestraft... Die deutsche Regierung würde durch seine Freilassung ihr Justizsystem ... untergraben.«

Roswitha Schwarz, die Mutter von Thomas Kemptner, sprach mit der Illustrierten *QUICK*. Trotz oder wegen der journalistischen Formulierungshilfe klang es nach deutschem Stammtisch: »Ich verstehe nur eins nicht. Warum läßt man diese beiden Araber, die Brüder Hamadi, nicht frei? Jetzt, wo alle Geiseln bis auf Thomas und den Strübig wieder zu Hause sind. Wem liegt denn daran, daß die noch festgehalten werden? Wenn der eine von den beiden lebenslang sitzt und sie meinen Jungen solange festhalten, dann bin ich ja längst tot, wenn er freikommt.«

Am frühen Morgen des 27. Dezember 1991 traf das makaberste Lebenszeichen deutscher Geiseln bei der Nachrichtenagentur *WTN* ein. Es handelte sich um ein Videoband von drei Minuten. Darauf zu sehen: Strübig links und Kemptner rechts, dahinter ein kitschiger Weihnachtsbaum und eine deplazierte Tapete mit Alpenblick. Beide Geiseln sind glatt rasiert und in dunkle, italienische Anzüge gekleidet. Dazu tragen sie modische Hemden und Krawatten. Strübig blättert in der Weihnachtsausgabe des *Spiegel*. Auch *Time* und *Newsweek* liegen großzügig auf dem Tisch. Die Lichterketten blinken und glitzern, und dazu ertönt Weihnachtsmusik. »We wish you a Merry Christmas...« Eine Szene, wie man sie sich zynischer nicht vorstellen kann.

Thomas Kemptner blickt von seiner Zeitschrift hoch und wirkt so, als ob er von der Präsenz der Zuschauer überrascht wäre. Er wendet sich mit einer Erklärung in englischer Sprache an den Bundeskanzler:

Ich möchte diese Gelegenheit nutzen, einige Worte an alle Menschen zu richten, die Weihnachten feiern, den Tag der Geburt des Propheten der Liebe und des Friedens. Wir danken unseren Kidnappern für die humanitäre und gute Behandlung. Wir grüßen die deutsche Bevölkerung und ganz besonders unsere Familien und wünschen allen frohe Weihnachten.

Wir möchten diese Gelegenheit nutzen, um Herrn Kohl zu bitten, seine Autorität einzusetzen, daß Mohammed und Abbas Hamadi begnadigt werden. Denn unser Wohl und die Rückkehr zu unseren Familien ist absolut mit der Freilassung der Hamadi-Brüder verbunden.

Heinrich Strübig schreibt über diese gespenstische Szene später in seinen Memoiren: »Thomas schließt seine Zeitschrift, legt sie sich auf den Schoß und greift erneut zum Kuchen. Ich klappe den *Spiegel* zu und trinke einen großen Schluck Bananensaft, stelle das Glas bedächtig auf den Tisch und nehme mir noch ein Stück vom Kuchen. Die Musik beginnt wieder, und ich reiche Thomas die Zigarettenschachtel. Als er eine Zigarette genommen hat, nehme ich mir auch eine und suche das Feuerzeug auf dem Tisch. Thomas wartet mit der Zigarette im Mund, bis ich ihm Feuer gebe. Dabei beugen wir uns zueinander. Nachdem Thomas' Zigarette brennt, kann ich mir meine anzünden. Wir lehnen uns wieder in unsere Sessel zurück und greifen erneut zur Lektüre. Eine schweigsame Weihnachtsfeier. Kamera ab.«

Die Weihnachtsbescherung für Genscher beschränkte sich auf zwei Telefongespräche mit den Außenministern Syriens und des Iran. Shara und Velajati sichern ihrem Kollegen aus Bonn zu, sie würden sich überaus aktiv für die Deutschen im libanesischen Geiselkerker einsetzen.

Am 31. Dezember 1991 endete die zehnjährige Amtszeit von Pérez de Cuéllar. Nun mußte sein Sonderbeauftragter Picco mit dem neuen Generalsekretär Boutros Boutros-Ghali aus Ägypten zusammenarbeiten, der, wie sich bald herausstellen sollte, andere Akzente setzte.

General Hassan Sulaiman vom Allgemeinen Nachrichtendienst der Syrischen Republik las den Deutschen zum Jahreswechsel seinerseits die Leviten. Er ließ den Residenten des BND kommen und bezeichnete die Telefonate Genschers als »künstliches Gehabe«. Bonn könne die Geiseln nicht zum Nulltarif und für einige freundliche Worte bekommen. Sein Geheimdienst

Ali Akbar Haschemi Rafsandschani: Beim iranischen Staatspräsidenten laufen die Fäden zusammen. Doch auch sein Einfluß ist begrenzt.

habe alle Bemühungen eingestellt. Syrien fühle sich von der Lösung des Geiselproblems abgekoppelt und ausgeschlossen. Durch die erfolglose Strategie der Bundesregierung habe man zwei volle Jahre verloren.

Das Jammern der Syrer berührte in Bonn niemanden; die Bundesregierung setzte alles auf die iranische Karte. Bundesjustizminister Klaus Kinkel reiste Ende Januar 1992 nach Teheran. Von Staatspräsident Rafsandschani wurde er zu einem halbstündigen Gespräch empfangen. Die Iraner protokollierten die Begegnung:

Rafsandschani: »Unser Land war sehr daran interessiert, daß die deutschen Geiseln vor allen anderen freikommen würden. Die Familie Hamadi bereitete uns aber ernsthafte Probleme. Wenn der Iran zu großen Druck auf die Geiselnehmer ausüben würde, dann wäre dies riskant für die Geiseln.«

Klaus Kinkel: »Ich glaube nicht, daß das Leben der beiden Deutschen ernsthaft gefährdet ist. Die Entführer nehmen Rücksicht auf die in Deutschland inhaftierten Hamadi-Brüder.«

Rafsandschani: »Ich verstehe die deutsche Haltung sehr gut. Trotzdem gäbe es eine sichere Lösung, die zur bedingungslosen Freilassung der Geiseln führen würde. Der Iran müßte der Familie Hamadi zum Ausgleich ›ein Versprechen‹ geben. Dieser Weg würde von unserer Seite absolut geheimgehalten.«

Klaus Kinkel: »Einem solchen Versprechen von iranischer Seite müßte auch ein Inhalt gegeben werden. Wir sind zu keinem Deal bereit und rechtlich auch nicht in der Lage. Man darf keinen Weg einschlagen, der nicht durchgehalten werden kann. Das wäre sehr gefährlich.«

Rafsandschani: »Der Iran wird weiterhin zugunsten der deutschen Geiseln alles tun, was ihm möglich ist. Ich kann jedoch keinen Erfolg versprechen. Schließlich besteht auch die Gefahr, daß die Hamadi-Familie etwas unternimmt, nicht gegen die Geiseln, sondern anderweitig. Ist es wirklich undenkbar, den Hamadis irgendeine Hoffnung zu vermitteln?«

Klaus Kinkel: »Dazu gibt es nach unserem Recht keine Möglichkeit. Über das Thema Hafterleichterungen haben wir bereits mit Herrn Picco gesprochen.«

Einen Monat später wurde der Hisbollah-Generalsekretär und Stercken-Gesprächspartner Scheich Abbas Mousawi durch einen gezielten israelischen Luftangriff auf seine Autokolonne im Südlibanon getötet. Aus diesem Anlaß befragte der *Spiegel* Hisbollah-Führer Scheich Fadlallah zur aktuellen Lage und dabei auch über die letzten beiden Geiseln. Fadlallah in einer seiner Antworten: »Nach meinen Erkenntnissen waren schon große Fortschritte erreicht worden. Dann ist alles zum Stillstand gekommen, weil die deutsche Regierung in der Öffentlichkeit eine starre Haltung einnahm. (...) Kehren Sie zurück zu den geheimen Verhandlungen, das gibt große Hoffnung.«

Am 19. März meldete sich der BND-Resident aus Beirut mit einer sensationellen Neuigkeit in der Pullacher Zentrale: »Die beiden deutschen Geiseln sollen um den 29. März 1992 freigelassen werden.« Andere Quellen würden auch vom 4. April sprechen, dem Ende des Fastenmonats Ramadan.

Diese Nachricht war gar nicht unrealistisch. Giandomenico Picco hatte bei neuen, intensiven Gesprächen mit der Hamadi-Familie einen Durchbruch erzielt. In letzter Sekunde schoß jedoch Abdul Hadi quer. Der Clan forderte noch einmal von der Bundesregierung den umfassenden Gefangenenaustausch. Picco: »Ich versuchte das zu ändern. Es konnte und sollte nicht geschehen. Man kann nicht Unschuldige und Kriminelle gegeneinander tauschen.« Da auch die Iraner einen Tausch favorisierten, reiste Picco rasch nach Deutschland, um seinen Kurs abzustimmen. Am 9. März traf er in Frankfurt mit Schlagintweit zusammen.

Picco: »Ich wollte hören, daß die Urteile gegen die Hamadis nicht in eine rasche Begnadigung münden können. Die Deutschen sagten, daß sie von den Amerikanern bestraft würden, wenn sie diesen Weg gingen. Der Preis wäre zu hoch. Mit den notwendigen Fakten habe ich dann wieder die Iraner getroffen. Schließlich war auch Rafsandschani überzeugt, daß mein Weg der richtige ist. Er übte positiven Druck auf den Hamadi-Clan aus. An eine Freilassung im März war jedoch nicht mehr zu denken.«

Es sollten noch einmal drei Monate vergehen.

Erneut begaben sich alle Schlüsselfiguren in den Ring. Der smarte Weltmann Picco versuchte mehrfach, seinen Gegenspieler Abdul Hadi Hamadi zu treffen. Als dies mißlang, schrieb er ihm einen persönlichen Brief. Es handelte sich um zwei Seiten, ohne UN-Emblem, in englischer Sprache. Picco versicherte dem Entführer, in Deutschland werde seinen Brüdern jede mögliche humanitäre Hilfe gegeben. Die Behörden würden Besuche der Familie unterstützen. Nach seiner Meinung werde auch alles getan, um eine frühzeitige Entlassung bei gutem Benehmen in Abstimmung mit den deutschen Gesetzen voranzutreiben.

Abdul Hadi kam mehrfach in den Iran und wurde dort regelmäßig bedrängt, Strübig und Kemptner freizulassen. Das gefiel ihm gar nicht, schließlich stand er bei seiner Familie im Wort, die Brüder zu befreien. Er wollte kein Angebot der Iraner akzeptieren, auch wenn es mit hohen Summen verbunden war. Die Hardliner Sheikholislam und Mokhtashami standen ihm gegen die Rafsandschani-Gruppe bei.

Abdul Hadis Abneigung gegen Picco schwoll an. Das ging bis zu Todesdrohungen, die er jedoch nur im kleinen Kreis äußerte. Die iranische Regierung informierte daraufhin Picco über die Gefahr, in der er schwebte, und gab ihm den Rat, nicht mehr nach Beirut zu reisen. Der Geiselvermittler nahm diese Warnung ernst.

In den Monaten Mai und Juni flog Irans Außenminister Velajati zweimal in die libanesische Hauptstadt und diskutierte mit seinen Gewährsleuten bei Hisbollah die Freilassung der Deutschen. Der iranische Chefdiplomat versprach Abdul Hadi Hamadi und seinen Getreuen verstärkte Schutzmaßnahmen und iranische Pässe.

Er war es auch, der Picco zum großen Finale in den Nahen Osten zurückholte. Der neue UN-Generalsekretär Boutros-Ghali hielt nichts von Piccos Geiseldiplomatie. Er lehnte eine weitere Reise ab. Doch dann meldete sich Velajati in New York: »Sie müssen nach Nahost kommen, für den letzten Anstoß.« Die Bonner Regierung bekniete Boutros-Ghali, und schließlich durfte der italienische Erfolgsmann abfliegen. Im Herzen schwelte der Zorn gegen den neuen Chef. Giandomenico Picco wußte, daß er nach dem Fall Strübig-Kemptner bei den Vereinten Nationen kündigen würde.

Staatsminister im Bundeskanzleramt Bernd Schmidbauer: Der ehemalige Gymnasiallehrer brachte die Geiseln Kemptner und Strübig nach Deutschland.

Nun schaltete sich ein Mann ein, dem die deutschen Boulevardmedien den Spitznamen »008« verpaßt hatten: der neue Staatsminister im Bundeskanzleramt Bernd Schmidbauer. Der Koordinator der deutschen Geheimdienste liebt es, persönlich Hand anzulegen und das geheime Geschehen aus nächster Nähe zu verfolgen, nach Möglichkeit sogar selbst zu steuern.

1939 in Pforzheim geboren, studierte er Anfang der sechziger Jahre Physik, Chemie und Biologie. Schmidbauer schlug die Lehramtslaufbahn ein und brachte es zum Gymnasialdirektor in Heidelberg. 1983 ging er für die CDU in den Bundestag und erwies sich als Chef der Arbeitsgruppe Umwelt, Naturschutz und Reaktorsicherheit als hervorragender Fachmann in ökologischen Fragen. Das erleichterte seinen weiteren Aufstieg. 1991 wurde Schmidbauer Parlamentarischer Staatssekretär im Umweltministerium. Dann entdeckte Kanzler Kohl die Leidenschaft des Mit-Pfälzers für das Geheime und beförderte ihn Ende desselben Jahres in das dazu passende Referat.

Bernd Schmidbauer befaßte sich erstmals im Dezember 1991 mit dem Schicksal von Strübig und Kemptner. Er studierte Akten und holte Informationen ein. Ab März 1992 mußte er selbst ran. Er flog nach Teheran, traf Rafsandschani, Velajati, Vaezi und den berüchtigten Geheimdienstchef Ali Fallahian, der ihm im Zusammenhang mit dem späteren Terroranschlag auf kurdische Dissidenten im Berliner Restaurant »Mykonos« noch viel Unglück bringen sollte.

Der damals 43jährige Mullah gilt als Fachmann für islamische Philosophie und islamisches Recht. Nach der Revolution wurde er in Abadan als Blutrichter eingesetzt. Für ein Todesurteil soll er gemeinhin fünf Minuten benötigt haben. 1989 stieg Fallahian zum Sicherheitsminister auf. Vier Jahre später vermerkte das Bundeskriminalamt in einer Analyse des iranischen Staatsterrorismus, der Minister bestimme »die Sicherheitspolitik nach innen und außen« und entscheide »über die Durchführung von Anschlagsvorhaben«. Zwischen 1989 und 1993 wurden mehr als zwei Dutzend iranische Oppositionelle im Ausland ermordet.

Der wichtigste Kontaktmann der Deutschen in das iranische Geheimdienst-Geflecht ist allerdings nicht Fallahian, sondern der Leiter seiner Europa-Abteilung, Amir Hossein Tagavi, der dem BND als direkter Ansprechpartner zur Verfügung steht. In jener Zeit reiste Unterabteilungsleiter Hellmann dreimal in den Iran. Bei den jeweiligen Freundschaftstreffen im alten Gebäude des Schah-Geheimdienstes SAVAK ging es aber nicht um die Geiseln, sondern vorrangig um persische Wunschzettel: Die Spione der Mullahs forderten sensible Computer, westliche Ausbildung und die Auslieferung iranischer Oppositioneller, die sie Terroristen nannten.

Während eines Schmidbauer-Besuchs in Teheran, zwei Wochen vor der Geisel-Freilassung, kam es zu einer dramatischen Szene. Die Delegation aus Bonn befand sich auf Einladung des Vize-Außenministers Vaezi zum Abendessen im Laleh-Hotel, dem früheren Teheran Intercontinental. Plötzlich tauchte Abdul Hadi

Hamadi in der Lobby auf; er schien zu einem Gespräch bereit zu sein. Doch am Ende gab es keine direkte Begegnung, weil die iranischen Gastgeber den Sicherheitschef der Hisbollah an jenem Abend nicht beachten wollten. Dafür veröffentlichte das Bundeskanzleramt eine Standard-Presseerklärung. Darin hieß es: »Alle Vertreter der iranischen Regierung äußerten die Erwartung, daß aufgrund ihrer intensiven Bemühungen die seit drei Jahren im Libanon als Geiseln festgehaltenen beiden Deutschen Strübig und Kemptner in naher Zukunft freigelassen werden.«

Am 10. Juni 1992 sprach der iranische Botschafter Mousavian bei Außenminister Kinkel vor. Er teilte mit, daß Strübig und Kemptner am 13. oder 14. Juni freikommen würden. Der syrische Botschafter in Bonn, Haddad, nannte dagegen den 15. Juni. Wieder begannen die üblichen hektischen Vorbereitungen, die jede Geisel-Freilassung begleiteten.

Heinrich Strübig: »*Eines Tages wußten wir, ohne daß die Wächter es uns hätten sagen brauchen, daß der Tag unserer Freilassung näherrückte. Die Entführer unternahmen den langen, auch für sie gefahrvollen Transport von Baalbek nach Beirut. Weil man uns bei den vermehrten Verlegungen vorher immer wieder sagte, daß wir womöglich frei kämen – und es dann nicht klappte –, hatten wir beschlossen, unsere Aufregung und Freude immer etwas gedämpft zu halten. Aber bei der Aussicht auf den Transport von Baalbek nach Beirut war es anders – es mußte ›etwas im Busch sein‹. Unsere Angst, daß wir womöglich als Geiseln ›vermodern‹ könnten, weil offenbar niemand etwas für uns tat, war wie weggeblasen.*

Dafür traten andere Ängste auf:

- *Was wird ›draußen‹ sein, was wird sich verändert haben?*
- *Werden wir uns verändert haben?*
- *Wird man uns womöglich in eine psychiatrische Anstalt stecken?*
- *Wie werden ›die da draußen‹ sich uns gegenüber verhalten?*

Über die möglichen Veränderungen, die wir an uns wohl kaum bemerkt hätten, begannen wir zu witzeln. Thomas zweifelte zum Beispiel, ob er überhaupt noch ohne mich würde pinkeln können. Wir malten uns aus, es wäre nicht unwahrscheinlich, daß wir aus purer Gewohnheit, statt normal in ein Taxi einzusteigen, in dessen Kofferraum springen würden. Oder in Gesellschaft immer mit einem dünnen, zerlöcherten Handtuch um die Schultern auftauchten, das wir, sobald wir einem Unbekannten begegneten, pflichtschuldigst über den Kopf ziehen würden. Denn das Handtuch war in all den Jahren zu einem unverzichtbaren Stück Stoff geworden, das wir, wie Kinder ihr Schmusetuch, auch nachts festhielten und an uns preßten.

Strübig und Kemptner wurden in den letzten Tagen vor ihrer Freilassung in einem Haus gegenüber der Residenz des wie immer »ahnungslosen« Scheich Fadlallah untergebracht, dem zwölften Geiselversteck in drei Jahren. Abdul Hadi stellte besonders loyale Leute zur Bewachung ab: Hussein Essedine, Jihad Hamadi, Atef Kassir und Mohammed Zayat.

Am Nachmittag des 14. Juni nahm die Dienstmaschine des BND von Köln-Wahn aus Kurs auf Damaskus. Dort wurde gerade der letzte von vier Tagen des islamischen Opferfestes Eid al-Adha gefeiert. Fast alle Offiziellen hatten die Hauptstadt verlassen. Es herrschte Festtagsruhe.

An Bord des Bonner Flugzeugs befand sich eine Delegation unter der Leitung des gerade vom UNO-Umweltgipfel in Rio zurückgekehrten Bernd Schmidbauer. Ihr gehörten an: der Mannheimer Völker- und Verfassungsrechtler Professor Rudolf Dolzer, der im Kanzleramt die Abteilung 6 (Koordinierung der Geheimdienste) leitete; Christian Ueberschaer, der frühere Geschäftsführer des ersten Arbeitsstabes Libanon und Betreuer von Angehörigen der deutschen Geiseln; Kohls Mann für Kommunikation und Öffentlichkeitsarbeit, Andreas Fritzenkötter; Politik-Abteilungsleiter Reinhard Schlagintweit, Nahost-Referatsleiter 310 Andreas von Hoessle vom Auswärtigen Amt sowie Hans Lotzer vom Terrorismus-Referat 16C des BND.

Die Deutschen wurden am Flughafen von Vize-Außenminister Shakour empfangen. BND-Resident Klaus Blome und der Geschäftsträger der Botschaft, Albert Gisy, brachten Staatsminister Schmidbauer und seine Mitreisenden in die Stadt. Abends saß man bei Schnittchen, Erdnüssen und Chips in Gisys Garten und stimmte sich auf die kommenden Ereignisse ein. Blome referierte auf Schmidbauers Wunsch über die aktuelle Lage. Der Geheimdienst-Koordinator verlangte nach einem Meeting mit Geheimdienst-Chef General Ali Duba. Dieser war jedoch wegen der Feiertage nicht verfügbar. Dasselbe galt für General Hassan Sulaiman. In seiner Dienststelle meldete sich niemand. Im Erfahrungsbericht des BND zum Finale der »Operation Comeback« hieß es deshalb unverblümt: »Die Rolle von PD ›Silberfuchs‹ im Endstadium der Geiselfreilassung war null. Eine Kooperation fand nicht statt. Ein Dank für syrische Arbeit und Hilfe ist daher nicht erforderlich.«

Mitreisende erinnern sich, als Standardsatz aus dem Munde Schmidbauers immer wieder eine Frage gehört zu haben: »Was machen wir jetzt?« In Damaskus hatten weder die Entführer noch die Geiseln abholbereit gewartet. Niemand kannte den Terminplan der Freilassung. Giandomenico Picco schlug vor, den iranischen Botschafter Hassan Achtari zu besuchen. Nach kurzer Diskussion wurden Schlagintweit und Dolzer losgeschickt. Sie trafen auf einen würdigen Herrn mit buschigen Augenbrauen und einem dichten Vollbart. Achtari zu seinen Besuchern: »Die Geiseln kommen am frühen Morgen frei. Ich kenne jedoch noch nicht die Modalitäten der Übergabe.« Der Diplomat wünschte gutes Gelingen der Mission.

Schmidbauer wollte Picco nach Beirut schicken, um dort auf die Hamadis einzuwirken. Der UN-Unterhändler lehnte ab. »Ich dachte, es wäre zu früh, nach Beirut zu fahren. Herr Schmidbauer hatte seine Informationen, ich hatte meine.« Im übrigen wollte sich der smarte Italiener diesmal zurückhalten. Die Morddrohungen von seiten der Hamadi-Familie waren noch frisch.

Im Laufe des Abends traf eine Meldung der Nachrichtenagentur *Reuters* ein. Darin wurde über eine Nachricht der Entführer berichtet. Einer ihrer Kernsätze: »Die Freilassung wird innerhalb der nächsten 48 Stunden im Palast des libanesischen Präsidenten stattfinden.« Sie sei »eine Antwort auf internationale Vermittlung und Bemühungen des Libanons, Syriens und Irans, die Frage der Brüder Abbas und Mohammed Hamadi und der deutschen Gefangenen zu lösen«. Die Agenturmeldung mündete in dem vagen Schluß: »Positive Ergebnisse wurden erreicht.« Ein von den Entführern freigegebenes Foto zeigte

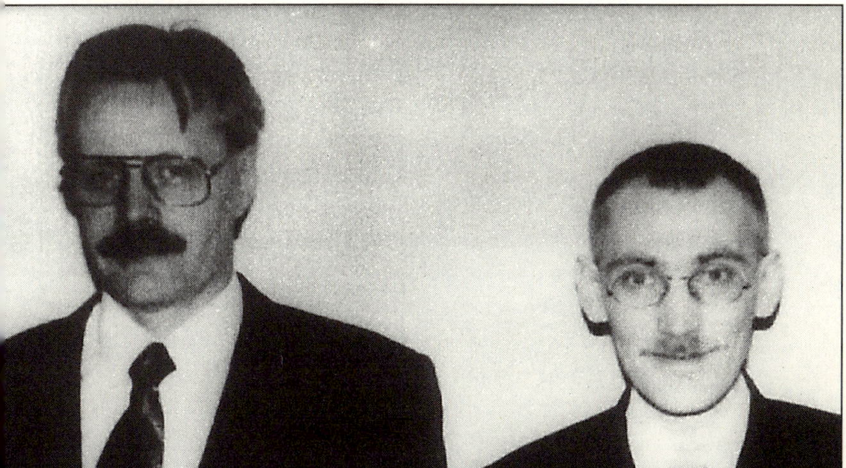

Dieses Bild von Thomas Kemptner (r.) und Heinrich Strübig wurde am 15. Juni 1992, zwei Tage vor ihrer Freilassung, einer westlichen Nachrichtenagentur in Beirut zugespielt.

die beiden frisch rasierten und in dunkle Anzüge gekleideten Geiseln.

Die Entführer ließen durch *Reuters* eine unerwartete Forderung übermitteln: Der Delegationsleiter sollte dieses Papier unterschreiben – ein letzter Trick der Hamadis, wie Insider argwöhnten. Klaus Blome verhinderte Schmidbauers Signatur, indem er argumentierte, eine Unterschrift würde offizielle Verhandlungen mit den Kidnappern implizieren.

Die Syrer hielten sich weiterhin fern von der hochrangigen Bonner Gruppe. Sie sagten, sie seien in diese Angelegenheit nicht verwickelt. Während der folgenden Tage blieben sie ablehnend und unkooperativ. Als die Deutschen im Außenministerium eine Lagebeurteilung erhalten wollten, stellten die Syrer nur Gegenfragen. Schmidbauer wurde langsam gereizt und unsicher: »Ich gehe jetzt hin und sage ihnen, ich werde nicht weggehen, bevor ich die Geiseln mitnehmen kann.« Er wußte nicht, mit wem er noch sprechen sollte. Und er erinnerte sich nur zu gut, daß er noch kurz vor dem Abflug in Deutschland, vor laufenden Fernsehkameras, die Reise als Erfolg verkauft hatte. Das rächte sich nun.

Ein Mitarbeiter Schmidbauers: »Die ganze Aktion war chaotisch und unvorbereitet. Sie lief nach dem Motto: Wer hat noch etwas vorzubereiten? Der ganze 15. Juni verstrich mit Aktionismus. Am nächsten Morgen lautete plötzlich die Parole: Jetzt fliegen wir nach Beirut und machen Nägel mit Köpfen. Der ursprüngliche Termin für die Freilassung der Geiseln war längst verstrichen.«

Sämtliche verfügbaren Informationen widersprachen einander. Auch bei den libanesischen Behörden herrschte Konfusion. Dazu kamen immer wieder neue Erfolgsmeldungen der iranischen Nachrichtenagentur *IRNA*, die allesamt falsch waren. Mal hatten die Entführer ihre Opfer an Premier Solh übergeben, mal an Präsident Hrawi. Sogar die *Süddeutsche Zeitung* titelte in ihrer Ausgabe vom 16. Juni voreilig: »Deutsche Geiseln im Libanon freigelassen.«

Die Hamadis streuten an diesem Tag weitere Störmeldungen: Die Haftbedingungen der Brüder in Deutschland würden nach der Freilassung der Geiseln verschärft. Mohammed Hamadi solle an die USA ausgeliefert werden. Bonns Botschafter Peter Kiewitt hatte alle Hände voll zu tun, diese Desinformationen zu dementieren.

Am 16. Juni flogen Schmidbauer und seine Delegation von Damaskus nach Beirut. Die Kenner der Region wußten, daß sich der Nervenkrieg um die Freilassung noch ausdehnen konnte. Trotzig versicherte der Staatsminister nun, er müsse am gleichen Tag zu dringenden politischen Geschäften heimkehren – mit oder ohne Geiseln.

Die elfköpfige Gruppe bezog Zimmer in dem von syrischen Truppen bewachten Hotel Bristol und stellte sich auf neue Wartezeit ein. Schmidbauer besuchte den Staatspräsidenten Elias Hrawi sowie weitere führende Politiker und machte gute Miene zum bösen Spiel der Hamadi-Familie beziehungsweise ihrer Tarn-Gruppe »Heilige Kämpfer für die Freiheit«.

Zu Hause berichtete *RTL*-Fernsehen sensationslüstern und wenig seriös, die Bundesregierung zahle für die Freilassung der Geiseln zwanzig Millionen Mark. Außerdem solle Schmidbauer die Entlassung der Hamadi-Brüder zugesagt haben. Ähnliches in der israelischen Zeitung *Haaretz*. Sogar die alternative *Tageszeitung (taz)* fiel darauf herein. In einem Kommentar tadelte sie: »Man muß in jedem Fall davon ausgehen, daß die Freilassung der beiden Geiseln Teil eines wie immer gearteten Geschäfts ist.«

Die *Süddeutsche Zeitung* kam den Realitäten noch am nächsten, als sie schrieb: »Wenn die beiden im Libanon festgehaltenen Deutschen Heinrich Strübig und Thomas Kemptner tatsächlich freigelassen werden, dann wird dies nicht wegen, sondern trotz der Bemühungen des Staatsministers Bernd Schmidbauer geschehen. Denn das Bundeskanzleramt hat sich derart dilettantisch in die Affäre eingeschaltet, daß alle Bemühungen der Profis vom Auswärtigen Amt und den Geheimdiensten im letzten Augenblick noch zunichte gemacht werden könnten.«

Unsichtbar und leise arbeitete ein Mann, an den niemand dachte, am Schicksal der Geiseln: Irans Bonner Botschafter Seyed Hossein Mousavian. Ihn hatte die neueste Stör-Nachricht der Hamadi-Familie erreicht, man müsse die Übergabe um einige Wochen verschieben und noch mal miteinander sprechen. Nun sah sich Mousavian gezwungen, den ihm gewogenen Rafsandschani persönlich anzurufen. Er erreichte ihn nicht im Amt, auch zu Hause nicht. Schließlich fand er seinen Präsidenten bei einer Feier. Rafsandschani war verärgert: »Ich werde mich persönlich darum kümmern und eine Nachricht schicken. Die müssen ihr Versprechen halten.«

Mousavian heute: »Es war noch viel zu tun. In jenen Tagen gab es keine Stunde ohne Telefonate. Ich kam nicht mehr zur Ruhe. Erst als ich im Fernsehen sah, daß Schmidbauer aus dem Flugzeug stieg, dazu Schlagintweit und die Geiseln, da habe ich alle meine Telefone abgestellt, mich ins Bett gelegt und lange geschlafen.«

Der massiv unter Erfolgszwang stehende Staatsminister erlebte eine unruhige Beiruter Nacht. Gegen zwei Uhr schlich er sich mit seinem Leibwächter durch die Küche aus dem Hotel Bristol und fuhr in den Beiruter Süden. Am Morgen durfte er dann mit syrischer Assistenz die eigentliche Freilassung von Strübig und Kemptner beobachten.

Die Geiseln waren bereits stundenlang in einem Range Rover durch Beirut chauffiert und auch mal in einer Tiefgarage »zwischengelagert« worden. Irgendwann mußten sie in einen großen Mercedes umsteigen. Die zurückbleibenden Bewacher fielen den Unbekannten, die Strübig und Kemptner übernahmen, herzlich um den Hals, und schon ging es weiter. Plötzlich war klar, daß es sich jetzt um die Syrer handeln mußte. Die Fahrt endete vor einem von Zivilisten bewachten Gebäude. Hier hing ein großes Assad-Bild.

Heinrich Strübig: »In einem Zimmer wurden wir vom Chef

der syrischen Geheimpolizei empfangen. Dieser Mann begleitete uns anschließend mit einer Pistole in der Hand auf der Fahrt zum Palast des libanesischen Premierministers. Vor und hinter uns eskortierten uns unauffällig zwei weitere Fahrzeuge. Soldaten standen Spalier, als wir durch den weiträumigen Palast in einen Raum geführt wurden. Ein sympathischer, hellhaariger Mann kam auf uns zu, begrüßte uns herzlich, wobei er sich keine Mühe gab, seine Tränen zu verbergen, und stellte sich als Staatsminister Schmidbauer vor.«

In der zweiten Reihe stand unübersehbar der lächelnde, gelöst wirkende Picco. Es war sein Erfolg, den es zu feiern galt. Daran

17. Juni 1992, Palast des libanesischen Premierministers (v.l.): Heinrich Strübig, Bernd Schmidbauer, Premier Raschid el Solh und Thomas Kemptner. Hinter Schmidbauer ein zufriedener Giandomenico Picco.

änderten auch spätere Bonner Versuche nichts, den Staatsminister des Kanzlers als alleinigen Macher zu feiern. Picco hatte die Geiseln herausgeholt und Schmidbauer sie abgeholt. Anderslautende Informationen halten sich hartnäckig, und noch im November 1996 strickte die seriöse *Süddeutsche Zeitung* in ihrem Wochenmagazin an dem Mythos. Schmidbauer, hieß es da, habe »die Freilassung deutscher Geiseln im Libanon erreicht«.

Nach offiziellen Ansprachen und dem üblichen Medienrummel drängte die deutsche Delegation zum Ausgang. Im Hotel Bristol wartete ein üppiges Frühstück und die obligatorische ärztliche Untersuchung der Befreiten. Danach eine Pflicht-Visite beim Staatspräsidenten – er durfte ab sofort auf 330 Millionen Mark Wiederaufbauhilfe der EG rechnen –, und schon eilte die Fahrzeugkolonne mit Strübig und Kemptner zum Flughafen. Die nächste Station hieß Kreta. Dort warteten die Familienmitglieder der beiden Ex-Geiseln. Die Ankunft auf dem Flughafen Köln-Bonn fand in grellem Sonnenlicht, vor Kameras und Zuschauern statt. Dann wurden die immer noch etwas verwirrten Heinrich Strübig und Thomas Kemptner, wie alle ihre Vorgänger, der Öffentlichkeit entzogen, diesmal im Bundeswehrkrankenhaus Koblenz.

Flughafen Köln-Bonn: Ankunft der beiden Ex-Geiseln Heinrich Strübig (l.) und Thomas Kemptner.

20 Wie alles endet

Eine Sternstunde deutscher Diplomatie ist das nicht gewesen. Da düst Staatsminister Schmidbauer von Rio nach Damaskus und setzt sich damit heillos und unnötig unter Erfolgszwang. Das war geradezu eine Einladung an die Entführer, neue Forderungen nachzuschieben...

Irans Außenminister Velajati wird demnächst in die Bundesrepublik kommen. Es geht um Geschäfte, es geht um Geld, es geht um bessere Beziehungen zum Westen. Die Geiselfreilassung ist praktisch die Morgengabe dafür. Auch Syrien und Libanon dürfen sich in der Gunst Deutschlands sonnen. Da schwant einem nichts Gutes.

Geschäfte ja, aber bitte auch Verurteilung von Menschenrechtsverletzungen im Iran. Technische Hilfe ja, aber bitte keine Waffen für Syrien. EG-Kredite ja, aber bitte nicht nur für die wohlhabenden Christen im Libanon, sondern auch für die benachteiligten Moslems. Die Standhaftigkeit in der Geiselfrage muß auch für diese politischen Fragen gelten. Insofern wird heute nicht nur ein Kapitel geschlossen, neue stehen auf der Tagesordnung.

Veit Lennartz in den »Tagesthemen« der *ARD* vom 17. Juni 1992

Knapp vier Wochen nach der Freilassung von Heinrich Strübig und Thomas Kemptner kam Bewegung in das Leben der Gebrüder Hamadi. Am 15. Juli 1992 trafen sich Vertreter von Justiz, BKA, Verfassungsschutz, Bundesanwaltschaft und Auswärtigem

Amt im Bonner Justizministerium. Sie besprachen Hafterleichterungen für Mohammed und Abbas. Der Vertreter der saarländischen Justiz berichtete über die zwei Tage zuvor erfolgte Zusammenlegung der Libanesen in der Justizvollzugsanstalt Saarbrücken.

Im Protokoll wurde dazu vermerkt: »Beide Brüder seien in einer bestimmten Abteilung des geschlossenen Vollzugs ... in drei nebeneinander liegenden Zellen untergebracht, wobei die mittlere Zelle als Gebetsraum zur Verfügung stehe. Sie hätten die Möglichkeit, täglich ein bis drei Stunden in dem mittleren Haftraum gemeinsam zu beten. Sie könnten gemeinsame Freizeiten abhalten, gemeinsam je nach Interesse und Neigung Sport treiben. Beide Hamadi-Brüder wollten arbeiten; ihnen sei angeboten worden, dies in der Druckerei der JVA zu tun. Abbas habe Fernsehen auf der Zelle; es bestünden keine Bedenken, daß die Brüder gemeinsam in der Gebetszelle fernsehen.«

Die weiteren Vergünstigungen für die prominenten Sträflinge: Vegetarische Kost als Grundlage der Ernährung, unbeschränkte Besuche der Familie ohne akustische Überwachung, in der Zwischenzeit häufige Telefongespräche mit Beirut, auch in arabischer Sprache.

Es war Knast de Luxe, und noch immer jammerte Mohammed Hamadi, 28. Nach seiner Ankunft beim großen Bruder in Saarbrücken-Lerchesflur übermannte ihn nicht die Wiedersehensfreude, sondern es erregte ihn die Tatsache, daß er, gemäß saarländischer Praxis, seine Zellentür nicht den ganzen Tag geöffnet haben durfte. Er drohte unverzüglich mit einem Antrag auf Rückverlegung nach Schwalmstadt.

Bruder Abbas seinerseits wandte sich an Generalbundesanwalt Alexander von Stahl. Er wollte vorzeitig aus der Haft entlassen werden. In Briefen stellte er fest, daß er in Deutschland keine gesellschaftliche, wirtschaftliche oder kulturelle Chance habe, sich auch sozial nicht mehr eingliedern könne. Eine Zukunft gäbe es für ihn nur im eigenen, nahöstlichen Kulturkreis.

Zwei Wochen später reiste der Clan wieder an. Alles schien in bester Ordnung zu sein – bis eine neue »Folter«-Kampagne begann. Die Hamadis organisierten eine Pressekonferenz in Beirut und verschickten Briefe an Politiker, Botschaften und humanitäre Organisationen. Mohammed und Abbas sollten, so hieß es, in ihren Zellen ermordet werden. Der jüngere von beiden sei durch Aufseher zusammengeschlagen worden. Er liege bereits im Sterben. In Wahrheit hatte er sich mit einer Rasierklinge mutwillig tiefe Schnitte beigebracht und mußte deshalb in einem Krankenhaus genäht werden. Nervöse Beiruter Aktivisten drohten mit Anschlägen gegen deutsche Ziele.

Sofort eilte ein *Stern*-Reporter in die JVA Saarbrücken. Er besichtigte die Zellen 391 und 393 im dritten Stock des Altbaus und konnte nichts Verdächtiges entdecken. Die angeblich Gequälten machten »einen topfiten Eindruck«. Unter dem Titel »Die Folter-Lüge« listete der *Stern* Vergünstigungen auf, wie sie jeden anderen deutschen Strafgefangenen mit blankem Neid erfüllen mußten. Es war die Rede von 35 unzensiert abgeschickten Briefen in drei Monaten, Fuß- und Volleyball satt für den 34jährigen Abbas, danach Abendkurse »Englisch für Fortgeschrittene« und »Deutsch für Ausländer«. 43 Besucher durften seit Sommer 1990 mit den Brüdern 14 Stunden lang sprechen und ließen den Darbenden am Ende 37 Kilo Lebensmittel zurück.

Idylle und Harmonie waren sofort dahin, als ein ungläubiger Wärter über den Gebetsteppich lief. Ein klarer Fall von »psychischer Folter«.

Die Leiden des jungen Hamadi nahmen zu, als er plötzlich den unbändigen Wunsch verspürte, seine Ehefrau Najat, mit der er vor seiner Verhaftung nur kurz zusammengelebt hatte, zu schwängern. Bei einem Routinebesuch gab es keine Gelegenheit, und so strebte die Familie als ersten Schritt ein Visum von längerer Gültigkeit an. Der Gefängnispfarrer versprach, seine Amtsräume für den Akt der Hamadi-Fortpflanzung zur Verfügung zu stellen. Nun blockierte die deutsche Botschaft in Beirut den neuen Sichtvermerk. Bevor es aber zu einem internationalen Konflikt kommen konnte, trat bei Mohammed ein ausgesprochen schmerzhaftes und langwieriges Hodenleiden ein. Das lenkte ihn nachhaltig von seinem eigentlichen Vorhaben ab.

Anfang 1993 beantragte Mohammed Hamadi die Trennung von seinem Bruder Abbas. Die Zusammenlegung, so schrieb er, habe ihm nur Haftverschlechterung gebracht. Als mögliche neue Heimat schlug er Hamburg – wegen des Islamischen Zentrums der Schiiten – oder Darmstadt vor. Das sei nicht so weit vom Saarland. Da könne ihn seine Tochter aus der Liaison mit Birgit Müller öfters besuchen. Außerdem sei er an der in Darmstadt möglichen Ausbildung zum Schriftsetzer interessiert. Im Juli durfte Mohammed Hamadi wieder umziehen, aber weder nach Hamburg noch nach Darmstadt.

Am 6. August 1993 wurde Abbas Hamadi, der inzwischen seine deutsche Staatsbürgerschaft aufgegeben hatte, zur Halbzeit seiner Strafe juristisch korrekt entlassen und Stunden später in den Libanon ausgewiesen. Der arbeitslose Schweißer mit dem schütteren Stirnhaar flog mit der heimischen »Middle East Airlines« nach Hause, und das einfache Volk der Mitpassagiere huldigte ihm. Die Sicherheitsleute der MEA begleiteten ihn wie stolze Adjutanten durch das Flugzeug, und der Kapitän lud ihn in die First Class ein. Quer durch die Reihen wurde ihm anerkennend auf die Schultern geklopft. Eine absurde Situation.

Abbas Hamadi gab sich wortkarg. Die Reporter-Frage, ob seine Familie wieder Deutsche entführen würde, um Mohammed zu befreien, wollte er nicht mit Nein beantworten. »Kein Kommentar« lautete die ausweichende Formel. Am Flughafen von Beirut warteten bereits die Verwandten und Freunde, holten ihn wie einen Staatsgast direkt am Flugzeug ab. Am nächsten Abend wurde mit Hunderten von Gästen gefeiert.

Mohammed Hamadi befindet sich wieder im hessischen Schwalmstadt-Ziegenhain. Hin- und hergerissen zwischen Selbstmordgedanken, Depressionen und ermunternden Kontakten mit seiner Frankfurter Anwältin Gabriele Steck-Bromme und der Beiruter Großfamilie, sitzt er im E-Bau, Etage drei, eine Strafe ab, die in seinem Fall vermutlich bis in das Jahr 2003 dauern wird. Er hat seine Taten verdrängt und die Hoffnung auf eine Freipressung wohl aufgegeben. Derzeit denkt er über die Chancen eines Gnadengesuchs nach. Ein beinahe vergessener Täter, der zum Opfer seiner Hintermänner wurde.

Die Geiseln Alfred Schmidt und Rudolf Cordes haben ihre Firmen Siemens und Hoechst in den Ruhestand verlassen. Sie leben unauffällig und ohne Schlagzeilen. Ralph Schray und Markus Quint sind unbekannt verzogen und meiden ihre frühere Umgebung. Petra Schnitzler hat geheiratet und zwei Kinder geboren. Sie lebt weiterhin im Libanon. Thomas Kemptner arbeitete zuerst in seiner alten Tätigkeit als Krankenpfleger. Nun läßt er sich zum Unterrichtspfleger umschulen.

Die aktivste Ex-Geisel ist Heinrich Strübig. Als Folge der Geiselhaft bezieht er eine Berufsunfähigkeitsrente in Höhe von 1450 Mark. Auch er hat geheiratet und koordiniert mit seiner Ehefrau Dagmar Nackunstz, der Vorsitzenden der Organisation, weiterhin die Aktionen von ASME Humanitas. Strübig brachte bereits ein Jahr nach seiner Freilassung fünfzig Tonnen Hilfsgüter nach Bosnien-Herzegowina.

1996 besuchte er mit Decken und Medikamenten den mittlerweile befriedeten Libanon. Er sah alte Freunde und vertraute Orte, nahm die Entschuldigungen der politischen Führung entgegen. Im November desselben Jahres traf er Mohammed Hamadi in der JVA Schwalmstadt. Er bezeichnete diesen Besuch als eine »Geste der Verständigung« und versicherte dem Ex-Terroristen: »Ich lebe heute in Frieden mit den schlimmen Erfahrungen meiner Vergangenheit. Haß bringt mir keine Minute der durch die Haft verlorenen Zeit zurück.« Heinrich Strübig tritt als einzige Ex-Geisel der Hamadi-Affäre bei öffentlichen Veranstaltungen und in den Medien auf. Er hat sein Entführungs-Trauma mit Hilfe eines Erinnerungsbuches zu bewältigen versucht. Im Sommer 1996 bot er sich überraschend als Austauschgeisel für den in Kaschmir entführten Erfurter Dirk Hasert an.

Noch heute streitet er sich mit hohen Beamten des Auswärtigen Amtes über die Behauptung, seine Entführung sei möglicherweise eine »abgekartete Sache« gewesen. Hier fühlt er sich von deutschen Diplomaten verleumdet. Klaus Kinkel, mittlerweile Genschers Nachfolger als Außenminister, schweigt dazu.

Zwischen den westlichen Strafverfolgern und den libanesischen Kidnappern ist die eine oder andere Rechnung noch offen. Mehrfach haben die Amerikaner versucht, den Komplizen Mohammed Hamadis bei der TWA-Entführung, Hassan Essedine, zu fassen. Bei einem dieser Kommandounternehmen fiel ihnen 1987 irrtümlich der Amal-Aktivist Fawaz Yunis in die Hände. Das FBI brachte ihn in die USA, wo er wegen der Entführung eines jordanischen Passagierflugzeugs zu 30 Jahren Gefängnis verurteilt wurde. Für die Ergreifung des aktiven Hisbollah-Kaders Essedine ist ein Kopfgeld von bis zu vier Millionen Dollar ausgesetzt.

Gegen Abdul Hadi Hamadi, der weiterhin als führender Terrorstratege gilt, existieren französische und deutsche Haftbefehle. Er wird international gesucht. Dies trifft auch auf einige seiner Komplizen zu. Die Bundesanwaltschaft in Karlsruhe ermittelt nach wie vor in Sachen Geiselnahme Strübig und Kemptner. Spätere Gerichtsverfahren sind also nicht auszuschließen.

Chronologie der Ereignisse

1985

14. Juni:	Entführung der TWA 847.
30. Juni:	Freilassung der letzten TWA-Geiseln.

1987

13. Januar:	Festnahme von Mohammed Ali Hamadi.
17. Januar:	Entführung von Rudolf Cordes.
19. Januar:	Entführung von Alfred Schmidt.
26. Januar:	Festnahme von Abbas Ali Hamadi.
24. Juni:	Entscheidung gegen Auslieferung von Mohammed Ali Hamadi an die USA.
7. September:	Freilassung von Alfred Schmidt.

1988

5. Januar:	Prozeßbeginn gegen Abbas Hamadi.
27. Januar:	Entführung von Ralph Schray.
3. März:	Freilassung von Ralph Schray.
19. April:	Urteil gegen Abbas Hamadi.
5. Juli:	Prozeßbeginn gegen Mohammed Hamadi.
12. September:	Freilassung von Rudolf Cordes.

1989

4. Mai:	Entführung von Heinrich Strübig, Markus Quint und Petra Schnitzler.
5. Mai:	Freilassung von Heinrich Strübig und Petra Schnitzler.
14. Mai:	Freilassung von Markus Quint.
16. Mai:	Entführung von Heinrich Strübig, Thomas Kemptner und Petra Schnitzler.
17. Mai:	Freilassung von Petra Schnitzler.
17. Mai:	Urteil gegen Mohammed Hamadi.

1990

1. Februar:	Treffen des BND mit Abdul Hadi Hamadi.

1991

24. Oktober:	Treffen von Bundestagsabgeordneten mit Abdul Hadi Hamadi.

1992

17. Juni:	Freilassung von Heinrich Strübig und Thomas Kemptner.

Empfehlenswerte Literatur

Strübig, Heinrich/Bernstein, Michael: In der Hölle des Libanon. 1128 Tage als Geiseln lebendig begraben, Konstanz, 1994.
Dieses Buch kann nur über die Hilfsorganisation ASME Humanitas e.V., Guttenbergstraße 7, 95352 Marktleugast (Tel. 09255/7970 und Fax 09255/8257) bezogen werden.

McCarthy, John & Morrell, Jill: Ein Schrei hinter Mauern. Er war fünf Jahre Geisel im Libanon. Sie kämpfte für seine Freilassung, Düsseldorf, 1994.

Schenk, Dieter: BKA. Eine Reise nach Beirut, Reinbek b. Hamburg, 1990.

Petschull, Jürgen: Der Märtyrer, Hamburg, 1986.

Aust, Stefan: Mauss. Ein deutscher Agent, Hamburg, 1988.

Taheri, Amir: Morden für Allah. Terrorismus im Auftrag der Mullahs, München, 1993.

Tophoven, Rolf: Sterben für Allah. Die Schiiten und der Terrorismus, Düsseldorf, 1993.

Wright, Robin: Die Schiiten. Allahs fanatische Krieger, Hamburg, 1985.

Testrake, John, with Wimish, David J.: Triumph over Terror on Flight 847, Old Tappan, N.J., 1987.

Coughlin, Con: Hostage. The Complete Story of the Lebanon Captives, London, 1992.

Personenregister

Kursive Seitenzahlen verweisen auf Abbildungen.

H

L

M

N

Bildquellenverzeichnis

damals-Archiv, Stuttgart:
S. 74, 79, 113, 120, 228

dpa, Stuttgart:
S. 52, 53, 103, 184, 209, 255, 294, 298, 306, 311, 317

Kruse:
S. 13, 153

Alle anderen Bilder stammen aus dem Archiv des Autors.